高职高专经管类专业基础课系列教材（工学结合）

现代企业管理

◎主　编　彭庆武

◎副主编　张于林　宋德凤　姜显亮　欧阳菲

111010101110　10101010　10 10 101010101

111010101110　10101010　10 10 101010101

111010101110　10101010　10 10 101010101

111010101110　10101010

111010101110　10101010　10 10 101010101

111010101110　10101010　10 10 101010101

重庆大学出版社

内 容 提 要

本书系统介绍了现代企业管理的基本理论和实务知识,内容包括职业经理人角色定位、企业组织构建、企业人力资源开发与管理、企业市场开发与管理、企业经营决策与计划、企业战略管理、企业生产运作与管理、企业质量管理、企业文化积淀9个方面。

本书既吸纳了20世纪古典管理理论与思想的精华,又融合了现代管理的重要理念,具有很强的综合性和实用性。通过能力素质目标、案例导入、相关知识、学习自测、案例分析、实践训练等方式,相关知识中穿插各种课堂训练、小资料、小案例等,形式活泼,力求提供一本通俗易懂和操作性、应用性较强的现代管理学习教材。本书可作为高职高专院校开设的企业管理课程的教材,也可作为工商企业中基层管理人员的培训教材。

图书在版编目(CIP)数据

现代企业管理/彭庆武主编.—重庆:重庆大学出版社,2012.2(2018.1重印)
高职高专经管类专业基础课系列教材
ISBN 978-7-5624-6290-3

Ⅰ.①现… Ⅱ.①彭… Ⅲ.①企业管理—高等职业教育—教材 Ⅳ.①F270

中国版本图书馆CIP数据核字(2011)第150433号

高职高专经管类专业基础课系列教材(工学结合)
现代企业管理
主 编 彭庆武
副主编 张于林 宋德凤
姜显亮 欧阳菲
责任编辑:李竹君 版式设计:李竹君
责任校对:夏 宇 责任印制:赵 晟
*
重庆大学出版社出版发行
出版人:易树平
社址:重庆市沙坪坝区大学城西路21号
邮编:401331
电话:(023) 88617190 88617185(中小学)
传真:(023) 88617186 88617166
网址:http://www.cqup.com.cn
邮箱:fxk@cqup.com.cn (营销中心)
全国新华书店经销
重庆紫石东南印务有限公司印刷
*
开本:720mm×960mm 1/16 印张:21 字数:389千
2012年2月第1版 2018年1月第3次印刷
印数:4 501—5 500
ISBN 978-7-5624-6290-3 定价:39.00元

系列教材编委会

前　言

尽管21世纪的新经济形态可能导致管理及管理学的重大变革，但不管怎样变革，企业管理学的知识始终是要在实践中运用的，而这种运用的有效性很大程度上取决于如何将管理学知识与方法结合组织特定的内容进行创新。在高等职业教育中，现代企业管理这一学习领域所对应的是企业的中、低级管理岗位，如企业部门或车间的人力资源管理员、项目管理员、生产管理员、市场营销员、质量管理员、物流管理员、办公室文员、车间主任及部门经理等。

上述工作岗位和工作任务所涉及的理论与方法，包括行使管理职能、制订劳动定额与激励员工、运用管理原理分析企业系统及其效益、管理方法和管理技术、制订企业工作计划、设计企业组织机构并进行人员配备、领导与指挥企业运作、制订控制流程并对工作进行控制等，也就是本教材的主要内容。

本教材的编写在采用"工作过程导向—工作过程系统化课程"、"任务驱动"及"项目教学"等模式的同时，将已被事实证明教学效果很好的案例教学法等教学方法与上述方法综合应用。本书的主要特点如下：

①体现了最新的高职教育理念。按照"工学结合"人才培养模式的要求，采用"基于工作过程导向—工作过程系统化课程"的设计方法，以工作过程为导向，以项目和工作任务为载体，进行工作过程系统化课程设计。真正体现了"工学结合"、融"教、学、做"为一体及"以学生为主体"的高职教育理念。

②以工作过程为导向。本书不是按照学科体系的逻辑关系和先后顺序编写的，而是以实际的企业管理工作过程为导向进行学习领域的整体设计和9个学习单元的设计。学生完成了本学习领域的学习和训练，也就学会了企业管理工作过程中所涉及的主要管理原理与管理方法，每个学习情境也是按照一项具体的企业管理工作设计的。

③以企业管理工作项目为载体。以具体的企业管理工作项目为载体设计工作

任务，项目和任务包含和反映了要完成项目和任务所需要的技能及其相关的管理理论与方法。

④任务驱动学习模式。根据企业实际的工作情况与要求，将企业管理工作内容设计成“工作任务”。学生在任务驱动下进行学习，教师的主要任务是指导学生完成具体任务，讲解与任务有关的企业管理理论与方法，而不是“教书”，即强调学生学，而不是教师教。

本书由武汉职业技术学院、武汉船舶职业技术学院、咸宁职业技术学院、荆州职业技术学院、河南经贸职业技术学院5所高职院校具有多年企业工作经验及管理类课程教学的资深教师参与编写，彭庆武编写第1单元、第6单元，欧阳非编写第2单元、第7单元，张于林编写第3单元，姜显亮编写第4单元、第8单元，宋德凤、夏微微编写第5单元，宋德凤、邢圣煜编写第9单元。全书由彭庆武进行策划与统稿，并由浙江水利水电专科学校经济与管理系主任阎彦教授主审，编写过程中许多公司管理人员、其他院校企业管理教师提出了宝贵意见，同时本书在编写过程中参考了大量的文献和资料，在此对各位朋友、专家、作者一并表示感谢。对于书中的缺憾与不足，敬请读者、同行批评指正。

编　者

2011年6月

目　录

职业经理人角色定位

学习目标

1. 熟悉管理岗位竞争规则；
2. 识别目标岗位竞争者并友好相处；
3. 提升作为一名优秀管理者的管理价值。

能力目标

1. 明确作为一名优秀管理者的使命；
2. 充分理解管理环境的各项需求；
3. 适时地扬长避短；
4. 培养独特的管理风格。

学习任务1 管理岗位获取

案例导入

动物拉车

梭子鱼、虾和天鹅不知道什么时候成了好朋友，一天，他们同时发现路上有一辆车，车上有许多好吃的东西。于是就想把车子从路上拖下来，三个家伙一齐担起沉重的担子，它们铆足了劲，身上青筋暴露，使出了平生的力气，可是，无论它们怎样拖呀、拉呀、推呀，小车还是在老地方，一步也动不了。原来，天鹅使劲往天上提，虾一步步向后倒拖，梭子鱼又朝着池塘拉去，究竟谁对谁错？反正，他们都使劲了。

资料来源：http://www.qikan.com.cn/Article/xdxj/xdxj200604/xdxj20060438.html

相关知识

在企业中，管理岗位的获取是每个喜爱管理工作的人梦寐以求的事情，我们之所以愿意努力争取在于管理岗位能给我们的挑战和回报。

管理者面临的挑战：困难的工作；可能要与各种类型的、具有各种性格的人打交道；没有足够的资源；激励你的员工；要有效融合多样化小组中每个人的知识、技能、抱负和经验。成功取决于其他人的工作绩效。

管理者所得到的回报：

①组织最重要的工作是创造一种工作环境。使得每个成员能够充分发挥他们的能力，最有效地从事工作和实现组织的目标。

②有机会创造性地思考或运用你的想象力。

③帮助他人发现工作的意义和完成他们的工作。

④以支持、教导和培养的方式来帮助组织成员作出正确的决策。

⑤有机会和各种人打交道，包括组织内部和外部的人员。

⑥得到组织的承认和获得组织中的地位，以及在社区中的地位。

⑦发挥影响组织产出的作用。

⑧得到工资、奖金、股票期权等方式的报酬。

⑨形成优秀的管理团队。

⑩你会从你所增长的技能、能力和所作所为的努力中获得一种满足感。

如何获取我们所喜爱的管理岗位呢?

1.1.1　上岗准备

1)做好本职工作

如果一个人连本职工作都做不好,何来奉献精神?应该说敬业是奉献的基础,乐业是奉献的前提,勤业是奉献的根本。在奉献前必须做好本职工作,把本职工作做完善,而不是敷衍了事、得过且过、做一天和尚撞一天钟地混日子。

做好本职工作是一个人最基本的职业道德,也是对工作的一个最起码的标准。但是,有许多人连这个最起码的标准也达不到。

做好本职工作是一个永恒的主题,无论你是领袖还是百姓,无论你是教授还是农民,无论你是领导还是员工,只有做好自己的本职工作你才算是称职的员工,否则你就是一颗松动的螺丝钉。一颗松动的螺丝钉可能导致车辆刹车失灵,可能导致飞机失事,后果是不堪设想的。如果全社会的人都在努力地做好自己的本职工作,全社会的各行各业就会欣欣向荣、朝气蓬勃。

管理故事

一个孩子的哭泣

一个漆黑的大雪天,约翰·格林中士正匆匆忙忙地往家赶。当他经过公园的时候,一个人拦住了他。“对不起,打扰了先生,您是位军人吗?”看起来,这个人很焦急。约翰不知道发生了什么:“噢,当然,能够为您做些什么吗?”“是这样的,刚才我经过公园的时候,看到一个孩子在哭,我问他为什么不回家,他说,他是士兵,他在站岗,没有命令他不能离开这里。谁知道和他一起玩的那些孩子都跑到哪里去了,大概都回家了。天这么黑,雪这么大。”这个人说,“我说,你也回家吧。他说不,他必须得到命令,站岗是他的责任。我怎么劝他回去,他也不听,只好请先生帮忙了。”

约翰和这个人一起来到公园,在那个不显眼的地方,有一个小男孩儿在那里哭,但却一动不动的。约翰走过去,敬了一个军礼,然后说:“下士先生,我是中士约翰·格林,你为什么站在这里?”

“报告中士先生,我在站岗。”小孩儿停止了哭泣,回答说。

“天这么黑,雪这么大,为什么不回家?”约翰问。

“报告中士先生,这是我的责任,我不能离开这里,因为我还没有得到命令。”小孩儿回答。

“那好,我是中士,我命令你回家,立刻。”约翰的心又为之震了一下。

“是,中士先生。”小孩儿高兴地说,然后还向约翰敬了一个不太标准的军礼,撒腿就跑了。

约翰和这位陌生人对视了很久。最后,约翰说:“他值得我们学习。”

资料来源:http://www.tianya.cn/publicforum/content/university/1/202583.shtml

小男孩儿的倔犟和坚持看起来似乎有些幼稚,但在这个孩子身上体现的对于责任的这种坚守是很多成年人无法做到的,我们不仅要对自己负有责任,我们还要对别人负有责任。正是责任把所有的人联结在一起,任何一个人对责任的懈怠都会导致整个社会链的不平衡。

世界就像一个大机器,每一个人都是机器上的一个齿轮,每个齿轮的松动都会引起其他齿轮的非正常运转,进而影响到整个机器。对于这个社会如此,对于社会的一个单元或企业,亦是如此。

你是否趁经理不注意时偷偷地开小差,或者煲与工作无关的电话粥,就像当年上课时趁老师不注意偷偷地摆弄新买的铅笔刀?又是否将本来属于自己的工作推托给其他的同事,从来都认为别人比自己干得少?抑或当老板布置一项任务时,你不停地提出这项任务有多艰巨,暗示老板是否在你做成之后给你加薪或者你做不成也情有可原,因为这的确不是一项容易的工作?

现实中这样的员工为数不少,要不然有问题的企业为什么还那么多,顾客的满意率为什么还那么低?每一个老板都清楚他自己最需要什么样的员工,因为一个员工有时就代表一个公司的整体。所以,不要以为自己只是一名普通的员工,其实你能否担当起你的责任,做好你的工作,对整个企业而言,同样有很大的意义。

做好本职工作,就是从现在做起,从自己做起。具体说要主动承担工作责任,知难而进,以大局为重,以公司的利益为重,尽心尽责,乐于奉献;要加强学习,提高业务能力,提高自身综合素质,在做好公司、部门交代的事情的同时,献计献策,乐于创新,力争为公司的发展作出更大贡献;要结合公司的企业文化,规范行为,树立起正确的人生观、价值观、世界观,真正做到“把职业当事业,把企业当家业”!

2)收集管理岗位相关信息

在做好本职工作的同时,要充分收集管理岗位相关信息,做到知己知彼,一旦机会降临时,才能够顺利得到自己喜爱的管理岗位,这些信息包括:

①该岗位所需任职条件;

②该岗位所需责权;

③该岗位在组织中的地位;

④该岗位分管领导;

⑤该岗位所属组织结构;

⑥该岗位工作现状。

当然,除了收集管理岗位相关信息以外还要对如何改进该岗位工作效率有一个基本思考,可以随时应对相关考核。

3)保持良好心态

为什么有些人就能拥有不错的工作能赚更多的钱,比其他的人更成功。而许多人忙忙碌碌地劳作却只能维持生计。其实,人与人之间并没有多大的区别。

不少心理学专家发现,这个秘密就是人的“心态”。一位哲人说:“你的心态就是你真正的主人。”一位伟人说:“要么你去驾驭生命,要么就是生命驾驭你。你的心态决定谁是坐骑,谁是骑师。”

大概是40年前,福建某贫穷的乡村里,住了兄弟两人。他们抵受不了穷困的环境,便决定离开家乡,到海外去谋发展。大哥到了富庶的旧金山,弟弟却到了比中国更穷困的菲律宾。

40年后,兄弟俩又幸运地聚在一起。今日的他们,已今非昔比了。做哥哥的,当了旧金山的侨领,拥有两间餐馆,两间洗衣店和一间杂货铺,而且子孙满堂,有些承继衣钵,又有些成为杰出的工程师等科技专业人才。

弟弟呢?居然成了一位享誉世界的银行家,拥有东南亚相当分量的山林、橡胶园和银行。经过几十年的努力,他们都成功了。但为什么兄弟两人在事业上的成就,却有如此的差别呢?

哥哥说,我们中国人到白人的社会,既然没有什么特别的才干,唯有用一双手煮饭给白人吃,为他们洗衣服。总之,白人不肯做的工作,我们华人统统顶上了,生活是没有问题,但事业却不敢奢望了。例如我的子孙,书虽然读得不少,也不敢妄想,唯有安安分分地去担当一些中层的技术性工作来谋生。

看见弟弟这般成功,做哥哥的,不免羡慕弟弟的幸运。弟弟却说,幸运是没有的。初来菲律宾的时候,担任些低贱的工作,但发现当地的人有些是比较愚蠢和懒惰的,于是便接下他们放弃的事业,慢慢地不断收购和扩张,生意便逐渐做大了。

这便是海外华人的真实奋斗历史。它告诉我们:影响我们人生的绝不仅仅是环境,心态控制了个人的行动和思想。同时,心态也决定了自己的视野、事业和成就。

一个人能否成功,就看他的心态了。成功人士与失败者之间的差别是:成功人士始终用最积极的思考、最乐观的精神和最辉煌的经验支配和控制自己的人生;失败者则刚好相反,他们的人生受过去的种种失败与疑虑引导支配。

保持良好心态的6种方法 :

①恰当评估自己,安然接受自己的缺陷,不作无谓的抱怨。

②善于发现自身情绪及行为变化,进而积极地进行心理暗示提醒自己应追求快乐。有不良情绪体验时,可以通过倾诉等途径进行宣泄。

③学会与人交往,创造良好的人际关系和家庭环境。

④养成良好的生活习惯,防止各种不节制行为的养成。

⑤在现实生活中遭遇困难,应持乐观、积极的态度,不断提高承受挫折的能力。可以换一个角度想问题,就会海阔天空。

⑥参加体育锻炼可以调节人的神经系统,排除体内一些致郁废物,转移人的注意力,宣泄人的压抑情绪,给人带来一份好心情。

1.1.2 参与更高岗位竞争

1)争取一线岗位工作机会

一线岗位在商业企业主要指的是直接和客户接触的营销岗位,在工业企业则主要指的是直接生产产品的生产岗位。由于一线岗位直接和客户打交道,直接生产产品,事无巨细,工作辛苦,非常烦琐,所以许多人不愿意去,对于一个有抱负的管理者而言,一线岗位恰好是我们建功立业的大好机会,很难想象一个没有一线工作经验的人能走上公司高级管理岗位,一线工作岗位能带来以下帮助:

①体会一线岗位工作酸甜苦辣;

②掌握最基层岗位真实信息;

③熟悉公司最关键业务流程;

④极大地提高自己的综合管理能力;

⑤加强自己在公司中的地位;

⑥形成自己的基本队伍。

延伸阅读

陶建幸(1953—),江苏丹徒人。毕业于南京大学计算数学系;1977 年任泰州林机厂技术员;1985 年 10 月从泰州市机械局来到泰州制冷机厂出任厂长;1989 年 6 月任江苏春兰制冷设备有限公司董事长、总经理,将一个年产值不足 300 万的小厂发展成为一个年产值数百亿的大型集团。现任春兰集团董事局主席兼首席执行官。

袁仁国(1956—),贵州仁怀人,中央党校研究生院经济学专业研究生毕业。1975 年至 1996 年在茅台酒厂工作,从工人当到副厂长兼驻海南公司经理;1997 年至 2004 年历任茅台酒厂(集团)有限责任公司副总经理、副董事长、总经理;现任茅台酒股份有限公司总经理、董事长。

宗庆后(1945—),浙江杭州人。1978 年至 1979 年,杭州工农校办纸箱厂业务员;1979 年至 1980 年,杭州光明电器仪表厂生产销售管理员;1981 年至 1982 年,杭州胜利电器仪表厂生产销售管理员;1982 年至 1986 年,杭州工农校办厂业务员;1986 年至 1987 年,杭州上城区校办企业经销部经理;1987 年至 1991 年,杭州娃哈哈营养食品厂厂长;1991 年至今,娃哈哈集团有限公司董事长兼总经理。

李经纬(1939—),广东三水人。童年在广州东山区孤儿院里度过,擦过皮鞋,做过印刷工人。20 世纪 70 年代,李经纬被提拔到三水县体委当了副主任,几年后,又被调到三水酒厂当厂长。之后创立健力宝品牌并担任董事长一职,用 18 年的时间,将一家名不见经传的饮料企业培养成为饮誉海内外的民族品牌企业集团。最终由于李经纬和他的管理层在健力宝产权上的问题,黯然“下课”。

资料来源:http://blog. china. com/u/100627/405544/201007/6601332. html

以上成功企业家成长经历无不说明一线岗位工作的重要性。

2)形成敢打硬战的工作团队

工作团队,俗称工作班子,组织内为某一特定目标实现而形成的工作集体。成功的管理者都有自己敢打硬战的工作团队。在当今社会里,企业的分工越来越细,任何人都不可能独立完成所有的工作,他所能实现的仅仅是企业整体目标的一个小部分。在工作过程中,任何人都可能会遇到比较难解决的问题,这个时候就需要各成员之间发扬群策群力,互相帮助的团体精神,大家一起来分析讨论,共同协商出解决问题的最佳方案。虽然工作是相对独立的,但有一个团结的集体做坚实的后盾,各自的工作就并不是孤立的。就像大雁的结队迁移,他们选择拥有相同目标的伙伴同行,这样可以彼此互动,更快速、更容易地到达目的地。团队的精髓是共同承诺。共同承诺就是共同承担集体责任。没有这一承诺,团队如同一盘散沙。作出这一承诺,团队就会齐心协力,成为一个强有力的集体。很多人经常把团队和工作团体混为一谈,其实两者之间存在本质上的区别。优秀的工作团体与团队一样,具有能够一起分享信息、观点和创意,共同决策以帮助每个成员能够更好地工作,同时强化个人工作标准的特点。但工作团体主要是把工作目标分解到个人,其本质上是注重个人目标和责任,工作团体目标只是个人目标的简单总和,工作团体的成员不会为超出自己义务范围的结果负责,也不会尝试那种因为多名成员共同工作而带来的增值效应。此外,工作团体常常是与组织结构相联系的,而团队则可突破企业层级结构的限制。高效出色的团队具有如下的特点:

①目标一致。这一共同的目标是一种意境。团队成员应花费充分的时间、精力来讨论、制定他们共同的目标,并在这一过程中使每个团队成员都能够深刻地理解团队的目标。以后不论遇到任何困难,这一共同目标都会为团队成员指明方向。

②具体目标。将团队共同的目标分解为具体的、可衡量的行动目标。这一行动目标既能使个人不断开拓自己,又能促进整个团队的发展。具体的目标使得彼此间的沟通更畅通,并能督促团队始终为实现最终目标而努力。

③承担责任。建立一种环境,使每位团队成员在这个环境中都感到自己应对团队的绩效负责,为团队的共同目标、具体目标和团队行为勇于承担各自共同的责任。

④关系融洽。团队成员之间应该互相支持,善于沟通,彼此之间坦诚相待,相互信任,并勇于表达自我。

⑤齐心协力。团队成员应为实现团队目标作出共同的承诺,能为着共同的目标而努力工作,并在工作中相互协调配合。

⑥和谐的领导艺术。团队的领导者要能够做到将对任务的需求、团队的凝聚力以及个人的需求达到平衡、和谐。

⑦短小精悍。团队的规模不宜过大,应短小精悍,其规模一般不超过 10 人。

⑧技能互补。出色的团队应具有如下几种人员:技术专家型人员;善于解决问题和果断决策的人员;善于人际交往的人员。各种技能人员的正确组合是团队成

功的关键。

⑨行动统一。团队成员必须平等地分担工作任务,并就各自的工作内容取得一致。此外,团队需要在如何制定工作进度、如何开发工作技能、如何解决矛盾冲突,以及如何作出或修改决策等方面达成共识。

⑩反应迅速。团队应该着眼于未来,视变革为发展的契机,把握机遇,相机而动。

3)发展充分的人脉关系

一个人的成功的因素,15%可以归因于他的专业知识,85%却要归因于人脉关系。这绝非耸人听闻,能成就大业者,除了要有一定的业务知识,最为关键的还是他会创建有利于自己发展的人脉关系以促成大好形势。

千万别以为,搞好人脉关系只不过是公关小姐、公关先生们的事情。告诉你,有实力,也不一定有魅力。泱泱5 000年的中华历史,有盖世雄才的何止千万,为什么名垂史册的就那么几个?拥有倾国倾城容貌的美女也不知多少,为什么单单只留下四大美女的传说?道理很简单,就是他们的人脉、人气盖过了别人。相信吧,人脉是金!

大浪淘沙,曾几何时,君不见有多少只有小学、中学文凭的老板把大批拥有博士、硕士学位的高级人才招入麾下!他们凭什么?一句话,就是丰富的人脉关系!相信吗?人脉的确是金!

人脉不是金钱,但它却是一种无形的资产,是一笔潜在的财富。没有丰富的人脉关系,你将寸步难行。马克思说得太对了,人的本质就是社会关系的总和。你的人脉关系越丰富,你的能量也就越大。别人办不了的事情,你可能一个电话就非常漂亮地解决了;反之,你费了九牛二虎之力都解决不了的问题,别人一声招呼就轻轻松松地搞定了。原因何在,创建有效的、丰富的人脉关系就是不二法门。

社会是一张网,我们每个人只不过是其中的一个结,你和越多的结建立了有效的联系,那么你就越能四通八达,这张网就是我们通往成功彼岸的捷径。否则,你就只是这么一个结,即使这个结再大,也还是孤零零的结,终究于事无补,尤其是在重视人伦关系的中国。

我们究竟离成功有多远呢?相信吧,就一步之遥——建立有效的、丰富的人脉关系并充分地利用它!

学习任务2 管理经验积累

案例导入

最后一关

年前的一天，一家公司招聘一名营销经理，小王去应聘，年薪8万。小王一路闯关，从99位应聘者中杀出，终获总裁召见。

那一天，小王飘飘然地走进总裁办公室。总裁不在，只有一位年轻漂亮的女秘书洋溢着一脸职业性的微笑，对他说："先生，您好，总裁不在，总裁让您给他打个电话。"

小王掏出手机，拨了一串号码。但就在这时，他看见办公桌上有两部电话，就问那小姐："我可以用用吗？"

"可以。"女秘书依然微笑着。

小王拿起电话，终于跟总裁联系上了。总裁在那端兴奋地说："小王啊，我看了你的简历，打听了你的答辩情况，的确很优秀，欢迎你加盟本公司。"

小王高兴得心花怒放，第一个反应就是要将这个好消息与他的女友分享。半个月前，女友出差去了国外。小王刚拨了手机，却又迟疑了：这可是国际长途啊！这时，他又看了看那两部电话，忽然想到：我都快是公司的人了，他们是大公司，不会在乎一点儿电话费吧？于是他便拿起电话："喂，米妮吗？告诉你一个好消息，总裁已经……"

恰在这时，另一部电话响起。

"先生，您的电话。"女秘书送了我一个诡秘的笑。

"对不起，小王，刚才我的话宣布作废。通过DVP监控，你没能闯过最后一关，实在抱歉……"总裁在电话里温和地对小王说。

"为什么？"小王呆呆地问。

女秘书惋惜地摇摇头，叹道："唉，许多人和您一样，都忽略了一个微小的细节。在没有成为公司正式员工之前，明明身上有手机，干嘛不用手机呢？"

资料来源：http://zhidao.baidu.com/question/8362488.html

相关知识

1.2.1 关注细节

1）细节的含义与重要性

细节指的是无关紧要的小事。我们普通人，大量的日子，都是在做一些小事，太多的人，总不屑一顾事物的细节，太崇尚“燕雀安知鸿鹄之志哉”的大事，而导致了事业的失败。细节在创造成功者与失败者之间究竟有多大差别？人与人之间在智力和体力上差异并不是想象中的那么大。很多小事，一个人能做，另外的人也能做，只是做出来的效果不一样，往往是一些细节上的功夫，决定着完成的质量。看不到细节，或者不把细节当回事的人，对工作缺乏认真的态度，对事情只能是敷衍了事。这种人无法把工作当作一种乐趣，而只是当作一种不得不受的苦役，因而在工作中缺乏工作热情。他们只能永远做别人分配给他们做的工作，甚至即便这样也不能把事情做好。而考虑到细节、注重细节的人，不仅认真对待工作，将小事做细，而且注重在做事的细节中找到机会，从而使自己走上成功之路。

在工作中，如果我们关注了细节，就可以把握创新之源，也就为成功奠定了一定的基础。一心渴望伟大、追求伟大，伟大却了无踪影；甘于平淡，认真做好每个细节，伟大却不期而至。这就是细节的魅力，是水到渠成后的惊喜。

细节的实质是什么？细节实际上是一种通过长期的准备，从而获得机遇的一种方式。细节是一种习惯，是一种积累，也是一种眼光，一种智慧。只有保持良好的工作习惯，你才能注意到问题的细节，你才能做到为使工作达到预期的目标而思考细节，才不会为了细节而细节。

2）如何关注细节

课堂测试

你是一个关注细节的人吗？

一个人的行为风格对其家庭、事业、友情都会产生非常大的影响。有时候，成功与失败只有一步之遥，而决定因素就是某些小细节。看看你对细节的关注程度吧！

1. 进门后脱完鞋你会

A. 把鞋放整齐　　　　B. 不去管它

2. 有破损的衣物绝对不会穿上身，即使是穿在里面的内衣

A. 是　　　　B. 否

3. 你的钱总是

A. 整齐地放在钱夹里，硬币则放在硬币袋里

B. 胡乱散在钱夹、口袋、包里

4. 你每天都洗头以使头发保持整齐、干净、清爽吗？

A. 是的，我一直坚持这么做

B. 我没有这个习惯，有时会洗得勤快点，有时则会一连好几天不洗

5. 你的指甲干净吗？如果是女士，会定期到美容院修指甲吗？

A. 是　　　　B. 否

6. 你知道自己的体味如何吗？

A. 我很关注自己的体味，经常会用一些香体的东西，保持体味良好

B. 我从来也没关心过这些，我觉得无关紧要

7. 你用餐时从不狼吞虎咽，即使只是家庭聚会式的场合或已经饿得不行了的情况下。

A. 是　　　　B. 否

选6~7个A，你太注重细节了，和你在一起会感到拘束，有时甚至令人无法忍受，或许你需要放松一下了。

选3~5个A，你是个细心的人，观察敏锐是你的优点，在工作中适当地关注细节为你赢得了不少青睐，也为你增加了不少人格魅力，要保持这个优点。

选1~2个A，你太大大咧咧了，不要说细节了，连基本的表面功夫都没有做到位，千万不要以为不修边幅就是粗犷、野性，其实每一个细节都是重要的。

培养注重细节的好习惯，提高善于抓住细节的能力，才能把个人潜在的智慧和力量更有效地发挥出来，才能少走弯路，少出纰漏，在通往事业成功的道路上稳操胜券。

首先就是把每一件小事做好。你也许还记得达·芬奇画蛋的故事吧，为了把一个蛋画好，达·芬奇成百上千次地不停画圆圈。任何事情都是这样，把细节做好，最好的办法就是对小事进行训练，形成习惯。

《细节决定成败》的作者汪中求先生曾举了这么一个例子。有一个财会班的

本科学生在回答老师的问题时，连续3次都是错误的答案，虽然他所说的数据与正确答案都非常接近，但是这对于财务所要求的精确性来说，一个小小的错误就会与实际情况差之千里。

对于这种情形，放在大学的课堂上无所谓，但如果放在企业里，这个学生肯定完了，领导看到你第一次错了就非常生气，第二次错了，就觉得你这个人不行了，第三次错了，可能你就被炒鱿鱼了。因此，员工进入企业一定要训练，而且任何的小事都要训练。

尽管“千里之堤，溃于蚁穴”“天下难事，必成于易；天下大事，必做于细”之类的道理，人们已是耳熟能详，对细节的重要性也有非常深刻的认识，然而能够真正做到的人却不多。

培养注重细节的习惯，是个人与企业共同发展的必然要求，我们可以从以下几方面着手去培养：

①重在坚持。细节是一种思维与行动意识的高效组合。谁都想做好每件事，但有的人就是做不好，一件事不是这里出错就是那里出错。不能说他们不努力，但问题就是发生了，原因就是没有坚持细节习惯的培养：一段时间做到了认真执著，一段时间又懒散松懈，做事有头无尾，总是半途而废，这样就无法真正养成注重细节的好习惯。

培养习惯是经过“曲不离口，拳不离手”，经过“韦编三绝”，最终实现“百炼成钢”的一个过程。每一个成功者所具备的成功品质与能力，都是由无数个细节的习惯积累而成的。因此，一旦养成良好的细节习惯，就不会再被刻意坚持好习惯与纠正坏习惯的矛盾心情所累，相反那种水到渠成、收放自如的自控能力会让你于轻轻松松中胜人一筹。

②改变观念。不注重细节的人，在日常工作中往往对其他注重细节的人和事也不会正确对待，比如，他们会给精打细算的人冠以“斤斤计较”“小家子气”的称谓，对善意的提醒会恶言相加，对关系自己生命安全的问题却常抱有侥幸心理，这都是主观上未对细节重视的行为体现。只有在思想上对细节足够重视了，才能使自己的行为严格要求。因此，要成为优秀员工，首先要改变旧观念，提倡细节决定成败的观念。

③从点滴小事做起。细节存在于我们身边的每一件小事之中。严格遵守工作时间，上班不要迟到，下班时不早退，不因私事影响工作，良好的工作态度是细节；节约一滴水、一张纸、一度电，养成随手关灯、关门窗的习惯是细节；所出具的数据、撰写的文章、产品的工艺指标都做到没有差错是细节；对经手的事，从时间、地点的确定，到准备什么、如何应对都有全盘考虑是细节；生活中对同事、朋友的一句问

候、一声劝勉,累时端上一张椅子,渴时递上一杯水是细节;生产中减少跑、冒、滴、漏,实现安全无事故、设备无故障、装置长周期运行是细节;对每一个工艺指标的变化,每一台设备的维护及运行情况都做到心中有数,这些都是细节。当养成关注细节的习惯后,你就会发现,无论待人接物,还是工作进展,都会顺手许多,效率也会大大提高。

④培养自我控制的能力。每个人都兼具感性与理性,对大小琐事都想用理智作衡量是不可能的,而且大部分行为都是以感情为出发点的,这是人性真实的一面。通常因为别人的一句话,便耿耿于怀,动辄勃然大怒,血液充满脑部,根本无法自我控制,等到情绪过后,才来懊悔当初,这是一般人的通病。因个人某方面致命的弱点或缺陷而归于失败的人不在少数。这样的人,一定要培养自我控制的能力,克服浮躁的情绪。要经常想到自己的弱点、自己的不足,既要自我崇尚、有信心,更要自我检查、随时修正,不断地自我完善、自我提高。只有能自我克制的人,才能不为外界环境所左右,静下心来的时候才能更加做好细节的小事。

对自己一定要"苛刻"。养成任何好习惯,都要对自己从严要求。每天做好工作计划,准备好备忘录,事无巨细一件一件地完成。正如人们所说的,完成一件小事比计划中的大事更有效。对上级下达的工作任务,要身先士卒,争取每一件事情都做到位,不能敷衍了事。只有在一系列细枝末节上对自己严格要求,才能在不知不觉中让一直困扰自己的粗心大意的毛病渐渐地销声匿迹。

⑤训练集中注意力的能力。一个人想同时追两只兔子,最后只会一无所获。有道是"十年磨一剑",中国古代的铸剑师为了铸成一把好剑,必须在深山中潜心打造十几年。可见,专注能够保证工作效率的最大发挥。你必须远离那些使你分散注意力的事情,集中精力选准主攻目标,专心致志地做好每一件小事,这样才可能取得成功。

成功往往隐藏在细节中。问题思考:

问自己以下问题,并且认认真真地把你所理解的真实答案写下来。

问题一:在日常工作中,你做事的出发点是"合格就可以",还是要求自己做到尽善尽美?

问题二:为了把每一件事情做到尽善尽美,你打算付出哪些努力?

问题三:你是否像艺术家研究艺术品一样,仔细研究过工作领域的各个细节?

问题四:在本职工作上你是否做到了全心全意、尽职尽责?如果没有做到,你认为可以从哪些方面加以改善?

课堂游戏

测测你的女(男)朋友是否适合做终生伴侣。

当乘坐公共交通工具时,你的女友身边有一陌生男子睡着了,他的头放在你女友的肩上。在这情况下,她会:a. 不出声并任由男子继续将头放在她肩上。b. 用轻巧的动作避开那男子。c. 拍醒或叫醒身旁的男子。d. 起身走开。

清晨,你俩并肩漫步在街上,忽然,迎面走来一个路人,想在你俩中间经过,那一刻,你的他会——他这一刹那的直觉反应,完全可以看出他对你是否真心,不信?想一想……

a. 拉远两人的距离,让人经过。b. 靠近你让人从他那边经过。c. 把你拉近,让人从你那边经过

延伸阅读

在美国伊利诺伊州的哈佛镇,有群孩子经常利用课余时间到火车上卖爆米花。

一个10岁的小男孩也加入到这一行列。他除了在火车上叫卖外,还往爆米花里掺入奶油和盐,使其味道更加可口。

结果,他的爆米花比其他任何小孩都卖得好。

——因为他懂得如何比别人做得更好,创优使他成功。

当一场大雪封住了几列满载乘客的火车时,这个小男孩便赶制了许多三明治拿到火车上去卖。

结果,虽然他的三明治做得不怎么样,但还是被饥饿的乘客抢购一空。

——因为他懂得如何比别人做得更早,抢占先机使他成功。

当夏季来临,小男孩又设计出一个能挎在肩上的半月形的箱子,在边上刻出一些小洞,刚好能堆放蛋卷,并在中部的小空间里放上冰淇淋。

结果,他这种新鲜的蛋卷冰淇淋备受乘客的欢迎,使他的生意火暴一时。

——因为他懂得如何比别人做得更新,创新使他成功。

当车站的生意红火一阵后,参与的孩子越来越多,这个小男孩意识到好景不长了,便在赚了一笔钱后果断地退出了竞争。

结果,孩子们的生意越来越难做了。不久,车站又对这些小生意进行了清理整顿,而他却因及早退出而没有受到任何损失。

——因为他懂得如何比别人做得更清醒,一件事在大家都看好时,他能保持清

醒的头脑,及时抽身出来。及时抽身使他成功。

一个比别人做得更好、做得更早、做得更新、做得更清醒的人,一个懂得如何创优创新、抢占先机、及时抽身的人,怎么可能不拥有成功的人生呢?

后来,这个小男孩果然成了一个不同凡响的人,他就是摩托罗拉公司的创始人保罗·高尔文。

资料来源:http://guba.eastmoney.com/look,601186,6011679311.html

1.2.2 有效沟通

约翰·奈斯比特(《大趋势》的作者)说过:未来竞争是管理的竞争,竞争的焦点在于每个社会组织内部成员之间及其与外部组织的有效沟通上。

美国著名学府普林斯顿大学对一万名调研对象进行分析的结果显示:"智慧"、"专业技术"和"经验"只占成功因素的25%,75%决定于良好的人际沟通。

哈佛大学就业指导小组1995年的调查结果显示,在500名被解职的人中,因人际不良而导致工作不称职者占82%。

在企业管理中有三个"二八定律":管理者实际上80%的时间用在沟通上;企业中80%的问题是由于沟通障碍引起的;合格的中层管理干部,其沟通能力应占80%。

有效沟通是为了能够达成共识,双方进行的一种双向交流方式。哈里窗户是一个有用的沟通模式,很好地揭示了我们是怎样与别人相联系的。

图1.1中介绍的四扇"窗"根据4个不同的领域把个人意识分为4种:开放的、隐藏的、盲目的、未知的。

	自知	自不知
人知	区域一 开放的自我 Open Self	区域二 盲目的自我 Blind Self
人不知	区域三 隐藏的自我 Hidden Self	区域四 未知的自我 Unknown Self

图1.1 哈里窗

①开放的领域:指自己和别人都知道的东西(如,我知道我的名字,你也可以知道)。这扇窗户里不仅包括了事实信息,还包括了自己的感受、动力、行为、意愿、需求和欲望——即任何你想告诉别人关于"你是谁"的信息。你越愿意告诉别人,别人就更能了解你。在你的开放、别人的倾听或反馈的基础上,你就能更好地认识自己。

②盲目的领域:指别人知道的但是自己没有意识到的"关于我"的东西。例如,我们在一家餐馆吃饭,我牙齿上塞了一点菠菜叶,我可能不知道,但是你看到了。这个信息就是在我的盲区,因为你看到了,我看不到。当然,如果你告诉我牙齿上有菠菜叶,那么这就转到开放领域了。

更重要的是,我的情感可能有些盲区。例如,在谈话中,你可能注意到我跟你没有眼神交流。为了不让我尴尬,你可能不会说出来,或是你自己在推断如果说出来,我可能会因为这事儿觉得尴尬不礼貌。那么这个问题就成了我的问题了:我要怎样才能得到开放领域的信息呢,因为这个问题可能会影响我们正在建立的信任度?我怎样才能看到更多的自己呢?答案当然是我需要去挖掘我自己的情感,与你来分享,这样我们就能互相了解我的问题了。

③隐藏的领域:指自己了解的,但是别人不知道的东西。以情感为例,刚刚知道自己可能要丢掉工作,所以觉得缺乏安全感——但是觉得难堪,不想跟别人讨论。这个信息就在隐藏领域中。一旦想把自己的担忧告诉别人,跟别人说自己的感受,隐藏领域就转变到开放领域。这个"自我泄密"对我们培养自我意识很有用。如果我们把自己的某些东西"公之于众",这往往表示我们更愿意接受这件事实,而不是去否定或隐藏。

④未知的领域:指自己和别人都不知道的"关于我"的东西。这听起来有点奇怪,例如,平时自己是一个很胆小又自恋的人,有一天走在大街上看到有个老太太被抢劫,自己却迅速跑去帮忙,打退抢劫者,保护了老太太。自己和别人可能都觉得我的行为有点反常。自己也不知道自己内心有这种情感,别人肯定也想不到自己会这么做。因此,我们就发现其实自己有一些比想象中更积极的情感——对坏势力的愤怒、对弱者的同情、面对逆境时的勇气。另外,自己设想的消极情感也会浮现——恐惧、懦弱、漠不关心别人的处境——但是这些情绪都判断失误。因此,一种新的情况可以促发新的意识和个人的成长。

课堂测试

你是一个好的沟通者吗?测测你的沟通能力。

请阅读下面的题目,并根据自己的实际情况回答“是”与“否”。

1. 我尽量少下达书面指示,多与部下直接交流。

2. 我会定期与每位部下谈话,讨论其工作进展情况。

3. 我每年至少召开一次总结会,表扬先进,鞭策后进,同时广泛征求群众意见,让大家畅所欲言。

4. 我经常召集部门会议,既讨论工作问题,又探讨一些大家共同感兴趣的问题。

5. 当单位内出现人事、政策和工作流程的重大调整时,我会及时召集部下开会,解释调整的原因及这些调整对他们今后工作的影响。

6. 我经常鼓励部下畅谈未来并帮助他们为自己设计。

7. 我经常召集“群英会”,请员工为单位经营出谋划策。

8. 我喜欢在总经理办公会上将本部门工作进展公布于众,以求得其他部门的合作和支持。

9. 我在与人谈话时喜欢掌握话题的主动权。

10. 我鼓励员工积极关心单位事务,踊跃提问题、出主意、想办法,集思广益。

11. 我喜欢做大型公共活动的组织者。

12. 我常在部门内组织协作小组,提倡团结协作精神。

答“是”得1分,答“否”得0分

8~12分:你表现得很好,善于与他人,尤其是与部下交流情况,促进互相了解,因此能避免各种由于沟通不足所产生的问题。在原则问题上,你既善于坚持并推销自己的主张,还能争取和团结各种力量。你自信心强,部下也信任你,整个部门中充满着团结协助的气氛。

4~7分:你比较重视将自己或上级的命令向下传达,但不太注重听取下级的意见,认为众口难调,征求意见只会使问题复杂化。因此在你的部门内,虽然各项任务都能顺利进行,但下属的意见不受重视。

0~3分:由于你对交流能力重视不够,导致你与优秀管理者尚有一段不小的距离。要知道,作为一名管理者,你有责任主动将充分的信息传达给下属,而不应让他们自己千方百计寻找信息。

1.2.3 学习力是领导力提升的关键

什么是学习力?学习力指学习成果转化的能力,是人的学习态度、学习能力和终身学习的总和,这种能力主要体现在更新自我、推进创新和变革社会的效果上。

学习力包括学习动力、学习毅力、学习能力、学习效率和学习转化力。其中动力是由目标产生的,毅力是由意志决定的,能力是靠培养形成的。只有当这些要素有机地结合在一起时,才能形成现实的学习力。

1970 年《财富》杂志列出的 500 家工业公司中,到 1983 年有 1/3 已不复存在了。是什么造成的呢? 研究表明成功的关键是作为个人或团体的高级经理人员们能快速学习并采取有效的行动。当然,如何加速学习是一个非常具体的问题。尽管组织的结构和文化影响组织学习的速度,但是,出色管理通过改变规则也能达到加快学习的目的。总之,未来公司的唯一竞争优势,在于其管理者比竞争对手学习得快。国际商用机器公司(IBM)认为:“我们的企业正不断地学习,我们销售的是这种学习的副产品”。也正如鲍伯·加勒特所指出的:“学习是最为关键的,急需发展和交易的商品”。在微软,比尔· 盖茨创造了一台从不知足的学习机器。他相信学习是“智能组织”的标志,而所谓“智能组织”便是知道持续不断改进内部作业程序的组织。这是个知识回归的时代。在科学技术日新月异的今天,只有不断更新知识,才能持续推动经济增长。知识,诸如科学技术、社会科学、管理科学、信息等将越来越成为占主导地位的资源或生产要素,经济效益将在越来越大的程度上依靠技术创新创造出来,学习是最有价值的投资。只有把知识应用在生产过程中,潜在的生产力才能转化为直接的生产力。要提高竞争力就必须提高创新能力,创新能力又取决于获取知识和有效应用知识的能力,而这一切的基础是对学习进行有效的管理。学习是一个积累资源的过程。通过学习可以使人掌握技能,提高素质,为企业带来更多的利润,学习之后创造的利润有时胜于技术开发的利润之上。现代企业发展,人才的竞争不再是一个人才两个人才的对弈,而是一个团队与另外一个团队的较量。团队整体素质的提升,可以让企业全面发展,哪怕是发展已经达到一个高度的企业,如果继续强调学习,强调培训,那么它的竞争力也格外的强悍。现代的信息时代,知识更新速度非常快。“学好数理化,可以走天下”的概念已经被淘汰了。没有哪一个生搬硬套的知识理论可以长久地支持一个企业飞速发展。未来,只有学习力才是企业唯一持久的竞争力。

知识时代的到来使越来越多的工作以知识为基础,而这些工作又难以采用传统分离式的部门制来进行划分,工作不再是由一些重复性的行为构成,而是由个体之间的相互交流和数据构成。人们对传统等级制度的领导形式提出了挑战。在这样的团队里,交叉培训是很经常的,这种交叉培训使工作间的界限越来越不明显。在日益出现的分散型组织中,依赖家长式领导展示自身独特性的传统领导者逐渐被新型的团队领导者所取代,只有热爱学习、顺应潮流的领导才会有无限的发展力。

学习自测

简答题：

1. 做好上岗准备对今后上岗的意义？
2. 你会从哪方面去积累管理经验？
3. 你觉得工作后的学习应从哪方面着手？

案例分析

老董事长的愤怒

在今年元月份的一次高层经营会议中，80几岁的老董事长很不高兴地指出："经营这家彩色印刷公司投下三亿元的资本，还不如将之存于银行生息。如果不是看到25年前开办不久时以3 000万元所购买的厂地，将有为数可观的增值利得，早就关门不干了。你们这几位经验丰富的六七十岁高级主管，大多数都在其他公司干过总经理、副总经理、厂长等高级职位，都已领过退休金，我还给你们优厚的薪水，为什么做出这种成绩来？"大家听了训示，面面相觑，忍气吞声，头都不敢抬起来。

于是老董事长首先要求业务部张经理发言，张经理根据财务报表的资料提出他的意见。他说："去年的制造费用两亿元，销管费用0.75亿元，都是固定成本的，其他的成本费用均属于变动成本。印刷制作之边际贡献率52%，印刷用纸张之边际贡献率8%。一般而言，印刷业者之产品，包括印刷用纸与印刷制作成品，其中印刷制作成品占50%的销货收入，另一半为纸张销货收入。该两种产品之固定成本，在会计处理上全多属于印刷制作。本公司业务员由于深怕倒账又想提高销货边际贡献率，以遵守老董事长的要求。所以，往往要求客户自备纸张，导致去年总营业额之中纸张营业收入只占25%，难怪去年税前只有0.53亿元的盈余，不过，这样的绩效已经是历年来所未曾出现的了。可是，现在市场竞争剧烈，单价无法提高，要争取更多业务实在很困难。何况工厂制作品质虽好，交货却老是拖延，引起顾客抱怨。"

厂长对于交货时有延误之事则认为，这两三年来工资不断上扬，公司获利情形不佳，致调薪跟不上市场行情，资历在三年以下的技术工人流失甚多，为增补新人而提高招募员工的薪资水准，如此却更造成资深反而低薪的怪现象。在这种情况之下,能消化目前的业务量就已经很尽力了,如果要再提高制作量,最好再提高薪资,否则不但新人留不住,仅有的少数资深技工更将再离去。

老董事长听了他们的对话之后,更加不悦,训斥总经理提出对策,如果今年不能确保 24% 的税前投资报酬率,则应提出解散公司的方案。公司里的资深员工听到欲结束营业的消息,心想快要到手的退休金将成为泡影,顿感坐立不安,不知如何是好。

资料来源:http://www.fz160.com/index.php/article/xuanzhizhuangxiu/2009-07-17/12042.html

请根据上述个案回答下列问题:

1. 如果真如业务经理与厂长所言,产能无法提高,售价亦无法提升,今年欲有 24% 之税前投资报酬率,则有何途径可行?能否以个案资料提出具体做法及达成时的总营业额。

2. 公司获利不佳,无力大幅调升全体员工薪资,导致年资三年以下的技工无法留住,如何是好?

3. 老董事长目前遭遇到什么问题,应如何解决?如果你有幸取代其职位,则目前及未来将采取什么策略?

实训项目

实训名称 管理能力提升

实训目的 提高组织设计、权力运作、管理模式的能力

实训条件 案例分析室

实训要求

1. 每班 6 ~ 7 人一组;
2. 针对以下公司背景进行分析;
3. 每组代表发言,提出各组的处理方法。

教师任务

1. 帮助学生进行分析;
2. 公开讲评。

实训评价 组长给每位组员打分,教师给组长打分。

实训背景

大忠公司创立于 1966 年,董事长陈大伟先生是由中本纺织公司提前退休后自行创业,经营纺织及针织业务。当时营业额约为 50 万元,经过 20 余年的惨淡经营

及全体员工的努力，该公司目前已成为全国排名100名以内之企业集团，年营业额达180亿元。其产品主要区分为消费品与工业品两种，详细如下，消费品：成本、服饰、计算机、电视；工业品：产业机械、石化原料、重电机设备。

陈董事长很早就为公司的接班问题预做准备，公司总经理系由其弟陈大刚先生担任。其公子陈小龙在日本神户大学获得经营学博士学位，即回国担任生产副总的职务。次子陈小虎在美国南加州大学获得博士学位，亦立即回国担任行销副总的职务。目前公司的运作表面上看起来似乎十分稳定，但公司内部却暗潮汹涌，主要之问题如下：

①年轻一辈的经理人与董事长及总经理之间有代沟，许多问题无法开诚布公来讲，造成冰山一角。

②由于受教育背景不同，使陈小龙与陈小虎兄弟两人在经营管理之理念及制度方面之看法南辕北辙，且在许多正式开会场合常争执不下，其他主管看在眼里，不知如何化解两人之争端，更不知听谁的才好。

③大忠公司有相当不错的经营团队，却缺乏完整的中长程策略规划目标，因而造成管理能力及执行能力不足，使这几年的获利能力每况愈下。

陈董事长对于公司目前及未来发展之情况颇为忧心，正在思考如何进行组织改造，使公司能步上正轨。若你是陈董事长，你会怎么做?

企业组织构建

学习目标

1. 熟悉管理者的能力；
2. 识别影响组织结构的因素；
3. 提升作为一名优秀管理者的创新价值。

能力目标

1. 明确基本的组织模式；
2. 充分理解组织架构的发展趋势；
3. 理解现代企业制度；
4. 适时适宜地选择企业的组织结构。

学习任务1 设计组织架构

案例导入

“无工作边界”在美国达纳公司

美国达纳公司主要生产螺旋叶片和齿轮箱之类的普通产品,这些产品多数是满足汽车和拖拉机行业普通二级市场需求的,该公司是一个拥有30亿美元资产的企业。20世纪70年代初期,该公司的雇员人均销售额与全行业企业的平均数相等。到了20世纪70年代末,在并无大规模资本投入的情况下,公司雇员人均销售额已猛增3倍,一跃成为《幸福》杂志按投资收益排列的500家公司中的第二位。

1973年,麦斐逊接任公司总经理。他做的第一件事就是废除原来厚达22英寸(1英寸=2.54厘米)的政策指南,取而用之的是只有一页篇幅的宗旨陈述。其大意是:

1. 面对面的交流是联系员工、保持信任和激发热情的最有效的手段。关键是让员工知道并与之讨论企业的全部经营状况。

2. 我们有义务向希望提高技术水平、扩展业务能力或进一步深造的生产人员提供培训和发展的机会。

3. 向员工提供职业保险至关重要。

4. 制订各种对设想、建议和艰苦工作加以鼓励的计划,设立奖金制度。

麦斐逊很快就把公司的领导班子从500人裁减到100人,机构层次也从11个减到5个。大约90人以下的工厂经理都成了“商店经理”。因为这些人有责任学会做厂里的一切工作,并且享有工作的自主权。麦斐逊说:“我的意思是放手让员工们去做。”他指出:“任何一项具体工作的专家就是干这项工作的人,不相信这一点,我们就会一直压制这些人对企业做出贡献的潜力及其个人发展的潜力。可以设想,在一个制造部门,在方圆25平方英尺(1平方英尺=0.093平方米)的天地里,还有谁比机床工人、材料管理员和维修人员更懂得如何操作机床、如何使其产出最大化、如何改进质量、如何使原材料流量最优化并有效地使用呢? 没有。”

资料来源:http://tieba.baidu.com/f? kz=1044288693

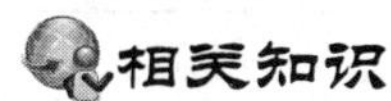

2.1.1 组织设计的任务、原则、程序和影响因素

为了实现组织目标,组织内部不同成员需要充当不同的角色,担任不同的职务,这些职务相互之间的关系则由组织结构来体现。所谓组织结构是一种正式的工作关系,它界定了不同职位和部门的工作任务以及它们之间的协调关系。

1)组织设计的任务

组织设计就是管理者谋划、选择新的组织结构的管理决策和行动。无论什么组织,其组织设计的目的就是要求组织结构与任务相匹配。组织设计的任务是提供组织结构图和编制职位说明书。

组织的结构通常都用组织结构图来表示。用组织结构图来勾画出正式组织系统的权责关系。组织结构图很直观,它使组织中的每个员工一看就知道自己所处的位置、向谁汇报、相互间的工作关系、沟通渠道和直线职权等。由于组织结构图明确规定了各领域的职责和职权,这样也使管理者更便于协调各种活动、各种关系。

职位说明书是描述组织中某一具体职务的书面说明。职位说明书一般包括名称、职能、职责、权力、地位、关系、任职要求等内容。好的职位说明书不仅使员工和部门明确自己的职责范围以及相互之间的工作关系,而且为员工招聘、绩效考核和人力资源的有效开发奠定了科学的基础。表2.1是某绩效考核总管的职位说明书。

表2.1 某公司绩效考核主管职位说明书

职位名称	绩效考核主管	职位代码		所属部门	人力资源部
职　系		职等职级		直属上级	人力资源部经理
薪金标准		填写日期		核准人	
职位概要:组织实施公司全员绩效评价制度及年度评价工作,保证评价工作的及时性和质量。					

续表

<table>
<tr><td>工作内容：
——协调组织完成公司绩效评价标准的调整，使其更符合不同阶段的要求；
——调查评价制度实施问题和效果，提供建议解决方案；
——建立公司职位流动和晋升体系；
——协助修订政策指南和员工手册，提供政策支持；
——改进、完善并监督执行公司考核体系和规范；
——指导各部门主管开展评价工作，向员工解释各种相关制度性问题；
——根据绩效评价结果实施对员工的奖惩工作；
——组织实施绩效评价面谈；
——协助上级完成其他相关绩效管理工作。</td></tr>
<tr><td>任职资格：
教育背景：人力资源、劳动经济、心理学、管理学等相关专业本科以上学历。
培训经历：受过现代人力资源管理技术、劳动法律法规和基本财会知识等方面的培训。
经　验：3 年以上绩效管理工作经验。
技能技巧：熟悉国家人事政策、法律法规；
◆熟悉各种绩效评价方法；
◆熟悉绩效管理流程；
◆人力资源管理理论基础扎实；
◆熟练使用相关办公软件。
态　度：
◆良好的职业操守，细致、耐心、谨慎、踏实、稳重；
◆强烈的敬业精神与责任感，工作原则性强；
◆人际沟通、协调能力强，良好的团队合作意识。</td></tr>
<tr><td>工作条件：
工作场所：办公室。
环境状况：舒适。
危 险 性：基本无危险，无职业病危险。</td></tr>
</table>

直接下属＿＿＿＿＿＿＿＿　间接下属＿＿＿＿＿＿＿＿

晋升方向＿＿＿＿＿＿＿＿　轮转岗位＿＿＿＿＿＿＿＿

2)组织设计的原则

组织设计原则构成了优良的组织机构与管理的基础,在设计正式组织结构时应结合具体情况而灵活运用。组织设计的一般原则有:

①目标明确。凡事都要有目的,组织的目标规定着企业生产经营活动的基准和方向;组织的结构、体系、过程、文化等均是为完成组织目标服务的;组织设计的最终目的是为了让组织中的每个人都为组织的目标而努力。

②分工、协作。劳动分工产生效率。在机构之间进行合理的分工,划清职责范围,提高管理专业化程度,不同的工作岗位完成不同的任务,通过所有人的劳动协作来完成组织的目标,以达到提高工作效率的目的。但是,组织在分工的基础上,必须加强协作、相互配合;在组织中各职能部门既明确分工,又协调一致。

③权责一致。工作的责任不能大于也不能小于所授权限的范围。权力大于责任,就会出现滥用权力现象;责任大于权力就无法承担责任。

④命令统一。员工只接受一个上级的命令,组织命令一致才能上下同心完成组织的目标。因此,在进行组织设计时,必须保证每个人只对一个直接上级负责,具有同一个目标的各部门的活动都必须只有一个领导。

⑤高效精干。组织的目标是追求利润,同时将成本降低到最低点。贯彻精干高效原则应解决管理层次和管理幅度问题。效率原则是衡量任何组织结构的基础。当然,精炼的组织才有效率。

⑥因事设职和因人设职相结合的原则。工作岗位的存在是因为组织需要,人员的存在对组织而言也是为了有效实现组织目标。一切以组织需要为前提,要把合适的人放在合适的岗位上。

⑦稳定性与灵活性相结合。各个企业组织都是在内外环境变化中向自己的目标前进。组织的稳定性是组织发展和目标实现的基础,组织结构不能任意变动。但是,结构的稳定是相对的,因为组织不可能预料未来可能发生的所有事情。为了保证对外部环境变化做出迅速灵活的反应,组织结构还必须根据各种因素的变化进行调整,管理人员必须在保持稳定性和灵活性之间求得平衡。

3)组织设计的程序

按照现代组织设计的权变观,在进行组织设计时,必须考虑外部环境、技术、战略及组织规模、寿命周期等因素的影响。当外部环境发生变化,或者企业进行战略调整后,企业都需要重新设计组织结构。以下 3 种情况下要进行组织程序设计:

①新成立组织一切都要从头开始设计建立;

②原来组织的目标任务发生变化或者结构因环境变化而出现较大的问题，原有组织结构需要重新设计评价；

③原有组织结构需要进行局部调整和完善。

管理者在进行组织设计时，需要遵循一定的程序。一个完整的组织设计程序包括以下步骤：

a. 确定组织设计原则。管理者应该根据企业的目标、任务、特点和企业内外环境等来确定组织设计的基本思路、原则方法。比如组织管理幅度的宽窄、层级的多少，是集权还是分权等。

b. 确定组织功能。在此步骤中，应该确定为了实现组织目标，要设置哪些功能，其中的关键性功能是什么。另外，还要确定组织的层级结构和工作管理流程。

c. 工作设计（纵向设计）。将上一步中的组织内特定的功能分解成向顾客提供产品和服务而需要执行的任务，这是组织设计的基础。通过工作设计可以确定工作的内容、工作承担者的责任以及工作承担者应具有的知识、技能和经验等。有效的工作设计要根据公司的目标战略和工作分析设计的结果来确定各个管理层次、部门、岗位及其责任、权力，以及有效的信息沟通方式。有效的工作设计还应该避免传统专业化分工所带来的厌倦、烦躁和无兴趣而导致的低效率现象。在遵从分工的前提下，通过在不同的环节从事工作，掌握全面的技能，消除厌倦感，提高工作积极性和工作效率。

工作分析和设计可由主管、工作人员、人事单位或外界专家顾问来进行。所采取的方式包括观察、面谈、问卷调查等方法进行。工作设计是公司招募、训练、升迁员工的重要参考。

d. 组织横向设计。这一步要确定部门、设计各个管理部门之间的协调方式和控制手段，所以这步工作很重要。如果说框架设计的重点在于把整个企业的经营管理活动分解成各个组成部分，那么这一步就是把各个组成部分联结成一个整体，使各个组织结构能够步调一致地、有效地实现企业管理的整体功能。经过工作设计以后，管理者可以根据外部环境、战略、技术等的需要，将组织中从事相同或相似工作的人和事进行合并，组成一个部门。部门组合要求确定公司的各个部门之间的权责利和信息交流沟通的有效链，并完成组织结构图。

至此，组织设计已经基本完成，但是在实际中必须考虑到组织结构的适用性，因此，设计好的组织结构需要到实际运用中得到检验和调整完善。随着环境等原因的变化，会逐渐发现前面组织结构设计的不合理、不完善的地方，这就需要把组织运行的情况反馈到前面的各个设计环节中去，根据需要对组织结构进行修正，使组织结构不断完善，以符合实际需要，从而顺利实现组织目标。

观念应用

工作分析的5W1H

1. 在员工要完成的工作任务当中,哪些是属于体力劳动的范畴、哪些是属于智力劳动的范畴呢?(What)

2. 工作任务应该被要求在什么时候完成呢?(When)

3. 工作任务应该被要求在什么地方完成呢?(Where)

4. 从事这项工作的员工应该具备哪些资质条件呢?(What qualifications)

5. 为什么这项工作就要求这样做呢?(Why)

6. 员工如何完成该项任务呢?(How)

4)组织设计的影响因素

到底何种组织结构是企业最佳结构,迄今没有定论。但是人们知道最佳的结构一定是适应各种权变因素要求的结构。权变设计观要求组织根据组织内外部各种因素的变化,对组织结构进行调整。一般认为环境、战略、技术和组织特性是影响组织结构的主要因素,如图2.1。下面分别介绍这4种影响因素。

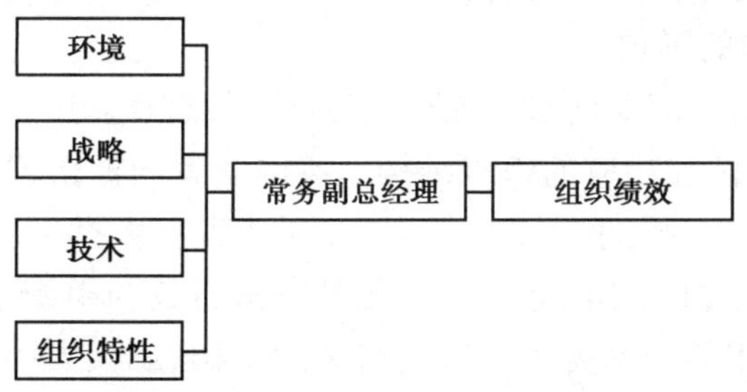

图2.1 影响组织结构设计的因素

(1)组织环境对结构的影响

现代企业每时每刻都面临着外部环境的变化,新技术层出不穷、顾客期望瞬息万变、竞争对手的手段日新月异,导致组织不得不随着外部环境的变化而加以调整。然而,组织内各个部门之间的差异性越来越明显,相互协调十分困难。因此,在进行组织设计时,管理者时刻不忘外部环境对组织结构的影响。

英国学者伯恩斯(G·M·Stalker)和斯托克(Tom Burns)从稳定性与可预测性两个维度对环境进行分析,并将组织结构分为两大类:机械式和有机式。机械式组织又称为科层组织,功能任务专业的分工,公司所面对的问题及任务被分解为专业化的功能任务。有机式组织则是一种较为松散的、具有弹性的适应型组织,常常是一种低度专业化、低度正式和高度分权的组织。

由于外部环境的不确定特征,在进行组织设计时必须充分考虑结构与外部环境的适配。当外部环境发生变化,组织不但需要适当的适配单位,有时还需要成立新单位以满足新环境的要求。例如计算机技术得到广泛应用后,许多公司成立信息管理部门,新部门不只是集合了不同技术人才,而且他们需要不同的定位、结构与风格来保证企业目标的成功达成。

(2)战略对结构的影响

美国学者钱德勒的研究发现,一个组织战略的变化会导致新的管理问题,为成功地实施新战略,需要一种新的组织结构。组织结构倾向于跟随一个公司的增长战略而变化。钱德勒的"结构追随战略"的论断为我们提供了一种一致的、连续的模式:新战略创建,新的管理问题的出现,获利能力和业绩的下降,转向一种更合适的组织结构,然后恢复到更高盈利水平,战略实施水平也得到提高。

当公司战略发生变化时,经理们都应当重新评价公司的内部组织。一个新的或不同的战略可能会引致新的或不同的关键活动、能力或实力,因此需要新的或不同的组织安排。如果没有及时进行科学的组织调整,战略和结构之间的不相匹配就会为引起战略实施中的种种问题。

(3)技术对结构的影响

技术直接影响着组织如何将投入转化为产出的过程。组织必须适应新技术的发展,设计不同的部门和相应的组织结构。英国学者沃德伍德根据技术复杂程度将制造业划分为 3 类公司:小批量单件生产(西装店)、大批量生产(电子公司)、程序生产(化工厂)。通过对不同企业所使用的制造科技与组织结构进行研究,沃德伍德发现公司所使用的技术类型会影响组织的结构、规模大小、成功与否、人际关系等。一般来说,小批量生产和程序生产适合有机式组织,因为他们具有较少的程序化与标准化,因而产生自由的流程与良好的适应能力,而大量生产则具有标准化的工作与正式化的程序特征,故适合于机械式组织。

(4)组织特性对结构的影响

组织的演化呈现明显的生命周期特征。奎因把组织的生命周期划分为 4 个阶段:创业——集合——规范化——精细。组织的特征也会影响到组织结构的设计,例如组织寿命周期、组织规模等。组织规模是影响组织结构组成的重要因素,当组织业务呈现扩张趋势,组织员工增加,管理层次增多,组织专业化程度不断提高时,组织复杂化程度也不断提高,内部操作更倾向于专业化和规范化。

课堂思考

组织设计过程中你认为应该考虑哪些因素,说明你的理由。

2.1.2 管理幅度和管理层次、高耸型结构与扁平型结构

组织结构设计过程中,必须考虑一系列基本问题,如管理幅度与管理层次、部门化的方法等,最终形成一个能够对内外环境要求做出动态反映的有效组织结构形式。

1)管理幅度和管理层次

(1)管理幅度与管理层次是组织结构的基本范畴

管理幅度与管理层次是影响组织结构的两个决定性因素。幅度构成组织的横向结构,层次构成组织的纵向结构,水平与垂直相结合构成组织的整体结构。在组织条件不变的情况下,管理幅度与管理层次通常成反比例关系,即管理幅度宽,则管理层次少,反之亦然。

管理幅度是指管理者直接有效地管理下级部门或人员的数额。管理层次是指公共组织内部划分管理层级的数额。任何管理者能够直接有效地指挥和监督的下级数量总是有限的。这个有效的直接管理的下级数量被称作管理幅度。同样,高层管理者也需将担任的部分管理工作再委托给另一些人来协助进行,以此类推,直至受托人能直接安排和协调组织成员的具体业务活动。由此形成组织中高层管理者到具体工作人员之间的不同的管理层次。

一个组织的管理层次多少,受到组织规模和管理幅度的影响。在管理幅度给定的条件下,管理层次和组织的规模大小成正比,组织规模越大,包括的成员数越多,其所需的管理层次就越多。在组织规模给定的条件下,管理层次和管理幅度成反比,每个管理者所能直接控制的下级人数越多,所需的管理层次就越少。任何企业在进行结构设计时,都必须考虑这样的问题,即每个管理者直接指挥与监督的下级人数以多少为宜。一般来说,即使在同样获得成功的组织中,每位管理者直接管辖的下级数量也不一定相同。有效管理幅度的大小受到管理者本身的素质与被管理者的工作内容、能力、工作环境与工作条件等诸多因素的影响,每个组织都必须根据自身的特点,来确定适当的管理幅度、相应的管理层次。

(2)影响管理幅度的因素分析

管理者在进行组织设计的时候,到底应该将管理幅度确定为多大呢?这应该考虑到影响管理幅度大小的主要因素,一般说来,管理者应该考虑到以下 3 个方面的影响:

①管理者的时间、能力和精力;

②上下级之间关系的复杂程度;

③上下级之间沟通与联系的方式与效率。

基于以上 3 个方面的影响,具体影响管理幅度设计的因素有:

第一,工作能力。管理者的综合能力、理解能力、表达能力强,则可以迅速地把握问题的关键,对下级的请示提出恰当的指导建议,并使下级理解透彻,从而可以缩短与每一位下级接触所占用的时间。同样,如果下级具备符合要求的能力,受到良好的系统培训,则可以在很多问题上根据自己符合组织要求的主观去解决,从而可以减少向上司请示、占用上司时间的频率。这样,管理的幅度便可适当宽些。

第二,管理者所处的管理层次。管理者的工作在于决策和用人,处在管理系统中的不同层次,决策与用人的比重各不相同。决策的工作量越大,管理者用于指导、协调下属的时间就越少。所以,越接近组织的高层次,管理者的决策职能越重要,其管理幅度较中层和基层管理人员就越小。

第三,下级工作的相似性。下级从事的工作内容和性质相近,则对每个工作的指导和建议也大体相同。这种情况下,同一管理者指挥和监督较多的下级是不会有什么问题和困难的。

第四,计划的完善程度。下级如果单纯地执行计划,且计划本身制订得非常详尽周到,下级对计划的目的和要求十分清楚,那么,管理者对下级指导所需的时间就不多。反之,如果下级不仅要执行计划,而且要将计划进一步分解,或计划本身不完善,那么,管理者对下级指导、解释的工作量就会相应增加,此时有效管理幅度就小得多。

第五,助手的配备情况。如果有关下级遇到的所有问题,不分轻重缓急,都需要管理者去亲自处理,那么,必然会占去管理者大量的时间,此时管理者所能直接领导的下级数量就会受到一定限制。如果给管理者配备了必要的助手,由助手去和下级进行一般的联络,并直接处理一些明显的次要问题,则可以大大减少管理者的工作量,增加其管理幅度。

第六,信息手段的先进性。掌握信息是进行管理的前提。利用先进的技术去收集、处理、传输信息,不仅可帮助管理者更早、更全面地了解下级的工作情况,从而及时地提出忠告和建议,而且可使下级更多地了解与自己工作有关的信息,从而更好地做好分内的事务。这显然有利于扩大管理者的管理幅度。

第七，工作地点的相近性。不同下级的工作岗位在地理上的分散，会增加下级与管理者以及下级与下级之间的沟通困难，从而影响每个管理者所能管理的直属部下数量。

第八，环境的稳定性。组织环境是否稳定，会在很大程度上影响组织活动内容和政策的调整频度与幅度。环境变化越快，变化程度越大，组织中遇到的新问题越多，下级向上级的请示就越有必要、越频繁；而此时上级能用于指导下级的工作时间和精力却越少，因为他必须花更多时间去关注环境的变化，考虑应变的措施。因此，环境越不稳定，各层次管理者管理幅度就越受限制。

2）高耸型结构与扁平型结构

管理层次受到组织规模和管理幅度的影响。在组织规模一定的情况下，管理层次与管理幅度成反比，这种关系决定了两种基本的组织结构：扁平型结构与高耸型结构。

当组织规模一定，管理者的管理幅度较大，组织的管理层次较小的组织结构称为扁平型结构。这种结构的优点是：由于管理层次少，信息传递的速度快，从而可以使高层尽快地获得信息；了解组织运行情况，并及时采取相应措施；由于信息传递经过的层次少，传递过程中信息失真的可能性也较小；较大的管理幅度，使管理者不可能对下级管得过多过死，下级有较大的空间充分发挥主动性和创造性。但这种结构的弊端也是明显的：管理者不能对每位下级进行充分的指导和监督；每个管理者从众多的下级那儿获得信息，信息来源途径较多，可能使最重要的信息被淹没，使信息的利用率受到影响等。

当组织规模一定，管理者的管理幅度较小，管理层次较多的高、尖、细的金字塔形态的组织结构称为高耸型结构（又称锥型或垂直型结构）。这种结构的优点与局限性正好与扁平型结构相反。优点是：较小的管理幅度可以使每位管理者仔细地研究从每个下级那儿得到的信息，并对每位下级进行详细的指导。局限性则表现为：过多的管理层次降低了信息传递速度，还使信息失真的可能性大大增加；可能使管理者感到自己在工作中地位的相对渺小，从而影响其积极性的发挥；往往使计划、控制工作复杂化。

观念应用

扁平型结构和高耸型结构各有什么优缺点？你认为现代企业组织中哪种结构更适用，为什么？

扁平化
——公司组织变革的趋势

美国通用电气公司前总裁杰克·韦尔奇从担任总裁开始,就着手大刀阔斧地改造通用电气的组织结构,迅速地砍掉大量的中间管理层,并裁减管理层职位,甚至连副总也难以在这场“扁平化的风暴”里幸免。最终通用电气从原来的9个管理层变为今天的4到3个管理层,通用电气是一个扁平化改造的典范。

在国内也不乏成功实现扁平化的例子,广东科龙电器股份有限公司便是一例。2003年8月科龙进行了营销组织架构调整,这次调整以原来6个大片区为基础把全国划分为16个小片区。每个片区设部长全面负责包括空调、冰箱、小家电在内的所有产品的销售。片区部长享有对该区域市场销售及与之相关的传播的决策权,同时片区部长的收入也必须与业绩挂钩。这次调整打破了原来按照产品线来组建销售体系的做法,而代之以搭建营销平台,配合以产品销售的思路,集中体现了组织机构扁平化、精细化的思想。

资料来源:http://wuxizazhi.cnki.net/Article/XDQJ200003047.html

2.1.3 组织部门化

由于管理幅度的限制,同时为了保证信息传递的有效性,并获得专业化分工的好处,就必须对组织的有关活动进行部门划分。所谓部门化是指按照一定的方法把组织中的人和事划分成可管理的单位和部门,通过部门化的过程可以把组织中从事相同工作的人和事组合在一起,并指派一个管理人员来进行管理。如果说管理层次的确定考虑的是组织内部纵向的分工,那么部门化则更多是考虑组织内的横向分工。部门化的关键在于标准的选择,常用来进行部门化的标准有职能、产品、地域、顾客、工艺流程等。

1)职能部门化

职能部门化就是按照生产、财务管理、营销、人事、研发等基本活动相似或技能相似的要求,分类设立专门的管理部门。职能部门化是最为广泛接受和使用的部门化形式。每一个组织中都存在着按照职能划分的部门,如不少企业都设置采购部、制造部、销售部、人力资源部、财务部等。如图2.2所示中建一局集团公司部门就是按照职能划分的。

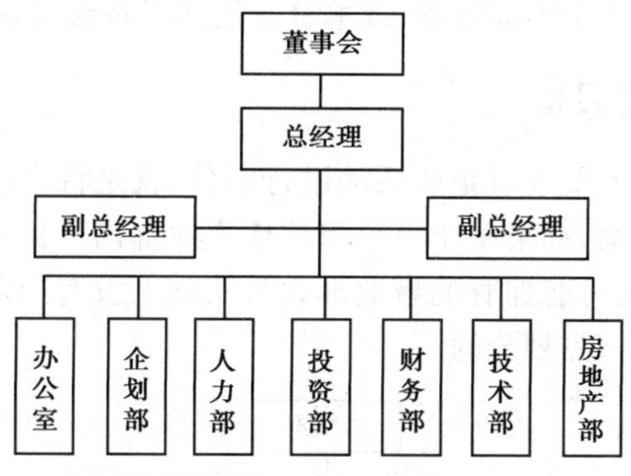

图2.2　职能部门化

(1)职能部门化的优点

①能实现职能专业化的效率。职能内部的专业化,简化了对管理人员和作业人员的培训过程,提高了工作效率。当执行的是例行公事的重复工作时,这种结构很有效率。一般说来,职能部门化有利于使决策权掌握在最高管理层手中。

②强化了基层的监督控制。高层管理者可以通过职能部门对基层的实际操作进行专业化控制。

(2)职能部门化存在的缺点

①部门成员会产生狭隘的局部利益观点。职能部门的成员可能养成了专心一意地忠于职守的态度和行为方式,往往更重视所在部门的目标而不是整个企业的目标。这往往会引起职能部门之间的矛盾。

②对外部环境的适应性差。随着企业的发展壮大以及竞争条件的不断变化,组织中各部门都只能等待来自高层的命令才能做出各种调整和应变策略。然而,集中于职能型部门化中最高管理层的决策过程通常是比较缓慢的。如不谨慎处理,可能对整个企业产生消极作用。

③不利于组织培养高层管理者。这或许是最重要的缺点,由于负责全面管理任务的是总经理或执行副总经理,而各职能部门经理的大部分时间都是在一个职能部门内学习和工作,因此按职能组织的公司难以培养未来的高层管理者。

④组织内部各职能部门之间的横向协调困难。在发展的情况下,它可能导致过多的管理层次,使相互协调和内部信息的沟通变得困难。

(3)职能部门化所适应的战略条件

①不确定性低的稳定的战略环境;

②各职能部门的技术是例行公事的独立性低的技术；

③企业规模为小型或中等规模；

④企业的目标集中于内部效率、技术事业化和产品或服务的质量。

2)产品(服务)部门化

按照产品或服务的要求对企业活动进行细分，就是将生产和销售某类产品或服务所必需的所有活动，都集中于一个单位或事业部内。只要产品是多种多样的和互不相关的，则企业可能拥有的事业部数目实际上没有限制。图2.3表示的某公司的部门就是按照产品划分的。

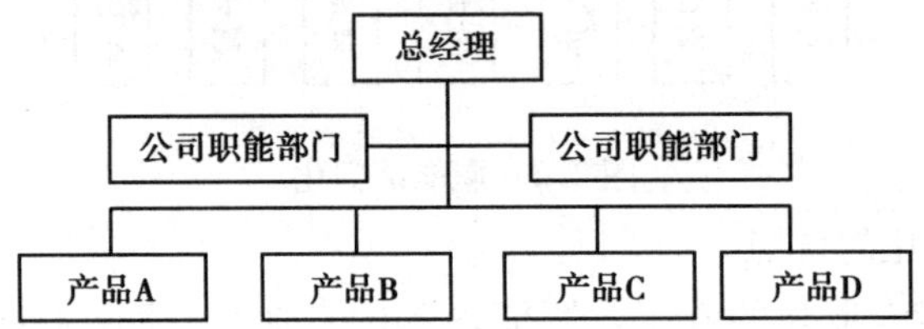

图2.3　产品(服务)部门化

(1)产品(服务)部门化的优点

①按产品或服务来划分部门，有利于使用专用设备，使得协调比较容易，并允许最大限度地利用个人的技能和专业化知识。促进了不同产品或服务项目间的合理竞争。

②同时把每类产品或服务作为一个利润中心来管理，可以使该事业部得以扩展和实现多样化战略。

③由于企业中的每个人都与特定的产品或服务相联系，就可以培养和发挥团体精神。这种结构使部门经理人员能经历广泛的职能活动，为训练高层管理者提供了机会。

(2)产品(服务)部门化的缺点

①存在本位主义倾向，各事业部之间可能出现竞争，有损于整个企业的利益。

②设备和设施的重复购置、导致管理费用的增加，人员配备过多、不同事业部的方针不一致等，也是这种结构所产生的问题。

③由于各事业部的经理在很大程度上相当于一家单一产品或服务公司的总经理，因而使维护上层管理(总部)的控制问题显得特别重要。

(3)产品(服务)部门化适应的战略条件

①变化比较大而不确定性为中等或很高的环境；

②大型的企业规模；

③各事业部采用的技术独立程度较高,甚至互不相关;

④公司重视对外作用、适应性和顾客满意的目标。

3)区域部门化

对于那些经营范围涉及区域较广的企业,可按地区的不同划分企业的业务活动,继而设置管理部门管理其业务活动。区域部门化就是把生产产品或服务所需要的全部活动都基于地理位置而集中在一起。区域部门化也可按照销售区或行政区来建立。区域部门化如图2.4所示。

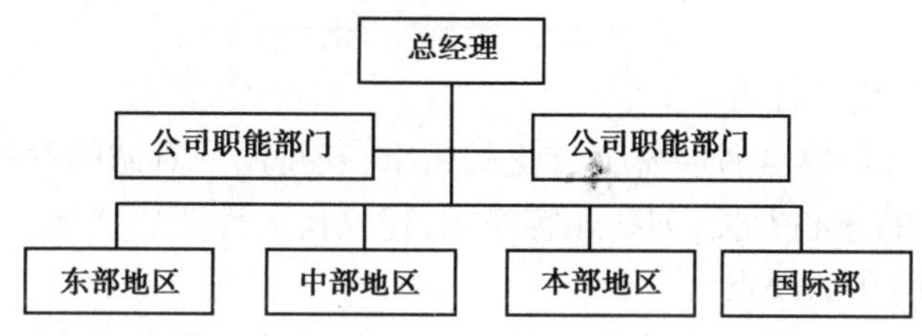

图2.4 地域部门化

(1)区域部门化的优点

①它拥有较大的灵活性,能适应各地区的竞争情况;

②能使各利润中心得到发展,并利于把权力和责任授予下级管理层次;

③增进一个地区内市场营销、生产和财务等活动的协调,节约费用并提高了工作效率;

④为培养经理人员提供了良好的机会。

(2)区域部门化的缺点

①增加了保持全公司方针目标一致性的困难;

②需要更多的管理人员;

③由于某些参谋职能的重复设置,增加了开支。

(3)区域部门化所适应的战略条件

①各地顾客需求处于变化中的,不确定性为中等或高等程度的环境;

②各区域的制造技术是常规的、独立性不是很高的技术;

③大型的企业规模;

④公司重视地区效用、灵活性和区域内部组织效率。

4)顾客部门化

企业只有为顾客创造价值才能获利,才能保证其生存发展。为了更好地服务顾客,企业根据目标顾客的不同利益需求来划分其部门,这就是顾客部门化。如图2.5示。

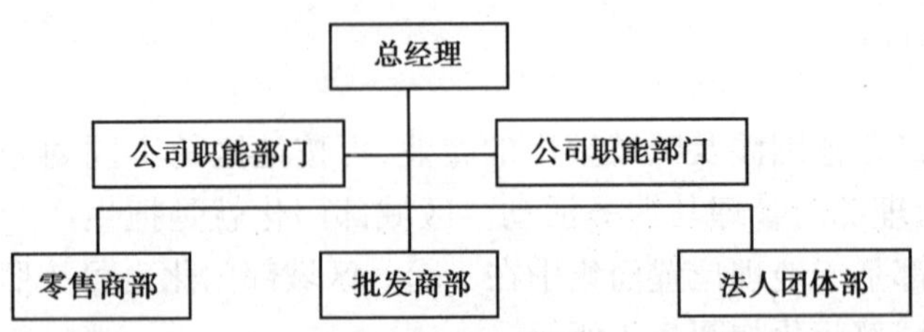

图2.5　顾客部门化

(1)顾客部门化的优点

①能满足目标顾客各种特殊而广泛的需求,获得用户真诚的意见反馈;

②发挥自己的核心专长,创新顾客需求,建立持久性竞争优势。

(2)顾客部门化的缺点

①增加的部门和人员与顾客需求不匹配而引发的矛盾和冲突;

②需要更多能妥善处理和协调顾客关系问题的管理人员;

③造成产品或服务结构的不合理,影响对顾客需求的满足。

5)流程部门化

按工艺流程进行部门化划分是生产性企业常用的方法。流程部门化就是按照工作或业务流程来组织业务活动。如钢铁公司可以根据其工艺流程设置焦化车间、烧结车间、炼铁车间、炼钢车间、轧钢车间等生产部门。流程部门化如图2.6所示。

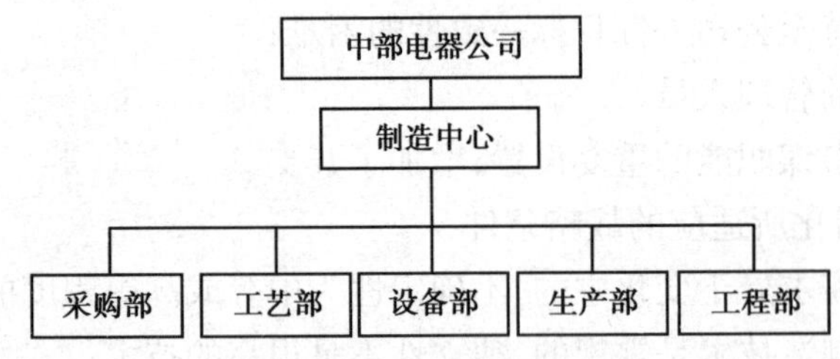

图2.6　流程部门化

(1)流程部门化的优点

①有利于提高工人的熟练程度和操作水平,充分发挥技术优势,提高劳动生产率;

②易于协调管理,对市场需求反应敏捷,容易取得集合优势;

③简化了培训,形成良好的学习氛围。

(2)流程部门化的缺点

①会产生部门间的利益冲突,各工艺阶段之间存在协调困难;

②权责相对集中,不利于培养“多面手”式的管理人才。

学习任务2 制定企业组织制度

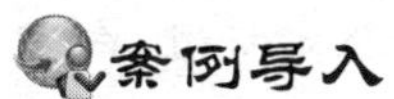

抓住制度创新提升管理水平

提升管理水平和管理能力是企业永恒的主题。改革是手段,是基础。当前体制僵化、机制陈旧仍是国有企业管理中的主要矛盾。长安航空有限责任公司抓住这个主要矛盾,走出了四着棋:

一、产权结构多元化

单一的国有产权结构,是国有企业产权虚拟化,所有者不到位,造成企业实际上无人负责的症结所在。长安航空有限责任公司由长安航空(实业)公司、海南航空股份有限公司、海航控股(集团)有限公司共同出资组建,实现了产权结构的多元化。代表所有者利益的股东会,作为公司的最高权力机构,对公司的资产实施了有效的管理。长期以来,困扰长安航空公司的政企不分、政资不分问题得到了有效解决,企业法人财产权落到了实处。长安航空有限责任公司作为法人,企业实现了自主决策,依法经营,自负盈亏,照章纳税,为企业进行管理创新奠定了基础。

二、建立规范的法人治理结构

长安航空有限责任公司董事会作为公司股东会的常设权力机构,代表股东的利益,负责公司的重大决策;监事会作为公司的常设监察机构,对股东会负责,对董事会及其成员和总经理等高级管理人员行使监督职能;在董事会的领导下,总经理全面负责公司的行政、业务、财务等日常工作。职责明确,权力到位,规范了的法人治理结构,保证了事、责、权一致,从而极大地调动了管理层干事业的积极性,形成了精干高效、反应灵敏运作协调、互相监督的领导体制。正是有了这样的领导体制,面对日益激烈的市场竞争,长安航空有限责任公司的经营者们,才能不断提高决策的科学化、民主化、程序化、制度化水平,做到了决策迅速、准确,将失误降到了最低点,把握住了一次次公司发展壮大的机遇。

三、以组织机构改革作为企业内部改革的先导

长安航空建立起了以信息灵敏、计划周到、监控严密、反应快速的地面服务保障体系和运行保障体系,才能成功处理了榆林爆炸事件紧急救援等多次紧急航班保障;非天气原因造成的航班延误次数大幅度降低,正点率显著提高。2010 年上半年经民航总局统计,长安航空的航班正常率达到 81.5%,6 月份更是达到 88%,进入全国先进行列。

四、建立起有效的激励机制和制约机制

长安航空有限责任公司首先建立起灵活、有效的绩效工资制度,打破国企传统的单一的等级工资,实行按管理、经营、技术、生产分系列,按层级岗位定标准,向重点岗位倾斜的增大活工资比例的员工报酬制度。其次,制定了一整套严格的员工上岗竞争、晋职、晋级和奖励制度,在增强每个员工危机感和忧患意识的同时,充分激励员工不断学习、不断努力、不断提高工作热情。与激励机制配套,公司按照现代人力资源管理的要求,建立起一整套责权明晰、考核严密、奖惩分明的人事劳动制度。在新的机制下,长安航空员工的面貌和工作作风发生了脱胎换骨的变化。

资料来源:http://xdqygl. bigc. edu. cn/newsview. asp? id

相关知识

2.2.1 现代企业制度

现代企业制度(modern enterprise system),现代企业制度是指以市场经济为基础,以完善的企业法人制度为主体,以有限责任制度为核心,以公司企业为主要形式,以产权清晰、权责明确、政企分开、管理科学为条件的新型企业制度,其主要内容包括:企业法人制度、企业自负盈亏制度、出资者有限责任制度、科学的领导体制与组织管理制度。

企业制度是一个动态的范畴,它是随着商品经济的发展而不断创新和演进的。从企业发展的历史来看,具有代表性的企业制度有以下 3 种:

1)业主制

这一企业制度的物质载体是小规模的企业组织,即通常所说的独资企业。在

业主制企业中，出资人既是财产的唯一所有者，又是经营者。企业主可以按照自己的意志经营，并独自获得全部经营收益。这种企业形式一般规模小，经营灵活。正是这些优点，使得业主制这一古老的企业制度一直延续至今。但业主制也有其缺陷，如资本来源有限，企业发展受限制；企业主要对企业的全部债务承担无限责任，经营风险大；企业的存在与解散完全取决于企业主，企业存续期限短等。因此业主制难以适应社会化商品经济发展和企业规模不断扩大的要求。

2）合伙制

这是一种由两个或两个以上的人共同投资，并分享利润、共同监督和管理的企业制度。合伙企业的资本由合伙人共同筹集，扩大了资金来源；合伙人共同对企业承担无限责任，可以分散投资风险；合伙人共同管理企业，有助于提高决策能力。但是合伙人在经营决策上也容易产生意见分歧，合伙人之间可能出现偷懒的道德风险。所以合伙制企业一般都局限于较小的合伙范围，以小规模企业居多。

3）公司制

现代公司制企业的主要形式是有限责任公司和股份有限公司。公司制的特点是公司的资本来源广泛，使大规模生产成为可能；出资人对公司只负有限责任，投资风险相对降低；公司拥有独立的法人财产权，保证了企业决策的独立性、连续性和完整性；所有权与经营权相分离，为科学管理奠定了基础。

2.2.2 我国现代企业制度的基本特征

从企业制度演变的过程看，现代企业制度是指适应现代社会化大生产和市场经济体制要求的一种企业制度，也是具有中国特色的一种企业制度。十四届三中全会把现代企业制度的基本特征概括为“产权清晰、权责明确、政企分开、管理科学”16 个字。1999 年 9 月党的十五届四中全会再次强调要建立和完善现代企业制度，并重申了对现代企业制度基本特征“十六字”的总体要求。

1）产权清晰

所谓“产权清晰”，主要有两层含义：

①有具体的部门和机构代表国家对某些国有资产行使占有、使用、处置和收益等权利。

②国有资产的边界要“清晰”，也就是通常所说的“摸清家底”。首先，要搞清

实物形态国有资产的边界，如机器设备、厂房等；其次，要搞清国有资产的价值和权利边界，包括实物资产和金融资产的价值量，国有资产的权利形态（股权或债权，占有、使用、处置和收益权的分布等），总资产减去债务后净资产数量等。

2）权责明确

权责明确是指合理区分和确定企业所有者、经营者和劳动者各自的权利和责任。所有者、经营者、劳动者在企业中的地位和作用是不同的，因此他们的权利和责任也是不同的。

权利。所有者按其出资额，享有资产受益、重大决策和选择管理者的权利，企业破产时则对企业债务承担相应的有限责任。企业在其存续期间，对由各个投资者投资形成的企业法人财产拥有占有、使用、处置和收益的权利，并以企业全部法人财产对其债务承担责任。经营者受所有者的委托在一定时期和范围内拥有经营企业资产及其他生产要素并获取相应收益的权利。劳动者按照与企业的合约拥有就业和获取相应收益的权利。

责任。与上述权利相对应的是责任。从严格意义上说，责任也包含了通常所说的承担风险的内容。要做到权责明确，除了明确界定所有者、经营者、劳动者及其他企业利益相关者各自的权利和责任外，还必须使权利和责任相对应或相平衡。此外，在所有者、经营者、劳动者及其他利益相关者之间，应当建立起相互依赖又相互制衡的机制，这是因为他们之间是不同的利益主体，既有共同利益的一面，也有不同乃至冲突的一面。相互制衡就要求明确彼此的权利、责任和义务，要求相互监督。

3）政企分开

政企分开的基本含义是政府行政管理职能、宏观和行业管理职能与企业经营职能分开。

①政企分开要求政府将原来与政府职能合一的企业经营职能分开后还给企业，改革以来进行的“放权让利”“扩大企业自主权”等就是为了解决这个问题。

②政企分开还要求企业将原来承担的社会职能分离后交还给政府和社会，如住房、医疗、养老、社区服务等。应注意的是，政府作为国有资本所有者对其拥有股份的企业行使所有者职能是理所当然的，不能因为强调“政企分开”而改变这一点。当然，问题的关键还在于政府如何才能正确地行使而不是滥用其拥有的所有权。

4) 管理科学

管理科学是一个含义宽泛的概念。从较宽的意义上说,它包括了企业组织合理化的含义;从较窄的意义上说,“管理科学”要求企业管理的各个方面,如质量管理、生产管理、供应管理、销售管理、研究开发管理、人事管理等方面的科学化。管理致力于调动人的积极性、创造性,其核心是激励、约束机制。要使“管理科学”,当然要学习、创造,引入先进的管理方式,包括国际上先进的管理方式。对于管理是否科学,虽然可以从企业所采取的具体管理方式的“先进性”上来判断,但最终还要从管理的经济效率上,即管理成本和管理收益的比较上做出评判。

2.2.3 现代企业制度的主要内容

根据以上分析,在较为具体的层面,现代企业制度大体可包括以下内容:

①企业资产具有明确的实物边界和价值边界,企业具有确定的政府机构代表国家行使的所有者职能,应切实承担起相应的出资者责任。

②企业通常实行公司制度,即有限责任公司和股份有限公司制度,按照《公司法》的要求,形成由股东代表大会、董事会、监事会和高级经理人员组成的相互依赖又相互制衡的公司治理结构,并有效运转。

③企业以生产经营为主要职能,有明确的盈利目标,各级管理人员和一般职工按经营业绩和劳动贡献获取收益,住房分配、养老、医疗及其他福利事业由市场、社会或政府机构承担。

④企业具有合理的组织结构,在生产、供销、财务、研究开发、质量控制、劳动人事等方面形成了行之有效的企业内部管理制度和机制。

⑤企业有着刚性的预算约束和合理的财务结构,可以通过收购、兼并、联合等方式谋求企业的扩展,经营不善难以为继时,可通过破产、被兼并等方式寻求资产和其他生产要素的再配置。

2.2.4 国有企业建立现代企业制度的途径

1) 改革企业产权制度

产权制度改革是国有企业建立现代企业制度的关键。

①理顺国有企业产权关系,处理好国家所有权与企业法人财产权的关系。国

有企业的产权关系应该是国家为国有企业财产所有权的唯一主体，拥有对企业财产的最终支配权，但政府和监督机构不得直接经营或支配企业的法人财产。企业拥有独立行使的法人财产权，并以其全部法人财产承担民事责任。

②建立经营者的所有权制约机制。两权分离后，国有资产所有者的利益仍要在企业经营者那里得到实现。为此必须建立一套能保证国有资产在真正具有经营才能的人手上经营、能明晰企业应负的国有资产保值与增值的责任、能对经营者“用脚投票”等所有权相制约的机制。

③明确产权关系上的自负盈亏责任。目前国有企业的自负盈亏主要限于收入分配上，而在产权关系上仍有许多亏损企业把债务包袱推给国家或者拖欠其他企业的债务，国家实际上为企业承担着无限责任。产权制度改革是要在产权关系上明确企业承担的债务责任和破产责任。当企业破产时，国家只以投入企业的资本额为限承担有限责任。

④在明晰企业产权关系的基础上，建立和完善产权市场。国有企业进入产权市场可以使一定量的国有资产吸收和组织更多的社会资本，放大国有资产的产权功能，提高其控制力、影响力和带动力。同时又能使国有企业经营受到更多国有产权的制约，以保证国有资产营运效益的提高。

此外，国有企业还可以通过产权市场实现产权转让和流动，推动国有资产存量流向经济效益好的企业，流向国民经济需要重点发展的部门，实现国有资产存量的优化配置。

2) 改革企业组织制度

①要改革政府管理职能和管理体制，真正做到政企分开。政府作为国有资产所有者，可以建立一套科学有效的国有资产管理制度，对国有资产实行国家所有、分级管理、授权经营、分工监督。政府作为社会管理者，可以依据法律制定各种必要的规章制度，培育和促进市场体系的发展，形成比较完善的市场规则和社会秩序。政府作为宏观经济的调控者可以合理确定经济发展战略目标，制定和运用相应的政策来引导和协调整个社会经济的发展。但政府不能再用行政管理的方法使国有企业运行行政化，否则国有企业组织制度的改革将流于形式。

②国有企业组织制度改革的重点是建立公司制企业，为此，必须建立符合市场经济规律和我国国情的企业领导体制与组织管理制度。即建立包括股东会、董事会、监事会和经理层在内的公司法人治理结构，处理好党委会、职代会和工会与股东会、董事会、监事会的关系；建立由国务院向大型国有企业派驻稽查特派员制度，地方政府向所属大中型企业派财务总监制度。再次，对国有企业进行战略性调整。

即通过国有资产的流动和重组,改变国有资产过度分散的状况,集中力量发展和加强国家重点产业和重点企业,扩大企业组织规模。

3)加强和改善企业的经营管理

①要更新企业经营管理上旧的思想观念,确立以市场为中心和依托的现代化管理观念。

②要实现管理组织现代化建立市场适应性能力强的组织命令系统,健全和完善各项规章制度,彻底改变无章可循、有章不循、违章不究的现象。

③要建立高水平的科研开发机构和高效率的决策机构,加强企业发展的战略研究制定和实施明确的企业发展战略、技术创新战略和市场营销战略并根据市场变化适时调整。

④要广泛采用现代管理技术方法和手段,包括用于决策与预测的、用于生产组织和计划的、用于技术和设计的现代管理方法,以及采取包括电子计算机在内的各种先进管理手段。

国有企业建立现代企业制度除就企业制度本身这 3 方面进行改革外,还需要其他方面的配套改革。包括转变政府职能,建立健全宏观经济调控体系,进行金融、财政、税收、投资、计划等方面的改革为企业进入市场自主经营创造良好的宏观经济环境;大力培育市场体系、建立市场中介组织和加强市场经济法律规章制度的建设,为企业走向市场创造市场条件;加快社会保障制度改革和福利分配社会化、市场化步伐等。

学习任务3　选择企业组织模式

案例导入

英国钢铁公司:从职能组织到多分部专业化

英国钢铁公司成立于1967 年,由 14 个国有化钢铁生产商组成。在此之前的几十年内,公司尝试过多种组织形式——按地区或者按产品部门化,但为了整合其凌乱的业务,一直在加强中央的控制。到 1983 年,英国钢铁公司拥有了“事业部”,

但权力仍牢固地保留在总部,贸易、购买和工业关系职能都是集中化的。在事业部缺乏对投入或产出政策控制的情况下,英国钢铁公司实际是以职能模式组织的。1988 年,公司进行了私有化,因而转向一种更注重盈利的组织形式。1990 年该公司收购了英国主要的钢铁批发商 WalkerGroup,随之组成了批发事业部。1992 年英国钢铁公司发动了名为“组织、深度变革、风格”的重组。该计划旨在大幅度地消减总部职能和成本,并将管理责任分散到 12 个业务单位。其中关键的一条是业务领导不再在董事会任职,而是向相对独立的执委会成员报告。

资料来源 http://www.kanwenzhang.com/management/c/1179/31179.html

相关知识

2.3.1 几种基本的组织结构形式

传统的组织结构类型有:直线制结构、职能制结构、直线职能型结构、事业部制结构、矩阵制结构等。

1)直线制组织结构

组织中每一位管理者对其直接下属有直接职权;组织中每一个人只能向一位直接上级报告,即“一个人,一个头”;管理者在其管辖的范围内,有绝对的职权或完全的职权。其组织结构如图 2.7。

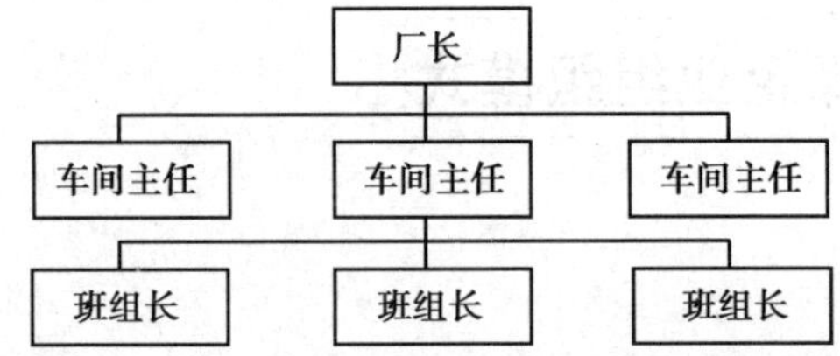

图 2.7 直线型组织结构

直线制结构是最简单、最原始的组织结构,一般适用于规模小、外部环境比较稳定的企业。其优点是结构比较简单,责任与职权明确。缺点是在组织规模较大的情况下所有管理职能都集中由一个人承担,比较困难,部门间协调性差。

2)**职能制组织结构**

这是一种常见的组织结构,它采用按职能分工实行专业化的管理办法来代替直线型的全能管理者;各职能机构在自己业务范围内可以向下级下达命令和指示,直接指挥下级。如图 2.8 所示。

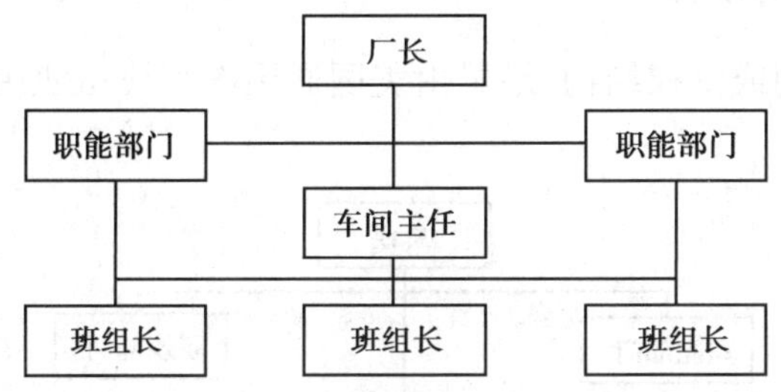

图 2.8 职能型组织结构

职能制组织结构优点是管理分工较细,减轻了上层管理者的负担,使他们能集中注意力行使自己的职责。缺点是多头领导妨碍了组织的统一指挥,容易造成管理混乱;各职能机构往往从本单位的业务出发考虑工作,横向联系差;对于环境发展变化的适应性差;强调专业化,使管理者忽略了本专业以外的知识,不利于培养上层管理者。

3)**直线职能制组织结构**

这是现代工业当中最常见的组织机构形式,它按照组织职能来划分部门和设置机构,实行专业分工;把组织管理机构和人员分为两类,一类是直线指挥部门和人员,一类是参谋部门和人员;这种组织结构实行高度集权。组织机构如图 2.9 所示。

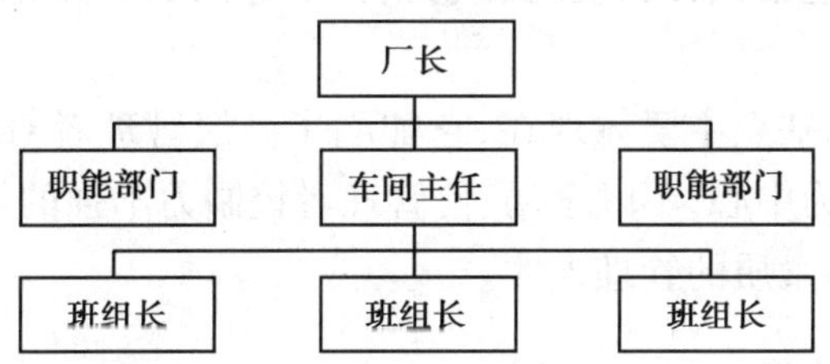

图 2.9 直线职能型组织结构

直线职能制组织结构的优点是:各级直线管理者都有相应的职能机构和人员作为参谋和助手,因而能够对本部进行有效管理,以适应现代管理工作比较复杂而细致的特点;每个部门都是由直线人员统一指挥,这就满足了现代组织活动需要统一指挥和实行严格的责任制度的要求。缺点是:下级部门的主动性和积极性的发挥受到限制;部门之间互通情报少,不能集思广益地作出决策;各参谋部门和直线指挥部门之间的目标不统一,容易产生矛盾;整个组织系统的适合性较差。

4)事业部制组织结构

又称部门化结构或分权结构,最早由美国通用汽车公司使用,其组织结构图如图2.10所示。

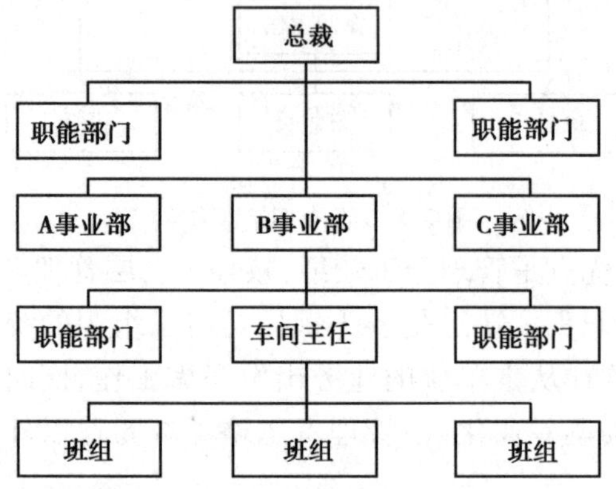

图2.10　事业部制组织结构

事业部制将组织内各种活动(可按产品、地区、时间、用户、设备或程度等)划分为各个部门,设立相应的事业部,每个事业部都是独立经营单位,实行独立核算,自负盈亏。由于各事业部都具有独立经营的自主权,这种组织结构能调动各事业部的积极性和创造性,能为管理人才的培养创造良好的机会。这种结构具有较高的稳定性,应变能力也较强,因此已被欧美、日本等国的多元化经营的大公司广泛采用。

这种组织结构的缺点主要体现在,它加剧了高层管理者对各事业部管理的难度,容易造成以各自为中心,不顾全局、使管理者控制力不强的局面。另外,它还要求在事业部门具有高素质的管理人才。

5)矩阵制组织结构

矩阵制组织结构是将职能管理人员沿纵向排列,同时将负责产品或独立经营单位的管理人员按横向排列,这样形成一个矩阵式的组织结构,如图2.11所示。

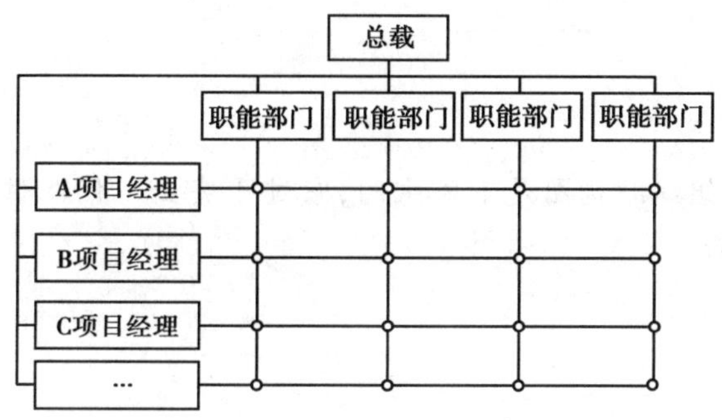

图 2.11 矩阵制组织结构

可以看出,矩阵制组织结构集中了职能型和产品或服务型两种组织结构的特点。在矩阵型组织结构中,经营单位或产品经理与职能部门经理都有独立的职权。

(1)矩阵制组织结构的优点

①灵活机动性和适应性较强。它按照产品、经营单位或者某项目的要求,将具有各种专长的有关人员调集在一起,便于沟通意见、集思广益、接受新观念和新方法,有助于解决一些难题。

②成员形成一个整体。由于所有成员都了解整个小组的任务和问题,便于把自己的工作同整体工作联系起来。

③利于把管理中垂直联系与水平联系更好地结合起来,加强各职能部门以及职能部门同各经营单位之间的协作。

(2)矩阵制组织结构的缺点是

①职能经理和经营单位(或产品)经理具有重叠的、而且经常是矛盾的权力和责任,这就使得成员接受双重领导。当两个部门意见不一致时,就会使他们的工作无所适从。因此,在实践中应注意规定两类经理的决策权限。一旦出现争执,总经理应出面解决。

②矩阵制组织结构看起来很复杂,实际动作起来更复杂。

矩阵制组织结构适用于具有几种产品类型或项目的大企业。

观念应用

请列举几种组织结构形式,并说明它们适合于什么样的企业?

课堂思考

有人说典型的组织结构图是不民主的，它过于突出人们职位之间的上下级关系，请对此做出评论。

延伸阅读

联合利华公司组织结构

英—荷联合利华是一家国际食品和家庭及个人卫生用品集团。该集团在20世纪90年代经过了彻底重组。在过去，联合利华是高度分权化的，各国的子公司均享有高度的自治权。在20世纪80年代后期和90年代初，公司开始引入新的创新和战略流程，同时清理其核心业务。然而，1996年启动的杰出绩效塑造计划造成了公司结构的实质性改变。

1996年，由荷兰和英国的董事长以及他们的代表组成的一个特别委员会和一个包括职能、产品和地区经理的15人董事一直独揽着公司的决策大权，整个结构是矩阵式的。其中产品协调人(经理)负有西欧和美国的利润责任，地区经理则负有其他地区的利润责任。责任经常是模糊不清的，一部分内部报告中提到："我们需要明确的目标和角色：董事会使自己过多地卷入了运营，从而对战略领导造成了损害。"杰出绩效塑造计划废除了特别委员会和地区经理这一层级，代之以一个8人(后变为7人)的董事会，由董事长加上职能和大类产品(即食品、家庭和个人卫生用品)的经理组成。向他们报告的是13位(后来是12位)负有明确盈利责任的业务集团总裁，后者在特定地区对其管理的产品类别负有完全的利润责任。全球战略领导被明确地至于执委会一级；运营绩效则是业务集团的直接责任。

在这种正式结构调整之后，国际协调是有许多正式和半正式的网络促成的。研究和发展有国际网络创新中心负责实施，其领导责任通常属于中心的专家而不是自动地属于英国或者荷兰的总部机构。产品和品牌网络——国际业务小组——在全球范围内协调品牌和营销。同时，职能网络也开展一系列计划以便就一些关键问题，如录用和组织效能，实现全球协调。所有这些网络均大大依赖于非正式的领导和社会过程，同时也依赖于电子邮件和内部网络可以方便投入的增加。是否参与这种协调在很大程度上是由业务集团而非公司总部确定并资助。

2.3.2 组织结构形式的新发展

随着外部环境的变化,特别是经济全球化和竞争的加剧,要求企业必须迅速对顾客需求和竞争对手的策略做出反应。但是传统的纵向组织结构的低效率运作无法适应这种要求,管理者纷纷寻求新的组织结构形式。于是,一些新型的、注重于横向协调的组织结构形式应运而生。

1)团队结构

为了完成某一特定的任务,人们从组织的不同领域抽调出一些具有不同的教育背景、技能和知识的人,组成一个团队。团队的人数一般不多,由一个组长担任领导工作,小组成员没有上下级之分,只有高级人员和普通人员的区别。为完成各种非重复性的临时任务,企业和其他机构一直在使用各种类型的团队。团队本身可能是长期的,但其成员可能因任务的不同而有所变换。团队结构的特点:

(1)以任务为中心

团队的特点并不是"自由形态"或没有严密组织。在团队中,使命是持续不变的,而具体任务则经常变动。如果使命经常变化,那就可能只需要临时的团队。如果具体任务并不改变,或者其相对重要性或次序并不改变,那也就不需要团队了。

(2)团队需要有一个清楚而明确的目标,以便团队成员随时比照自己的工作

有的团队可能需要长期的领导者,比如医院;有的团队则因阶段的不同,领导者也有所不同。必须明确指定由某人担任某一阶段的团队领导,这个人不负责作决策或发布命令,而是负责决定这一阶段的工作应该由谁承担。所以,如果民主意味着由投票作决策的话,团队就是不民主的。它强调权威,但权威是由任务产生并以任务为中心的。

(3)整个团队是一个单位

每个成员都应始终对整个团队的产出和成绩负责,而不是只对自己的工作负责。在执行任务时,团队成员无须彼此完全了解,但必须了解彼此的职能和可能做出的贡献。在这里,"和睦"、"体谅"和"人际关系"并不是必需的,重要的是对彼此职务的了解和对整体任务的认同。

2)网络结构

网络结构是目前正在流行的一种新形式的组织设计,它使管理当局对于新技术、时尚,或者来自海外的低成本竞争能具有更大的适应性和应变能力。网络结构

是一种很小的中心组织,依靠其他组织以合同为基础进行制造、分销、营销或其他关键业务的经营活动的结构。网络结构是小型组织的一个可行的选择。在网络结构中,组织的大部分职能从组织外"购买",这给管理当局提供了高度的灵活性,并使组织集中精力做它们最擅长的事。

如图2.12是管理者将其经营的主要职能都外包出去的一种网络结构。该网络组织的核心是一个小规模的经理小组,他们的工作是直接监督公司内部开展的各项活动,并协调同其他制造、分销和执行网络组织的其他重要职能的外部机构之间的关系。从本质上讲,网络结构的管理者将大部分时间都花在协调和控制这些外部关系上。

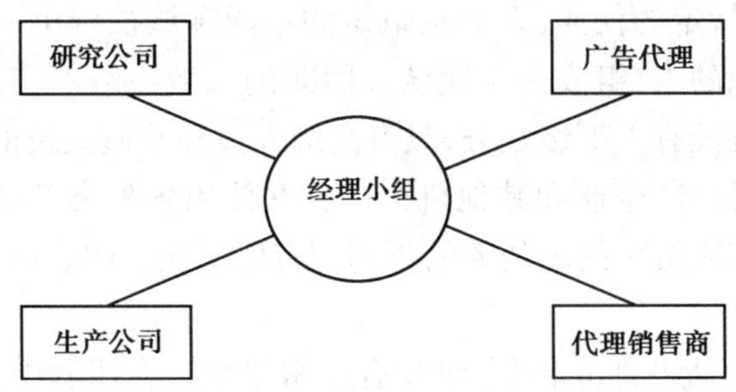

图2.12 网络结构图

网络组织并不是对所有的企业都适用的,它比较适合于玩具和服装制造企业。它们需要相当大的灵活性以对时尚的变化迅速做出反应。网络组织也适合于那些制造活动需要低廉劳动力的公司。但网络结构的管理当局对其制造活动缺乏传统组织所具有的那种紧密的控制力,供应品的质量也难以预料。另外,网络组织所取得的设计上的创新很容易被窃取,因为创新产品要交由其他组织的管理当局进行生产,保密工作无法保障。不过,借助于计算机手段,一个组织现在可以与其他组织直接进行相互联系和交流,这样就使网络结构日益成为一种可行的设计方案。

3)虚拟组织

虚拟企业是由一些独立的厂商、顾客、甚至同行的竞争对手,通过信息技术联成临时的网络组织,以达到共享技术、分摊费用以及满足市场需求的目的。虚拟企业没有中央办公室,也没有正式的组织图,更不像传统组织那样具有多层次的组织结构。由此可见,虚拟企业是由几个有共同目标和合作协议的企业组成,成员之间可以是合作伙伴,也可以是竞争对手。这就改变了过去企业之间完全你死我活的输赢关系,而形成一种共赢的关系。虚拟企业集合各成员的核心能力和资源,在管理、技术、资源等方面拥有得天独厚的竞争优势,通过分享市场机会和顾客,实现共赢的目的。虚拟企业是工业经济时代的全球化协作生产的延续,是信息时代的企业组织创新形式。

虚拟企业具有以下主要特点:

(1)合作型竞争

虚拟企业是建立在共同目标上的合作型竞争,在数字化信息时代,合作比竞争更加重要。虚拟企业一般由一个核心企业和几个成员企业组成,在推出新产品时能以信息网络为依托,选用不同企业的资源,把具有不同优势的企业组合成单一的靠信息技术联系起来的动态联盟,共同对付市场的挑战,联合参与国际竞争。虚拟企业以网络技术为依托,跨越空间的界限,在全球范围内的许多备选组织中精选出合作伙伴,可以保证合作各方实现资源共享、优势互补和有效合作。虚拟企业是建立在共同目标上的联盟,它随着市场和产品的变化而进行调整,一般情况下在项目完成后联盟便可以解散。

(2)动态性

虚拟企业能动态地集合和利用资源,从而保持技术领先。它快速有效地利用信息技术和网络技术,各成员企业以及各个环节的员工都能参与技术创新的研究和实施工作,从而维持技术领先地位。虚拟企业不仅向顾客提供产品和服务,更重视向顾客提供产品和服务背后的实际问题的“解决方案”。传统的组织常常为大量顾客提供同一产品,而忽视了同一产品对不同顾客在价值上的差异,虚拟企业则能从顾客的这种差异入手,综合所有参与者给顾客提供一个完整的解决方案。因此虚拟企业能够按照产品新观念和灵敏性的要求,有针对性地选择和利用经济上可承受、已有或已开发的技术与方法,同时十分重视高技术的研究与开发,保证了技术的领先性。

(3)组织扁平化

扁平化的网络组织能对市场环境变化做出快速反应。信息技术的高度发展将极大地改变企业内部信息的沟通方式和中间管理层的作用,虚拟企业通过社会化协作和契约关系,使得企业的管理组织扁平化、信息化,削减了中间层次,使决策层贴近执行层。企业的组织结构是“橄榄型”或“哑铃型”,组织的构成单位就从职能部门转化成以任务为导向、充分发挥个人能动性和多方面才能的过程小组,使企业的所有目标都直接或间接地通过团队来完成。组织的边界不断被扩大,在建立起组织要素与外部环境要素互动关系的基础上,向顾客提供优质的产品或服务。企业能随时把握企业战略调整和产品方向转移、组织内部和外部团队的重新构成,以战略为中心建立网络组织,通盘考虑顾客满意和自身竞争力的需要,不断进行动态演化,以对环境变化做出快速响应。

(4)学习型组织

虚拟企业竞争的核心是学习型组织。学习型组织提倡“无为而治”的有机管理,突破了传统的层次组织。虚拟企业在其经营过程中,往往处在十分复杂的动态变化中,企业经营者必须不断地根据环境的变化而做适应性的调整。所以虚拟企业的经营过程是企业管理者和员工互动式教育过程,因此人力资源不仅要从学校里产生,而且要从企业中产生。企业要建立一种适应动态变化的学习能力。虚拟企业的学习过程不仅仅局限在避免组织犯错误或者是避免组织脱离既定的目标和规范,还是鼓励打破常规的探索性的试验,是一种允许出现错误的复杂的组织学习过程。它在很大程度上依赖反馈机制,是一个循环的学习过程。

学习自测

一、选择题

1. 一位在政府职能部门多年从事管理工作的中年管理者,新近被任命为某研究所的所长。面对陌生的学科专业和资深的研究人员,该所长感到有点无从下手。如果要就他如何有效地开展新工作提出原则性建议,你首选的是:(　　)

A. 明确各研究人员的研究目标与任务,实行责权利挂钩考核。

B. 充分尊重专家,努力将研究人员的个人兴趣与组织发展目标协同起来。

C. 充分尊重专家,按专家意见办,全力做好支持服务工作。

D. 以研究人员的研究兴趣和专长为基础生成组织目标。

2. 在实践中,经常可以见到许多大公司将不同部门安排在一个没有分隔的大办公室里办公,尽管这种安排有可能造成工作相互干扰,从而影响效率。如果这种做法有利于组织发展,你认为以下哪一种解释最为合理?(　　)

A. 增加人们相互沟通的机会,有利于造成一种团队氛围。

B. 可以消除在小办公室办公时各部门之间的相互背后议论,从而减少部门隔阂。

C. 这样无遮无拦,使得管理者可以非常方便地监控下属。

D. 大办公室中员工相互之间做什么都一清二楚,有助于增强自我约束力。

3. 俗话说:“一山难容二虎”“一条船不能有两个船长”。从管理的角度看,对这些话的如下解释,你认为哪一种最恰当?(　　)

A. 领导班子中有多个固执己见的人物最终会降低管理效率。

B. 对于需要高度集权管理的组织不能允许有多个直线领导核心。

C. 组织中的能人太多必然会造成内耗增加从而导致效率下降。

D. 组织中不能允许存在两种以上的观点,否则易造成管理混乱。

4. 康全公司是一家设计环保设备的公司,经营规模虽然不大但发展迅速。公司成立以来,为了保持行动的统一性,一直实行较强的集权。请问当下列哪一种情况出现时,公司更有可能改变其过强的集权倾向?(　　)

A. 宏观经济增长速度加快　　B. 公司经营业务范围拓宽

C. 市场对企业产品的需求下降　　D. 国家发布了新的技术标准

5. 祥龙公司原是一家以生产经营床上用品为主的大型企业。该公司生产的床单和枕巾从20世纪60年代开始就受到欢迎,但近年来效益持续下滑。据分析,困扰公司高层领导的问题主要是:公司主要产品的市场需求发生了重大变化;公司在产品开发、制造、销售等环节中存在严重的沟通障碍;对主要竞争者的行为缺乏有效的反应。据此,公司高层管理部门当前首先应该采取的措施为:(　　)

A. 重新明确公司业务定位　　B. 进行组织机构调整

C. 加强公司产品开发能力　　D. 加强人力资源管理

6. SD公司由张萍和李楠合伙注册经营,其主要业务是为客户设计网页。到目前为止,公司一直没有招聘员工,两个人既当经理又当员工。联系正式组织和非正式组织问题,你认为下述对于SD公司的判断哪一项最合适?(　　)

A. 目前是一个非正式组织,当扩招员工后,将变成一个正式组织。

B. 只是一个正式组织,但公司内部不会有非正式组织。

C. 是一个正式组织,同时公司内部也可能存在非正式组织。

D. 本身是一个正式组织,同时公司内部也一定存在非正式组织。

7. 沸光广告公司是一家大型广告公司,业务包括广告策划、制作和发行。考虑到一个电视广告设计至少要经过创意、文案、导演、美工、音乐合成、制作等专业的合作才能完成,下列何种组织结构能最好地支撑沸光公司的业务要求?(　　)

A. 直线制　　B. 职能制　　C. 矩阵制　　D. 事业部制

8. 一个长期实行集权型管理的企业,随着企业规模的扩大,在其向更为分权的管理方式转化过程中,可能遇到的最大挑战和困难是什么?(　　)

A. 提高管理人员的素质以使他们能担负更大的责任。

B. 取得高层管理人员的理解和支持。

C. 适应分权管理的需要调整企业组织结构。

D. 使企业上下对分权管理做法达成共识。

9. 南方某厂订立有严格的上、下班制度并一直遵照执行。一天深夜突降大雪,给交通带来极大不便,次日早晨便有许多同志上班迟到了,厂长决定对此日的迟到者免于惩罚。对此,企业内部职工议论纷纷。在下列议论中,你认为哪种说法最有道理?(　　)

A. 厂长滥用职权。

B. 厂长执行管理制度应征询大部分职工的意见。

C. 治厂制度又不是厂长一人订的,厂长无权随便变动。

D. 规章制度应有一定的灵活性,特殊情况可以特殊处理。

10. 下列哪类组织最适宜采用矩阵式组织结构?(　　)

A. 汽车制造厂　　B. 医院　　C. 电视剧制作中心　　D. 学校

二、简答题

1. 简述组织结构的发展趋势。

2. 怎样理解现代企业制度的概念及其内涵?

3. 要做到产权清晰,需要具备哪几种要件?

4. 找出你熟悉的一家上市公司的章程,了解其是如何界定各机构之间的权责关系的。

案例分析

中国联通的发展之路

1999 年初,国务院批准中国联通资本重组后的注册资本金只有 158 亿元。而联通建设覆盖全国的综合网络并开展业务需要大量投入,清理"中中外"项目还要还本付息支付 146 亿元。各种资金需求导致中国联通必须走进资本市场。

为了更广泛的筹集企业发展资金,中国联通通过多种渠道进行融资,其中最为显著的就是境外与境内两次上市。2000 年 6 月,中国联通在纽约、香港成功上市,首次公开发行股票 31.5 亿股,筹资 56.5 亿美元。2002 年 10 月 9 日,中国联通在上海证券交易所挂牌上市,融资 115 亿元。中国联通成为第一个进入 A 股市场的基础电信运营商,并成为国内上市公司中流通股最大的企业。所获资金再次推动了联通的发展,尤其是为 CDMA 网络的建设提供了可靠的资金支持。2002 年 12 月和 2003 年 12 月,公司又先后两次分别完成 9 省区市移动业务和资产的注资,实现了核心业务的整体上市。中国联通在资本市场的多方筹资,为联通 CDMA 网络的顺利建设和业务发展提供强大资金后盾的同时,也为企业长远发展提供坚强的支持。

在2000—2002年短短的3年时间里，中国联通实现了纽约、香港和上海三大资本市场上市，为中国联通成功快速的实现CDMA网络的广度覆盖无疑提供了坚强的资金支持。从中国联通的投资情况也可以看出，中国联通2000年投资规模比1999年增加了300亿，而2001年中国联通投资又增加242.5亿，这巨大的投资增加额大部分都投入了中国联通CDMA网络的建设。因此，从资金意义来说，三地上市对于中国联通发展的影响深远。而中国联通也在上市的过程中，实现了公司组织结构等规范的发展，为中国联通未来的发展也奠定了坚实的基础。

三地上市不仅使联通拥有了国内外的融资渠道，更重要的是，作为一家受到境内外资本市场多重监管的特大国有控股电信企业，联通在上市的过程中按照现代企业制度重塑了公司管理体制，建立健全了股东大会、董事会，建立了各司其职、各负其责的公司管理体制。在上市公司引进独立董事，并积极发挥他们的作用，设立了以独立董事为主任的薪酬委员会、审计委员会，建立了规范的法人治理结构。资本运作为中国联通带来一系列的机制转变和机制创新，中国联通已成为按照现代企业制度和国际规范治理的综合电信运营企业。

资料来源：http://biz.163.com/40720/8/0ROKUT2D00020QED_2.html

结合案例材料与理论知识，试回答下列问题：

1. 上市公司是一种特殊的股份有限责任公司，结合案例说明股份有限责任公司的含义和特征是什么？

2. 试结合案例材料说明中国国有企业建立现代企业制度的意义何在？

实训项目

实训名称 某企业的组织结构和业务流程调查

实训目的

1. 企业组织结构和业务流程再造的相关知识的基础上，会归纳总结某企业的组织结构模型和业务流程的调研，并提出一些简单业务流程再造的建议。

2. 通过以组为单位进行实地调查获取资料的方式，培养学生的团队合作精神，增强学生发现问题、分析问题与解决问题的能力以及人际交往与沟通能力。

实训条件 校外实习基地

实训步骤与要求

1. 每小组通过讨论确定所要调研的企业。

2. 以小组为单位到该企业、具体业务流程中进行实地调查，了解该企业的组织结构模式和其业务流层的调查。

3. 利用所学理论知识归纳总结该企业的组织结构模式。

4. 找出该企业业务流程中不合理的地方，根据第三节和第四节的相关知识点进行流程再造分析。

5. 要求：资料详实、准确、具体。

实训报告

在通过实地调查获得相关资料后，以组为单位完成实训报告。实训报告题名为：某企业的组织结构和业务流程调查，报告中应包含以下内容：

①调查时间；

②调查地点；

③调查企业及其具体业务流程；

④调查结果——构建出所调查企业组织结构模型以及业务流程再造的相关建议。

教师任务

1. 帮助学生进行调查；

2. 公开讲评。

实训评价 实训成绩根据实训报告的完成情况进行评定。考评内容包含以下几项：

①实训报告是否按要求的规范格式完成；

②相关资料是否通过实地调查获得的，调查资料是否详实、准确、具体；

③调查结果描述是否清楚，有没有通过搜集到的企业实例进行说明。

企业人力资源开发与管理

学习目标

1. 了解人力资源管理的基本理念；
2. 学会人力资源一般管理能力；
3. 培养企业领导者的人力资源管控能力。

能力目标

1. 能从事初步的人力资源管理活动；
2. 培养的人力资源的调控能力；
3. 能运用人力资源管理的一般方法。

学习任务1 人力资源招聘与培训

案例导入

不成功的招聘

位于北京东单东方广场的某外资SP公司是一家国外SP公司在中国投资的独资子公司，主营业务是电信运营商提供技术支持，提供手机移动增值服务、手机广告等。该公司所处行业为高科技行业，薪水待遇高于其他传统行业。公司的位置位于北京繁华商业区的著名写字楼，对白领女性具有很强的吸引力。总经理为外国人，在中国留过学，自认为对中国很了解。因发展需要在05年10月底从外部招聘新员工。期间先后招聘了两位行政助理（女性）。

第一位A，23岁，北京人，专科就读于北京工商大学，后转接本料就读于人民大学。期间2004年1月到12月作过少儿剑桥英语的教师一年。入职的第二天就没来上班，没有来电话，上午公司打电话联系不到本人。经她弟弟解释，她不打算来公司上班了，具体原因没有说明。下午，她本人终于接电话，不肯来公司说明辞职原因。三天后又来公司，中间反复两次，最终决定不上班了。她的工作职责是负责前台接待。入职当天晚上公司举行了聚餐，她和同事谈得也挺愉快。她自述的辞职原因：工作内容和自己预期不一样，琐碎繁杂，觉得自己无法胜任前台工作。HR对她的印象：内向，有想法，不甘于做琐碎、接待人的工作，对批评（即使是善意的）非常敏感。

第二位B，21岁，北京人。学历大专，就读于中央广播电视大学电子商务专业。在上学期间工作了两个单位：一个为拍卖公司，另一个为电信设备公司。职务分别为商务助理和行政助理。B2004年曾参加瑞丽封面女孩华北赛区复赛，说明B的形象气质均佳。B工作十天后辞职。B的工作职责是负责前台接待、出纳、办公用品采购、公司证照办理与变更手续等。自述辞职原因：奶奶病故了，需要辞职在家照顾爷爷。但是当天身穿大红毛衣，化彩妆，透露家里很有钱，家里没有人给人打工。HR的印象：形象极好、思路清晰、沟通能力强，行政工作经验丰富。总经理印象：商务礼仪不好，经常是小孩姿态，撒娇的样子，需要进行商务礼仪的培训。

该公司的招聘流程是这样的:①公司在网上发布招聘信息。②总经理亲自筛选简历。筛选标准:本科应届毕业生或者年轻的,最好有照片,看起来漂亮的,学校最好是名校。③面试:如果总经理有时间就总经理直接面试。如果总经理没时间HR进行初步面试,总经理最终面试。新员工的工作岗位、职责、薪资、入职时间都由总经理定。④面试合格后录用,没有入职前培训,直接进入工作。

招聘行政助理连续两次失败,作为公司的总经理和HR觉得这不是偶然现象,在招聘行政助理方面肯定有重大问题。问题出在什么地方?

资料来源:《世界经理人》2010-12-17

相关知识

3.1.1 人力资源招聘

1)基本概念

①人力资源招聘管理:企业为了自身发展的需要,由人力资源管理部门或其他部门寻找、筛选、录用那些适宜出任本组织空缺职位的人员的过程。

②甄选:从多于组织需要任用人员的数倍的求职者中选择具有资格的人来填补空缺职务的过程。

③面试:在特定时间、地点所进行的,通过预先精心设计好的明确的目的和程序来进行测评的一种技术。

④信度:测试的可靠程度和客观程度。

⑤效度:测试的有效性问题,指对应试者真正测试到的品质与想要测试的品质的符合程度。

2)基本理论

(1)人力资源招聘的原则

①效率优先原则。企业在进行员工招聘时首先应该考虑的是组织的效率。首先要保证招聘的人员能充分发挥作用,否则宁可暂时空缺职位,也不要让不合适的人占据不恰当的职位。其次要尽量选择适当的形式和方法组织招聘过程,争取以最低成本获得最合适的人选。

②公开公平公正原则。企业在招聘时应把招聘部门、招聘职位的种类、数量、

要求以及考试方法向全社会公开,对应聘者进行全面考核,公开考核结果,通过竞争,择优录用。

③确保质量的原则。企业在选聘人员的过程中应尽量选择高素质、高质量的人才,同时还应该坚持能级配置和群体相容的原则,因事择人,使整个组织的人员结构配置合理。

(2)人力资源招聘的程序

人力资源招聘工作是一个复杂、系统而又程序化的过程,人力资源招聘人员应将招聘的基本流程进行熟悉,并在招聘过程中严格贯彻执行。

①明确招聘目的。在企业的经营和发展过程中,招聘根本目的就是为了满足不同的人员需求,如缺员的补充、突发的人员需求、企业所需的专门人员、新规划事业的人员、企业管理阶层扩充之需、预先安排调动企业的经营者、企业其他机构调整、为使企业更具有活力所需要引入其他经营者,等等,在这种情况下,由各部门提出所需要的招聘需求,人力资源部具体实施招聘工作。

②确定招聘范围和对象。主要是根据各岗位的职责要求,面向社会招聘所有符合条件的人员,也可根据本企业的实际需要进行特定对象的招聘,如员工内部的岗位调整和提拔。

③选择招聘方式。一般来说,企业的人员招聘信息统一都是由人力资源部对外发布。对外发布的招聘人员简章应包括单位性质、地址、招用人数、工种、条件、用工形式等基本情况。公司可以采用以下方式发布招聘信息:参加人才交流中心举行的招聘会;直接到相应的高等院校、职业技术学校举行招聘会或发布信息;在相关招聘网站上发布招聘信息;在报刊上做人才招聘广告;委托著名猎头公司发布信息;在公司内部招聘;公司内部人员和董事会介绍和推荐。

同时,人力资源部还可根据不同的岗位和素质要求,选择合适的招聘途径招收各类人才。

④把握招聘环节。一是外部招聘,见图3.1所示。其中面试小组的成员通常应该包括:公司总裁、部门分管副总,部门领导,人力资源部部长,招聘专员。二是内部招聘。内部招聘应当在公司内部宣传栏、公司网站上公开登载,公司员工先到现所在部门主管处申请,获得审批后报人力资源部。人力资源部搜集汇总申请后,经过考核从中选择合适的应聘者。具体考核程序与外部招聘的程序一致。

⑤明确相关部门职责。人力资源部:结合公司的人力资源现状,制定公司人力资源招聘制度;根据公司发展的趋势,制定公司招聘计划;负责协助各部门制定岗位说明书,完成公司的定岗定编工作;负责整个招聘过程的开展,包括招聘信息的发布、简历的筛选,面试的组织与安排等相关工作;面试结束后确定被录用人员,由

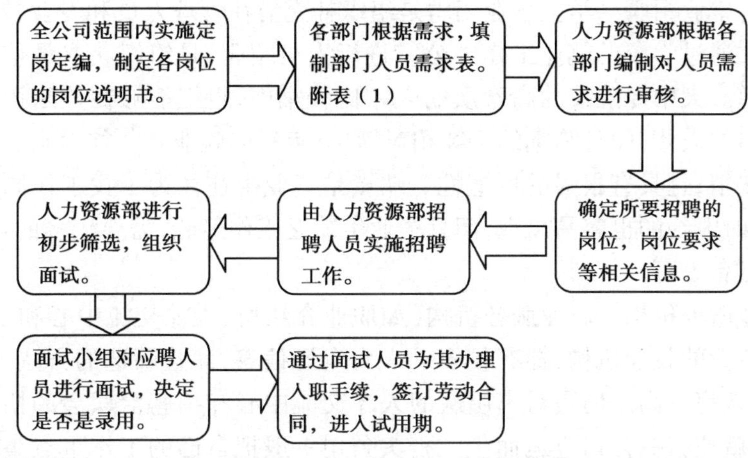

图3.1　企业人力资源外部招聘流程

人力资源部相关人员为其办理入职手续,并签订劳动合同。相关部门负责人:根据部门发展需求,向人力资源部提出人员需求计划;协助人力资源部参加本部门应聘人员的面试工作,并提出意见,协商后确定录用名单;对录用人员进行跟踪考核,并对其进行一定程度的培训,实现人岗匹配。

(3)招聘途径的选择

招聘的渠道可谓多种多样,究竟选择哪种方式,企业应视成本与效益情况灵活选择。比较重要的招聘方式有:熟人推荐和随机求职者、广告招聘、学生毕业招聘、就业服务机构、海外招聘等。秘书人员应当对各种途径进行评价,并将评价结果报请主管批准选定后实施。

①熟人推荐和随机求职者。熟人推荐主要是通过单位职工、客户、合作伙伴等熟人推荐介绍人选。这种方式的招聘,候选人一旦被录用,往往由于考虑到关系人的影响会加倍努力工作,并且招聘成本低而有效,应聘人员素质较高,有一定的可靠性。

随机求职者对组织来说是重要的招聘来源。他们往往是一些低层次的求职者,素质不如其他渠道的应聘者,但招聘者一定要注意沟通的方式,要礼貌对待,尊重这类求职者,这关系到组织形象和声誉,不可等闲视之。

②广告招聘。广告招聘适用于各种工作岗位的招聘,是组织招聘最常用的方法之一。通常的做法是在一些大众媒体上发布职位空缺的信息,吸引一些有兴趣的潜在人员应聘。这种招聘方式具有传播范围广,受众人群多,而且可以同时对组织形象进行有效的宣传,展示组织的实力。

广告招聘的传媒可以是报纸、杂志、广播电视、互联网、宣传单等。

③学生毕业招聘。学生毕业招聘是组织补充潜在管理人员和专业技术人员的重要途径。通过学校的就业工作办公室进行人员招聘,是组织获取最佳人力资源的传统渠道。大中专院校的高素质的人才比较集中,组织能够在校园招聘中找到较多的合格的人才,而且筛选的手续相对简单,年轻的就业者往往对自己的第一份工作充满热情,且具有很强的可塑性。缺点是毕业生往往为了找工作同时应征多份工作,临时毁约的也容易出现,而且毕业生缺乏工作经验,需要较多的培训,因此须较早地准备方可。

④就业服务机构。就业服务机构(如职业介绍所、人才交流中心和猎头公司)作为一种专业的就业机构,拥有较多的人力资源信息,而且筛选的方法比较科学,省时省力,效率较高。但是对高层次的人才交流中心和招聘洽谈会的招聘效果往往欠佳,这就使猎头公司应运而生。猎头公司一般把自己的工作重点集中在高层次的人才群体,而且搜寻的手段和渠道有自己的专业特色。但不足之处是其收取的费用较高,一般是招聘职位的一年薪酬的1/4或1/3,费用一般由组织支付。

⑤境外招聘。在招聘高层次的尖端人才时,组织有可能需要在全球范围内进行选择,尤其是跨国的集团公司,境外招聘是其重要的方式。境外招聘人才可选的范围较宽,质量也较高,但难度相对国内招聘较高,雇用外国人员的手续比较繁琐。

(4)甄选

①人力资源甄选的内容。人力资源甄选是从应聘者中选出组织需要的人才的过程,包括对应聘者的资格审查、初步筛选、采用甄选测试工具对应聘者进行测试、面试、核实个人资料、体检等内容。甄选是人力资源招聘过程中最关键的一步,因为甄选的结果直接决定组织录用的人员质量,因而人力资源的甄选富有难度且有很强的技术性。

②人力资源甄选的信度和效度。信度和效度分析在甄选中有着特殊重要的意义。

信度指的是可靠性程度,指通过某项测试所得的结果的稳定性和一致性,也就是采用内容相似的测验测试同一应聘者时结果相似。

效度指的是有效性,测试的结果能否预测出应聘者任职后的工作绩效,即对应聘者真正测到的与想要测到的二者之间的符合程度。

③人力资源甄选的方法。招聘中的甄选方法有很多种,应该依据组织的目标、招聘时间、规模、预算的许可度等影响因素来选择合适的甄选方法。无信度和效度的测试方法在招聘甄选中不能采用。

a.笔试。通过应聘者对事先拟好的试题做出回答,然后根据应聘者解答的正确程度评定成绩选聘人员的方法。

b. 面试。通过应聘者以口述方式现场回答主考人提问，面试主考人根据应聘者在面试中的行为表现和对问题回答的正确程度进行测评的人员选聘方法。

c. 情景模拟。通过将应聘者放在一个模拟的真实环境中，主考人通过观察应聘者在解决现实问题、达成现实目标的过程中的行为，从而鉴别应聘者的工作能力、语言表达能力、交际和沟通能力等综合素质是否适合空缺职位，情景模拟是一种很有效的招聘甄选方法。

d. 心理测试。通过各种手段将应聘者的某些心理特征数量化，从而衡量应聘者的智力水平和个性方面的差异，心理测试是一种先进的科学测量方法。

e. 工作抽样。通过应聘者在无人指导、无准备状态下对空缺职位所涉及的各个工作环节进行实际操作，从而考察应聘者工作能力的甄选方法。

f. 评价中心。将应聘者集中起来，采用多种方法进行集体评价，甄选合格人员的过程。在规模较大的组织进行人员甄选时可以采用评价中心的测试方法。

3)人力资源甄选流程(如图3.2所示)

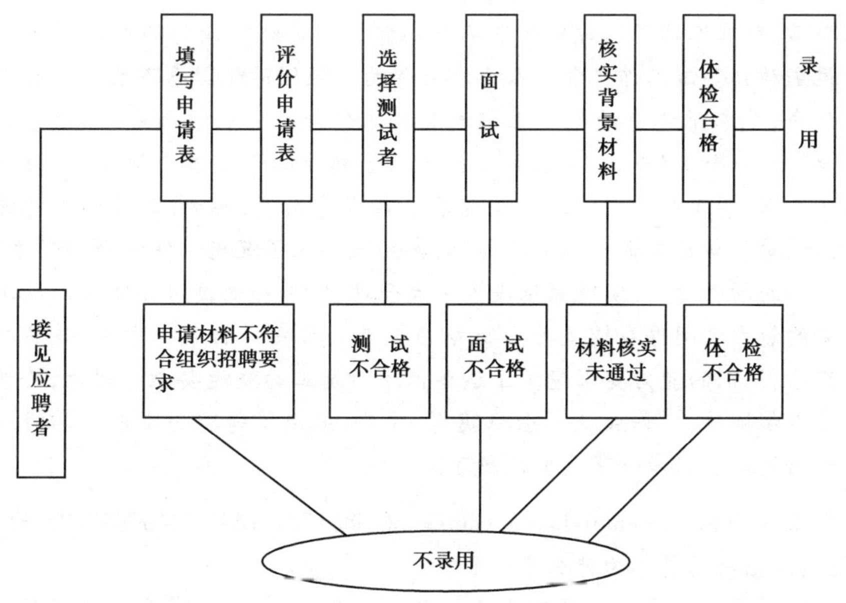

图3.2 人力资源甄选流程

课堂训练

H公司是一家生产型企业，由私人投资兴办，成立于2000年。其公司负责人刘总正在为公司的人才引进问题烦恼。H公司成立8年多以来，业务量日益增长，市场逐渐扩大，逐步站稳了脚步跟。前一段时间，公司新添加了一些新产品的制造业务，同时也增设了相应的新岗位。因此，人力资源部门的李经理向刘总提出了招聘的要求。这一建议得到了刘总的支持。

公司发展到现在，业务得到了新的拓展，要增加一些新的岗位，如新产品的制造部经理、技术主管等岗位。现有的在职员工的知识素质、技能似乎还差一截。因此，李经理想利用此次机会招聘优秀的外部人才为公司新产品的生产制造注入新的活力。人力资源部门抽取了一些工作人员，再加上一些重要部门的主管，构成了招聘小组，开始了招聘工作。此次招聘与以往不同的是，李经理认为公司要获取持久的竞争优势，并能够长久的发展，必须招聘一些知识层次较高、工作经验丰富、能力素质都很优秀的人才加入到公司中来。

招聘后，新员工试用的效果并不尽如人意。许多刚刚应聘的人员提出了换岗或者干脆主动放弃该工作机会。人力资源部的李经理对此困惑不已。新招进来的员工共6个，基本上都有两年以上制造业的工作经验。从学历看，其中有3个博士，两个硕士，一个本科生。他们都被安排在了新产品制造各个岗位中，公司提供的薪水并不低，领导对他们的工作还是基本持满意态度，再者，工作环境也还比较理想，因此，对于新员工提出的主动辞职，李经理陷入了沉思。他找来部门主管，询问了新产品的制造情况，发现岗位设置不大合理，特别是岗位对任职者的需求和实际任职者的能力之间存在较差异。新招的员工具有良好的专业背景，并且拥有相关工作经验，他们的能力要求超过了这些岗位对员工的技能要求。因此，许多人认为工作没有挑战性，工作成就感很难获得，因此，提出了辞职的要求。李经理认为应该要好好再认真思考一下这些问题了。

资料来源：http://wenku.baidu.com/view/a861771a964bcf84b9d57b2a.html

讨论：新招聘的员工为什么会辞职？

（提示：这个案例是一个比较典型的因员工“能岗不匹配”产生的问题。要考虑实际岗位的工作职责、任务目标、岗位规范及能力要求等等制定符合实际情况的工作说明书，要明确新增设的岗位的岗位说明和岗位规范。这些岗位与其他部门、岗位的关系如何？究竟要完成哪些职责？权限大小？岗位对任职者的能力要求、知识要求，等等。然后再在此基础上，进行人员的招聘才是比较恰当的。）

3.1.2 企业人力资源培训

所谓培训,是使组织成员获得有助于实现组织目标的能力的过程。

员工培训是以发展劳动者职业技能,全面提高劳动者思想和业务素质,改善劳动力结构,促进组织劳动生产率和经济效益的提高为目的的。培育高素质的员工可以增加组织的竞争力,推动组织持续稳定地发展。

1)组织培训的基本原则

①战略原则。要从企业发展战略的角度遴选培训项目,避免为了培训而具体实施某个单项培训。

②长期性原则。智力投资和人才开发具有长期性,单项培训很难达到立竿见影的效果,同时,培训还有一个成果转化过程。

③按需施教、学以致用原则。组织的培训应强调针对性,培训项目、培训对象都应当充分考虑组织的人力资源需求,强调学以致用。

④全员教育培训和重点提高相结合原则。组织应该强调成员整体素质的共同提高,同时,按照20/80原则,组织应当优先培训急需人才。

⑤主动参与原则。要调动员工参与培训的积极性,就必须使培训教育具有针对性。要通过政策引导,吸引员工主动参与。

⑥投资效益原则。员工培训是组织的一种智力投资行为,其中投资成本除了会计成本外还包括机会成本;培训产出除了传统的经济指标外,还包括各种潜在的、发展的、社会的因素。

2)影响员工培训的因素

(1)外部因素

①政府。在任何一个国家内,政府对一些特定行业或特定岗位员工培训都有很大影响。例如,有些国家规定组织的员工必须经过某些培训。

②政策法规。各国、各地区的政策法规各不一样,这会影响到企业的员工培训,如我国《劳动法》就禁止使用童工规定等。

③经济发展水平。一般来说,一个地区的经济发展水平较高,其使用的人力资源要求也较高,往往培训也较多,进而更推动其经济发展,成为一种良性循环,而在经济发展水平较低的地区,情景正好相反。这也是一些地区经济发展水平拉大的一个重要原因。

④科学技术发展水平。一般来说,科学技术发展水平越高,组织员工培训就进行得越多。人们越重视科学技术的作用,也就越愿意进行培训。

⑤工会。企业工会的首要任务是维护员工的权益,而培训既可以提高员工素质,满足员工自身发展的需要,又可以提高员工的技能,增加员工的收入,改善员工的生活。因而,工会促进员工的培训是理所当然的事,尤其当员工下岗或失业时,工会在促进培训方面的作用会更大。

⑥劳动力市场。当劳动力市场有大量的符合组织需求的人力资源时,组织会自然而然地忽视培训;而当劳动力市场缺乏组织需求的人力资源时,组织又不得不重视培训。

(2)内部因素

①组织的前景与战略。一般来说,组织的前景与战略较远大,就会重视员工的培训;反之,一些组织没什么战略前景,就会忽视员工的培训。

②组织的发展阶段。组织的发展阶段主要可以分为启动期、成长期、成熟期、衰退期(或再创业期)。在每个时期员工的培训内容和数量都会有变化。

③组织的行业特点。不同行业的组织对培训也有一定的影响。一般来说,第三产业和高新技术的组织进行培训较多,因为人力资源的好坏更加直接地影响到组织的发展。

④员工素质水平。研究表明,组织员工素质水平越高越渴望得到培训;而员工素质越低,越排斥培训。

⑤管理人员的发展水平。这是影响员工培训的最主要的因素。一般来说,管理人员的发展水平与重视员工培训的程度成正比。许多公司的管理人员的发展水平较高,他们十分重视员工培训,于是在市场竞争中立于不败之地。

3)人力资源培训模式

(1)职业模拟培训

职业模拟就是假设一种特定的工作情景,由若干个受训组织或小组,代表不同的组织或个人,扮演各种特定的角色,例如总经理、财务经理、营销经理、秘书、会计、管理人员,等等。他们要针对特定的条件、环境及工作任务进行分析、决策和运作。这种职业模拟培训旨在让受训者身临其境,以提高自身的适应能力和实际工作能力。近年来,在国际上出现了一种职业模拟公司。例如荷兰有家国际植物贸易公司,经营各种花卉,公司业务十分繁忙,但是他们并不真正卖花,而是专为受训者提供相应的职位模拟工作。在这家公司里,客户由秘书介绍并引进销售部,双方激烈地讨价还价并签订合同。假若存货过多,公司立即设计出特价优惠广告,供促销员外出推销。然后管理者发“红包”，发出工资单，公司也对失职员工“炒鱿鱼”，等等。但是，这些运作只是模拟，公司并未卖出一盆花，资金流动只停留在纸面上，工资、奖金全是“空头支票”。它只是让受训员工置身其中，让其在公司运作氛围中提高实际工作能力。

(2)分级选拔培训

美国柏克德公司是一家从事基本工程建设的大公司，该公司的员工多达3万余人，其管理人员的培训选拔具有与众不同的特色。具体程序表现在以下3个步骤：

①公司从2万多名管理人员和工程师中，根据其表现及综合素质首先选拔出5 000人作为基层领导的候选人，随后要求他们自学管理知识，并且分期分批组织他们参加40小时的特定训练，再从这5 000候选人中选拔出3 000左右公司需要的基层领导人；

②从这些基层领导人中选拔出1 100人参加“管理工作基础”的培训与考核，再从中选拔出600人分别进行特定的岗位专业训练，让其担任各专业经理的职务；

③再从这些专业经理人员中挑选出300人，经过十分严格的考核训练，以补充高层经理的需要(包括各公司的总经理、副总经理，等等)。

(3)职务轮换培训

职务轮换的主要目的旨在拓宽管理人员或潜在管理人员的知识面。通过各种不同岗位的职务轮换，使受训者全面掌握组织中各种职能的管理知识和艺术；职务轮换的形式比较多样，如各种主管人员之间、副职与副职之间、正职与副职之间、各种不同的管理职位之间等都可进行不定期的职务轮换。日本丰田公司每5年对各级管理人员进行一次职务轮换，调换幅度为5%左右，调换的工作目标通常是本单位相关部门。

4)培训分类

(1)按培训内容

①知识培训。通过这方面的培训，应该使员工具备完成本职工作所必需的知识，包括基本知识和专业知识。还应让员工了解组织的基本情况，如发展战略、目标、经营状况、规章制度等，使员工能较好地参与公司活动。

②技能培训。通过这方面的培训，使员工掌握完成本职工作所必备的技能，包括一般技能和特殊技能，如业务操作技能、人际关系技能等，并培养开发员工这些方面的潜力。

③态度培训。员工的工作态度对员工士气及组织的绩效影响甚大。通过这方

面的培训，建立起组织与员工之间的相互信任，培养员工的团队精神，培养员工应具备的价值观，增强其作为组织的一员的归属感和荣誉感。

(2)按培训地点

①组织内培训。在组织的培训部或部门的统一安排下，利用组织内设的培训教室，在工作时间外利用组织的生产设备、仪器所进行的培训活动称为组织内培训。培训员可由专职教员担任或外请。

②组织外培训。培训的地点不在自己组织内，而是委托社会培训机构代理，或选送职工至组织外接受培训。各组织可以充分利用有关院校的教育资源开展组织外培训，也可以利用社会上的专题讲座和报告会、参观考察等活动作为组织外培训的项目，培训时间可根据需要采用全日式、间日式或兼时式。

③在岗培训。在岗培训也是组织内部培训的方式之，其特点在于受训职工不离开工作岗位，或以目前担任的工作为媒体而接受训练。培训方式有多种，例如：接受主管经理、督导员、领班或同事的业务指导，出席有关会议、见习或代理工作、工作轮换等均属在岗培训。

(3)按培训对象的层次

①督导管理人员培训。督导管理人员是组织的中坚力量，包括部门经理以下的各级管理人员，如班组长。这一层次人员在组织管理中起举足轻重的作用。对督导管理人员的培训重点是管理概念与能力的培训、专业知识的深化培训以及如何处理人际关系等实务技巧。

②决策管理人员培训。高级管理人员是组织管理决策层的重要人物，包括正、副总经理。作为组织管理中枢，对决策管理层培训的内容主要是如何树立宏观经济观念、市场与竞争观念以及销售因素分析与营销策略制订、预算管理、成本控制和组织行为等一系列课题。

③专业技术人员及操作人员培训。组织中各类专业技术人员和各技术工种实际操作人员的素质水平、技术熟练程度与工作态度直接影响整个组织产品水准与产品质量；对一般人员的培训目标应着眼于提高他们的整体素质，即从专业知识、业务技能与工作态度3个方面进行培训。

(4)按培训时间的阶段

①职前培训。也称就业培训，即组织职工上岗前的培训；通过职前培训可为组织提供一支专业知识、业务技能与工作态度均符合经营要求的职工队伍，这对组织发展具有至关重要的作用。

②在职培训。在职培训是指组织职工在工作场所以及在完成生产任务过程中所接受的培训。对职工的在职培训是职前培训的继续和发展，是从低水平或培训

的初级阶段迈向中级阶段的重要方法与步骤。职前培训是为组织职工做好就业的准备,是每个职工加入组织的必经之路;而在职培训则是职前培训的深化过程,持续的时间比职前培训要长。对一个注重培训的组织来讲,在职培训会始终贯穿每一个职工就业的全过程。

③职外培训。指因组织业务发展或职工由于工种变更、职位提升等而需要进行的某种专业训练。这种培训要求受训职工暂时脱离岗位或部分时间脱离岗位参加学习或进修,因此称为职外培训。

此外,根据受训时间安排、受训职工脱产时间的长短,职外培训可分为全日式、间日式与兼时式培训。

延伸阅读

"五斗米"的培训模式
——强调培训的标准化和个性化

在重庆五斗米饮食文化有限公司,强调的是培训的标准化和个性化。

对于标准化,五斗为包括两个层次,一个是服务人员的服务程序的标准化,另一个是技术人员工作的标准化。

在五斗米,每一位服务员在迎接客人时的程序都是一样的,每说的一句话也都是培训的,先介绍什么菜品,后介绍什么菜品,甚至什么酒倒在杯里是多少量也是相同的,这就是培训标准化的结果,在培训前都对这些东西做了量化,培训时员工也是逐一实践的。餐饮业的技术人员主要是指厨房里工作的员工,为了标准化,五斗米的培训是全部定量,比如某一菜在锅里的时间,某佐料在某一菜品里的量都有标准,让员工按标准操作。

对于个性化,五斗米强调整个企业文化的个性化和服务的个性化,在培训的时候,五斗米会灌输给员工其独特的经营理念。同时设置多个场合,比如顾客喝醉了酒、顾客很挑剔、顾客心情不好等,通过对场景的剖析,制定五斗米处理的方案,即采取个性化的服务。

个性化还强调员工的个人魅力的培养。培训的时候,五斗米会通过测试了解每一个员工的个性特点,突出一个人的服务个性。比如一个人的服务态度很好、另一个人的交际能力很强,或者是一个人的协调能力很强。通过个性的突出来服务不同的顾客。

在培训员工了解解决问题的程序时，五斗米会把整个餐饮业的流程做详细的分解，然后把受训者融入具体的角色。为了使培训更加贴切，五斗米想到了自己的高招，那就是做情景案例。五斗米的培训一般是1/3的理论加2/3的操作。在理论方面，主要是一些服务领域的常规要求和工作流程。为了弥补理论的不足，五斗米对餐饮行业中可能出现的情况都制作成情景案例。这些情景案例也是来自第一线的，每次发现新的情况后，部门都会收集员工的实际案例，制定出典型案例。在培训中，培训师就把案例搬出来，针对一个具体的案例做分析，把员工就当成事件的当事者，叫他们谈处理的方案。如果谈不能解决问题，五斗米还会让员工实际去操作这些案例。当然对于处理的方法，也不是只有一个正确的方案，员工要针对不同的情景和不同的人来实施。

资料来源：《中华考试网》http://www.examw.com/hr/anli/78269/

讨论：对"五斗米"培训模式进行评估。

3.1.3 培训需求分析

培训需求分析是指在规划与设计每一项培训活动之前，由培训部门、主管人员、工作人员等采用各种方法与技术，对各种组织及其成员的目标、知识、技能等方面进行系统的鉴别与分析，以确定是否需要培训及培训内容的一种活动或过程，它既是确定培训目标、设计培训规划的前提，也是进行培训评估的基础，因而成为培训活动的首要环节，是组织提供有效培训的前提与基础。

1）培训需求工作分析方法

（1）必要性分析方法

所谓必要性分析方法，是指通过收集并分析信息或资料，确定是否通过培训来解决组织存在问题的方法，它包括一系列的具体方法和技术。

①观察法：通过较长时间的反复观察或通过多种角度、多个侧面或有典型意义的具体事件进行细致观察，进而得出结论。

②问卷法：其形式可能是对随机样本、分层样本或所有的"总体"进行调查或民意测验。可采用各种问卷形式：开放式的、投射性的、强迫选择、等级排列。

③关键人物访谈：通过对关键人物的访谈，应当保证了解到所属工作人员的培训需要，如培训主管、行政主管、专家主管等。

④文献调查：通过对包括专业期刊、具有立法作用的出版物等的分析、研究，获得调查资料。

⑤采访法:可以是正式的或非正式的,结构性的或非结构性的;可以用于一个特定的群体(行政机构,公司、董事会等或者每个相关人员)。

⑥小组讨论:像面对面的采访一样,可以集中在工作（角色)分析、群体问题分析上,目标确定。

⑦测验法:可以功能导向,用于测试一个群体成员的技术知识熟练程度。

⑧记录、报告法:可以包括组织的图表、计划性文件、政策手册、审计和预算报告。对麻烦问题能提供极好的分析线索。

⑨工作样本法:采用书面形式;由顾问对假设好(但是有关)的案例提供书面分析报告。可以是组织工作过程中的产物(如项目建议、市场分析、培训设计等)。

(2)全面性分析方法

全面性分析方法是指通过对组织及其成员进行全面、系统的调查,以确定理想状况与现有状况之间的差距,从而进一步确定是否进行培训及培训内容的一种方法。包括以下环节:

①计划阶段。由于工作分析耗费大量时间,且需要系统的方法,因而分析前制订谨慎的计划对于全面分析方法的成功非常重要,包括计划范围的确定和咨询团体的任命两部分。

②研究阶段。工作分析的规范制订出来以后,工作分析必须探究目标工作。首先检验的信息是工作描述。当研究阶段结束后,工作分析人员应该能从总体上描述一项工作。

③任务或技能目标阶段。这一阶段是工作分析的核心,有两种方法可以被应用。一种是形成一个完全详细的任务目录清单,即每一项任务被分解成微小分析单位;另一种方法是把工作仅剖析成一些任务,然后形成一个描述任务目录的技能目标。

④任务或技能分析阶段。工作任务的重要性是能够分析的一个维度,另一个维度是频率,即一定时间内从事一项任务的次数。其他维度包括所需要的熟练水平,严重性及责任感的强弱程度。熟练水平这一维度主要用来考查在不同的任务中是否需要高级;中级或低级的熟练水平。严重性这一维度主要考查何种任务如果执行得不适当、不合理将会产生灾难性后果。责任感的强弱程度这一维度主要用来考查在职工作人员在不同层次的监督下所表现出来的责任感的大小。

当一个全面的任务目录分析完成以后,下一步就要分析工作人员需要什么类型的培训。

(3)绩效差距分析方法

绩效差距分析法也称问题分析法,它主要在于解决问题而不是系统分析。绩效差距分析方法是一种广泛采用的、非常有效的需求分析法。

①发现问题阶段。发现并确认问题是绩效分析法的起点。问题是理想绩效和实际绩效之间差距的一个指标,如生产力问题、士气问题、技术问题、资料或变革的需要问题等。

②预先分析阶段。也是由培训者进行的直观判断阶段。在这一阶段,要作出两项决定,一项是如果发现了系统的、复杂的问题,就要运用全面性分析方法;另一项是处理应用何种工作收集资料问题。

③资料收集阶段。收集资料的技术有多种,各种技术在使用时最好结合起来,经常采用的有扫描工具、分析工具等。

④需求分析阶段。需求分析涉及到寻找绩效差距。不仅考查实际个体绩效同工作说明之间的差距,也考查未来组织需求和工作说明。因此,可以把需求分析分为工作需求、个人需求和组织需求 3 个方面。

⑤需求分析结果。通过一个新的或修正的培训规划解决问题,是全部需求分析的目标所在。在对结果进行分析过程后,最终针对不同需求采取不同的培训方法及不同的培训内容。

2) 培训需求工作分析步骤

为了使培训需求分析流程化,以某公司对该公司呼叫中心的客户服务人员组织进行专业培训服务为例,在培训实施之前可以将培训需求分析工作分为以下几个内容和步骤:

①培训需求调查。本次培训需求调查采取了问卷调查方式,问卷针对目前工作中遇到的主要问题、希望开展的培训、希望采取的培训方式 3 个方面展开。在将调查结果进行分类汇总后,发现目前客户服务人员最为关注的几个问题主要集中在:投诉电话的处理技巧;如何减缓压力;如何保持积极的工作态度;如何规划自己的职业生涯。由于大部分学员比较年轻,所以希望采取括泼开放的培训方式。通过需求调查,基本确定了本次培训的几个大的方向及培训的方式(如表 3.1)。

②现场调查阶段。现场调查阶段主要采取在呼叫中心现场进行电话监听方式,这样可以收集大量现场录音进行电话录音分析,发现目前工作中普遍存在的问题。在对电话录音分析之后,总结出的主要问题有:客户服务缺乏统一标准;通话时间长,普遍超过既定的标准;电话引导能力与控制能力不强;处理投诉电话缺乏技巧。通过现场实地调查,进一步明确了本次培训的重点,明确了本次培训需要解决的几个重要问题。

③面谈阶段。面谈阶段主要是与客户服务人员及主管人员进行面对面的访

谈，公布调查的结果并提交培训建议书，就本次培训的目的、需要解决的问题、培训内容、培训方式等做最终确认。

表3.1　员工培训需求调查表

部门：____________　　　　填表日期：____________

<table>
<tr><th rowspan="2">培训类别</th><th rowspan="2">培训内容</th><th rowspan="2">是否同意</th><th colspan="3">参加人员</th><th colspan="5">培训方式</th></tr>
<tr><th>自愿人员</th><th>指定人员</th><th>部门全体员工</th><th>课堂授课</th><th>在实践中演示</th><th>标杆</th><th>座谈提问</th><th>其他</th></tr>
<tr><td rowspan="3">公共教育</td><td>1. 组织发展、结构、业务</td><td></td><td></td><td></td><td></td><td></td><td></td><td></td><td></td><td></td></tr>
<tr><td>2. 组织规章制度及福利待遇</td><td></td><td></td><td></td><td></td><td></td><td></td><td></td><td></td><td></td></tr>
<tr><td>3. 其他</td><td colspan="9">请说明：</td></tr>
<tr><td rowspan="12">业务知识</td><td rowspan="2">各部门员工根据各自的岗位特点提出需求</td><td rowspan="2">是否同意</td><td colspan="3">参加人员</td><td colspan="5">培训方式</td></tr>
<tr><td>自愿人员</td><td>指定人员</td><td>部门全体员工</td><td>课堂授课</td><td>在实践中演示</td><td>标杆</td><td>座谈提问</td><td>其他</td></tr>
<tr><td>1. 计算机/IT 行业动态</td><td></td><td></td><td></td><td></td><td></td><td></td><td></td><td></td><td></td></tr>
<tr><td>2. 互联网方面</td><td></td><td></td><td></td><td></td><td></td><td></td><td></td><td></td><td></td></tr>
<tr><td>3. 交际、谈判</td><td></td><td></td><td></td><td></td><td></td><td></td><td></td><td></td><td></td></tr>
<tr><td>4. 广告创意</td><td></td><td></td><td></td><td></td><td></td><td></td><td></td><td></td><td></td></tr>
<tr><td>5. 写作</td><td></td><td></td><td></td><td></td><td></td><td></td><td></td><td></td><td></td></tr>
<tr><td>6. 网页制作</td><td></td><td></td><td></td><td></td><td></td><td></td><td></td><td></td><td></td></tr>
<tr><td>7. 通信</td><td></td><td></td><td></td><td></td><td></td><td></td><td></td><td></td><td></td></tr>
<tr><td>8. 市场调查</td><td></td><td></td><td></td><td></td><td></td><td></td><td></td><td></td><td></td></tr>
<tr><td>9. 其他</td><td colspan="9">请说明：</td></tr>
<tr><td colspan="10"></td></tr>
<tr><td>其他知识</td><td colspan="10">请说明：</td></tr>
</table>

填表说明：

1. 所列内容仅供参考，有同意的项目栏打√，还可列出自己需要的内容；
2. 请您根据您所在部门员工的需求填写此表；
3. 篇幅有限，必须时可另附纸说明，谢谢您的合作！

课堂训练

A 公司是一家高科技企业，由于公司规模的持续扩张，公司高层逐渐感觉到，现有岗位员工的综合素质和技能已无法满足公司快速发展的需要。

人力资源部根据公司发展的需求，重新修订了现有岗位的任职要求。同时向所有部门和员工下发了培训需求调查表(调查结果显示，很少有员工提出自己明确的培训需求，且大部分职工反应较为冷淡)。在分析调查反馈结果和近期业绩考核结果的基础上，提出培训计划，并迅速展开一系列的培训活动。

由于各部门业务非常繁忙，为保证培训的全面、到位、A 公司作出硬性规定：除特殊原因外，所有相关员工必须全部参加培训，同时配以严格的考勤和培训效果评估手段，并将员工的培训态度和培训成绩与员工的业绩考核挂钩。

经过一段时间的培训，从现场培训效果看，员工素质和技能均有一定程度的提高，但人力资源部总感觉没达到预期效果，而且越往后问题越多，主要表现为：课堂气氛呆板，员工不主动参与互动，请假、中途退场现象严重；进行培训效果评估时，受训员工的成绩基本令人满意，但在培训以后的工作中，其行为变化却不大，对所学知识不能融会贯通，或者根本不按新学的知识(技能)去做，参加培训仅仅是为了应付培训后的考试，考试完了，所学的知识又全部扔到一边。经人力资源部了解，产生以上现象的主要原因为：员工对自己的素质和技能方面所有在的“短板”认识不清，对公司所确定的培训内容不甚认同，加之工作很忙，员工对公司“硬性规定参加培训”有一定的抵触情绪。因此部分员工学习热情不高，基本以“应付”的态度对待培训。

资料来源：http://www.hztbc.com/news/news_1053.html

讨论：缺乏针对性的员工培训很难取得应有的效果，人力资源部应该如何提出有效的建议以改进公司的培训工作?

3.1.4 人力资源培训方法及工作流程

1)培训方法

(1)案例研讨法

按以下步骤开展：发生什么问题——问题因何引起——如何解决问题——今

后采取什么对策。适用的对象是中层以上管理人员,目的是训练他们具有良好的决策能力,帮助他们培养如何在紧急状况下处理各类事件的能力。

(2)操作示范法

它是职前实务训练中被广泛采用的一种方法,适用于较机械性的工种。操作示范法是部门专业技能训练的通用方法,一般由部门经理或管理员主持,由技术能手担任培训员,现场向受训人员简单地讲授操作理论与技术规范,然后进行标准化的操作示范表演。学员则反复模仿实习,经过一段时间的训练,使操作逐渐熟练直至符合规范的程序与要求,达到运用自如的程度。培训员在现场做指导,随时纠正操作中的错误表现。这种方法有时显得单调而枯燥,培训员可以结合其他培训方法与之交替进行,以增强培训效果。

(3)管理游戏法

这是当前一种较先进的高级训练法,培训的对象是组织中较高层次的管理人员。与案例研讨法相比较,管理游戏法具有更加生动、更加具体的特点。案例研讨法的结果,受训人员会在人为设计的理想化条件下,较轻松地完成决策。而管理游戏法则因游戏的设计使学员在决策过程中会面临更多切合实际的管理矛盾,决策成功或失败的可能性都同时存在,需要受训人员积极地参与训练,运用有关的管理理论与原则、决策力与判断力对游戏中所设置的种种遭遇进行分析研究,采取有效的办法去解决问题,以争取游戏的胜利。但是管理游戏法培训对事先准备即游戏设计、胜负评判等都有相当难度的要求。

(4)讲授法

这是一种传统模式的培训方法,也称课堂演讲法。在组织培训中开设的专题讲座就是采用讲授法进行的培训,适用于向群体学员介绍或传授某一个单一课题的内容。培训场地可选用教室、餐厅或会场,教学资料可以事先准备妥当,教学时间也容易由讲课者控制。这种方法要求授课者对课题有深刻的研究,并对学员的知识、兴趣及经历有所了解。技巧之一是要保留适当的时间进行培训员与受训人员之间的沟通,用问答形式获取学员对讲授内容的反馈。其次,授课者表达能力的发挥、视听设备的使用也是增强培训效果的有效辅助手段。

讲授法的优点是同时可实施于多名学员,不必耗费太多的时间与经费。其缺点是由于在表达上受到限制,受训人员不能主动参与培训,只能从讲授者的演讲中,做被动、有限度的思考与吸收。适用于组织中新政策或新制度的介绍与演讲,也适用于引进新设备或技术的普及讲座等理论性内容的培训。

(5)视听法

这是运用电视机、录像机、幻灯机、投影仪、收录机、电影放映机等视听教学设备为主要培训手段进行训练的方法。随着声像资料的普及与广泛应用，许多组织的外语培训已采用电化教学手段，并取得了较好的效果。除了外语培训，有条件的组织还运用摄像机自行摄制培训录像带，选择一定的课题将组织实务操作规范程序、礼貌礼节行为规范等内容自编成音像教材用于培训中。

(6)讨论法

它是对某一专题进行深入探讨的培训方法，其目的是为了解决某些复杂的问题，或通过讨论的形式使众多受训人员就某个主题进行沟通，谋求观念看法的一致。采用讨论法培训，必须由一名或数名指导训练的人员担任讨论会的主持人，对讨论会的全过程实施策划与控制。参加讨论培训的学员人数一般不宜超过25人，也可分为若干小组进行讨论。讨论法培训的效果，取决于培训员的经验与技巧。讨论会的主持人，要善于激发学员踊跃发言，引导学员自由发挥想象力，增加群体培训的参与性；还要控制好讨论会的气氛，防止讨论偏离主题；通过分阶段对讨论意见进行归纳小结，逐步引导学员对讨论结果达成比较统一的认识。

(7)现场个别培训

强调单个的一对一的现场个别培训，是一种传统的培训方式，又称为师徒式培训。做法是，受训人员紧跟在有经验的老职工后面，一边看，一边问，一边做帮手，来学习工作程序。

一般有4个步骤：准备——传授——练习——跟踪观察。在受训员独立工作后，培训员仍将继续对受训员进行观察，并提供明确的支持与反馈，使受训员对培训保持一种积极的态度。

(8)职位扮演法

又称角色扮演法，也是一种模拟训练方法。适用的对象为实际操作人员或管理人员，由受训人员扮演某种训练任务的角色，使他们真正体验到所扮演角色的感受，以发现及改进自己原先职位上的工作态度与行为表现。多用于改善人际关系的训练。人际关系上的感受常因所担任的职位不同而异。为了增进对对方情况的了解，在职位扮演法训练中，受训人员常扮演自己工作所接触的对方的角色而进入模拟的工作环境，以获得更好的培训效果。

采用职位扮演法培训时，扮演角色的受训人员数量有限，其余受训人员则要求在一边仔细观察，对角色扮演者的表现用“观察记录表”方式，对其姿势、手势、表情和语言表达等项目进行评估，以达到培训的效果。观察者与扮演者应轮流互换，这样就能使所有受训者都有机会参加模拟训练。

(9)专门指导

这是个别培训的方法之一，在受训员对工作实践进行摸索的基础上，培训员针对其工作情况和特殊的需要实施个别指导。

2）培训的工作流程及人力资源部门的主要工作（如图 3.3 所示）

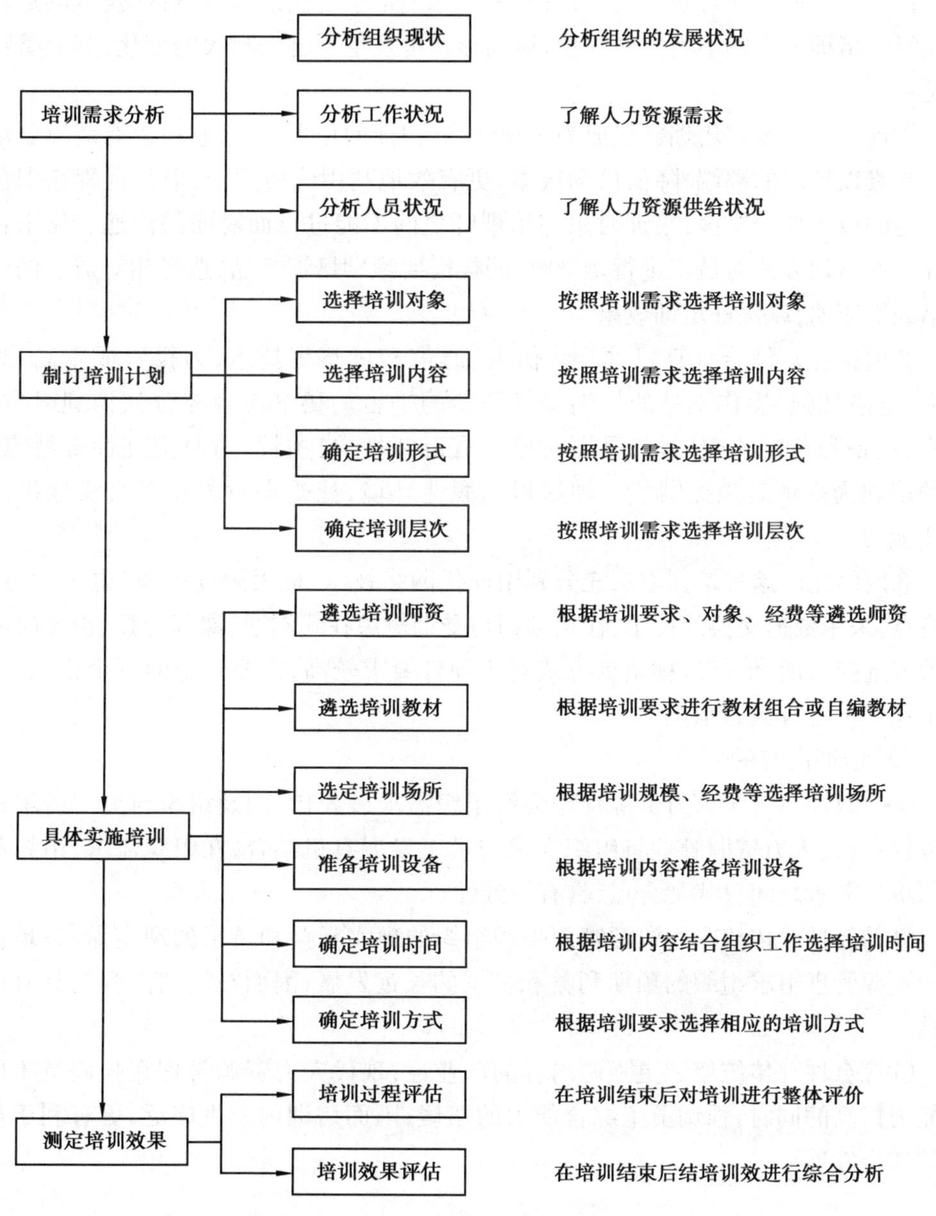

图 3.3　培训的工作流程及人力资源部门的主要工作

3)正确认识企业人力资源培训

(1)培训形式发生了很大变化

传统培训形式或者强调授课,或者强调师傅带学徒模式,随着科学技术的进步以及组织培训需求的不断发展变化,培训形式也发生了越来越大的变化,其显著特点是:

①远程化。远程培训已经成为一种经济、快捷的培训形式,它可以有效克服培训对象难以集中的弊端,降低培训成本,更有效地利用优质师资,但是远程培训需要一定的技术作为支撑,培训对象与培训师之间不能进行面对面的沟通。秘书在选择远程培训方式对员工进行培训时,同样需要甄别培训产品,选择相对成熟的远程培训供应商,以保证培训效果。

②虚拟化。综合计算机、图形、仿真、通信和传感等技术,为投资成本高、难度大、危险性强、操作不易的培训提供了新的平台。秘书应当充分认识到时空、内容、设备和角色的虚拟化,受训对象具有沉浸性、自主性、适时交互性等特点。这种培训为受训对象提供了一种虚拟的职业环境,让受训对象相对真实地提高职业能力。

③网络化。这种培训方法充分利用现代网络技术,最大限度体现“电子学习”的特点,采用数据交换的技术,让培训师与受训对象在线沟通,课程选择、授课时间与地点选择灵活,但是这种培训方式对于硬件要求较高,需要一定的资金投入,中小企业不一定有实力承担。

(2)培训内容的变化

①一致性。传统人力资源管理强调组织需求最大化,割裂组织与员工需求的一致性;现代人力资源管理将组织需求与员工发展有机结合,在组织需求、组织利益与员工需求之间寻找契合点,具有一致性。

②前瞻性。传统人力资源管理强调组织的现实利益和员工的现实需求;现代人力资源管理追求组织的预期利益和员工的长远发展;因而在培训内容上具有前瞻性。

③综合性。传统培训更强调内容的职业性;现代人力资源管理在强调员工职业能力提高的同时,强调员工综合能力的拓展,因而培训内容更广泛,更有利于员工的综合发展。

4)员工培训的误区

(1)新进员工自然而然会胜任工作

一些管理者错误地认为,新进员工只要随着时间的推延,就会逐渐适应环境而胜任工作的。因此忽视对新进员工进行培训。据统计,有60%以上的组织没有对新进员工进行有效的培训,就立即分配到正式工作岗位上去。以后新员工的成功与否,基本上取决于员工本身的适应能力以及其所处的小环境了。组织不进行新进员工的培训,或只进行敷衍了事的培训,往往会使新进员工在较长的时期内提不高绩效,也会使员工缺勤率、离职率居高不下。

(2)高层管理人员不需要培训

有人认为培训只是针对基层的管理人员和员工的,而高层管理人员不需要培训,其理由是:他们都很忙;他们经验丰富;他们本来都是人才。这种认识危害极大。应该说,一个组织的高层管理人员的素质高低对组织发展的影响很大。许多成功的组织规定:越是高层管理者,参加的培训越多。

(3)培训是一项花钱的工作

一种错误的观点认为,培训是一种成本,作为成本,当然应该降低,因此,能省则省,一些组织在培训方面的投入相当少。而现代人力资源开发与管理的理论与实践告诉我们,培训是一项回报率极高的投资。一家汽车公司经过一轮培训,花去培训费20万美元,但当年就节省成本支出200万美元,第二年,又节省成本300万美元。可以这样说,任何设备的功能都是有限的,而人的潜力是无限的。在同样条件下,通过培训,改善人力资源可以为组织带来成倍的效益增长。

(4)培训时重知识、轻技能、忽视态度

一些管理者在培训的效果上片面地强调立竿见影,而知识的获取相对较容易,因而出现了"重知识"的误区。正确的观点应该是:在培训中以建立正确的态度为主,重点放在提高技能方面。美国太平洋研究院根据现代认知心理学和社会学理论进行研究,认为对员工进行培训主要是建立员工正确的态度,积极的思维模式,这有助于组织提高效益。

学习任务2 人力资源日常管理

案例导入

J设计院的辞职风波

设计院是坐落在本市的一个特大型国有企业的下属单位,成立于1982年,有在职员工140多人。成立之初,员工多为外调或内部挑选,在1982年至1992的10年间,未有新大学生分配进来,技术人员和管理人员青黄不接。考虑到设计院今后的发展,从1993年起,陆陆续续分配来一批大学生:1993年12人,1994年13人,1995年10人,1996年9人,1997年6人,1998年5人。

1997年10月,J设计院领导换届,胜任率不高的工艺室34岁Z主任在其任公司副总经理的父亲的协助下,出任院长。Z院长启用与其年龄相仿同期进院的工艺室P工程师为工艺室主任,两人关系密切。不到一年,P主任晋升为副院长兼总工程师,同时进行了大手笔的人事改组、调换。

1999年,是1993年参加工作的大学生评工程师的年度。按照有关政策和比例,该年至少有5名人员指标。在这6年中,大家勤奋工作,刻苦钻研技术。事前大家公认工艺室D先生工作成绩突出,人际关系融洽,是一位优秀人才。他在中—荷合资EPS项目中,承担了主要设计工作,加班加点,如期保质保量完成任务,未等到工程竣工即病倒了。D先生在群众中口碑很好,但是评定结果出人意料,12人中只有工艺室1人当评。此事在员工中产生很大的反响,人们议论纷纷。要知道,在设计院这样的技术部门,职称对员工来说很重要,甚至影响其职业生涯。

1999年中,J设计院进行大规模的重组、兼并。以J院为总部,合并了公司下属7个工厂中的4个设计所和设计室。各单位为了自己的利益,抵制兼并,消极配合,仍然各自为政,特别是各单位原领导的安置问题。于是Z院长对被合并单位负责人中的大多数晋升了职位,增加了几个职能部门,使得本以"官"满为患的设计院管理层机构更加臃肿,而院本部无一人被提拔,除了给院长开小车的初中文化的司机被任命为院办公室秘书,不少在1997年换届时未能得到提拔而又满心希望能走上更高职位的管理者感到了前程渺茫。

结果是，副院长4人，经营部副主任5人，办公室副主任5人，62名员工的工艺室有4名副主任……

2000年9月，J院本部1994年工作的员工职称评定中，13人又只有1人当评（按比例是5人以上），增评了1993年3人。与此同时，被合并单位中1994年10人除去未申请者1人，有8人当评，1994年以前的全部当评。

2000年10月，一天下午，P副院长找到D先生，语气严厉地责备其近期工作拖拉，未能按合同期限交付图纸，导致设计院受到甲方抱怨并扣设计费。D先生与其发生了争执，后来发展到双方用带有肮脏性的语言互相辱骂，就差动手了。此前，P副院长曾与多名下属员工和管理者发生过争吵。

自Z院长上任以来的3年时间里，J设计院的经济效益没有增长。2000年经营出现了建院以来的首次亏损，也看不出今后有好转的迹象。员工的平均薪水和福利也较以前大幅下降，并且开始拖欠工资。几年中，除了几次零星的讲座外，员工没有一次正规培训，因经费紧张，取消员工出差参加学术会议，与外界的技术交流基本中断，新员工进院为期半年的学习已停止，几年前建立起来的新老员工的师徒关系也是名存实亡，且无人过问。

退休工程师拒绝院里的返聘，技术人员和管理人员都感到不同程度的不满。平时，管理者只有在工作必需和催缴设计资料时与员工见面。有人开始抵制管理者布置的任务，工作不按期完成；上班时间炒股或干其他私事；长时间的聚集闲聊；迟到早退现象增加；开始滥请所有可能的假期。

院领导得到的甲方对交付的设计文件的信息反馈，表明设计质量下降，施工现场服务质量下降，由于几个关键技术人员和管理者的辞职，使得某些部门的工作一度停滞。

在一年半的时间里，辞职人数达到14人，这于J院历史上是没有的。1982至1998年，除去正常调动，只有两人办了理了停薪留职：一人下海经商，一人出国留学。

J设计院近期所发生的频繁离职现象，引起了总公司主管的关注，要求Z院长查明原因并采取措施。于是，Z院长狠抓劳动纪律，发现迟到或早退者，每次罚扣工资50元；找去年或今年未评上职称者谈话，安抚其心；对在工作中加班的予以奖励；谨慎批假，等等。

但就目前的情况来看，还没有好转的迹象，辞职风波依然在继续。最近，经营部和工艺室已各有一名助工准备提出辞呈。

员工为什么会离职？如何加强离职管理？管理层应该采取什么样的措施来改变目前的状况？

资料来源:《百度文库》http://wenku. baidu. com/view/cd33aacdda38376baf1fae50. html

相关知识

3.2.1 员工内部流动管理

员工内部流动是指员工在企业内部从一种工作状态到另一种工作状态的转换,主要有晋升、降职、调动等。

晋升就是指在企业内部,员工从较低等级上升到较高等级,包括员工的职能资格提高到较高级的阶段;降职就是一种与升职相反的职位变动,是指员工从较高等级的职位调到较低的工作职位;调动是指员工在企业内部的水平移动。

1)企业内部流动的意义

一是企业内部的员工流动有利于企业内部人力资源的优化整合,使人力资源得到最佳组合;二是有利于员工的个人发展,通过内部流动使员工各得其所,在适合自己的岗位上健康发展;第三,员工的有效流动,也有利于组织的业务发展。

2)内部流动的渠道

(1)横向流动

企业各部门之间存在着大量交换运动,从而使企业的运行更加有序和谐。职务或岗位轮换制度是企业有计划地在一定期限内让员工轮流担任若干种不同工作的制度。它能使组织内部达到有效沟通的目的,这样有利于企业培养高级管理人员,也可以通过内部的流动来调节部门之间的领导结构、男女比例、知识结构、专业技术结构等,同时有利于员工找到适合自己发展的岗位,培养其全面发展的能力。

(2)纵向流动

管理层的纵向流动,是指组织内部管理人员的升降变化过程。处于不同级别上的人员的能力并非一成不变,硬性压制人员在能级上的运动和变化,只能使组织变的僵化,缺乏活力;业务层的纵向流动,对于一些工作业绩突出的员工,上级往往会考虑安排到管理层级提拔重用,但并不是一律提拔,否则会造成管理人员素质下降。

(3)混合型层级流动

同时出现管理层级和业务种类的变化。在实施混合流动时,流动的人员到拟流入的部门进行实践锻炼,以考察其工作能力情况后再进行正式的安排。

以上就是组织内人员运动的不同形式,不同形式之间是各自独立而又相互关联的,只有各个运动形式最大地发挥潜能,才能使组织充满活力。

3)员工内部流动的方式

(1)晋升

企业可以通过晋升来激励员工,使他们富有成效地持续努力工作,并保持较高的效率。合理的晋升可以避免组织人才外流,维持企业人力资源的稳定,但不适当晋升也可能引发管理层和员工之间的矛盾,不利于组织健康的成长。

因此,企业管理者在考虑员工晋升时应遵循以下原则:第一,在晋升过程中,要保持管理系统的有效性,因事设人,而不能因人设事。第二,要综合考察被晋升者的能力及个人资历与岗位适应性,综合权衡。第三,量材适用,使职位与人能得到理想的搭配,把最适合某种特定职位要求的人放到该职位。第四,给每一位员工提供平等的晋升机会,使公司员工能做到人尽其才,给有能力的员工展示自我的机会。

(2)降职

降职在组织中一般较少出现,因为这种方式容易使员工自尊心受到伤害,情绪低落导致工作效率低下,缺乏工作积极性,甚至使员工做出极端行为,所以组织应对降职持谨慎态度。

导致员工降职的原因是多方面的,比如员工由于失职、表现不佳或不能胜任本职工作而被安排到较低一级的岗位上去;对于那些严重违反规章制度的员工,可以降职来处分;员工可能因本人身体条件不适宜而被换到较低级的职位上去;由于组织机构改革,高级职位被取消,于是人员自然流向低一级的职位。

为了尽量减少降职的负面影响,企业管理者在对员工作降职处理时应注意以下几个问题:第一,要充分准备谈话内容,心平气和地进行沟通,允许提出不同意见;第二,公布降职决定时注意方式方法,照顾被降职者的情绪反应,努力维护其自尊心,耐心细致地说服引导;应该遵循合理的程序,要有根有据,不可随心所欲。

(3)调动

调动是同一职级的不同职位之间的移动,也可以是在职位不变情况下,工作地点的改变。

调动的主要原因有:组织机构的变革,为了组织发展的需要而设立了一些新部门,组织要对员工进行内部调动;员工可能因为个人原因如身体残疾、兴趣爱好等原因,在组织内部调换工作单位和地点;为缓解人际冲突,将一起工作的双方或一方调离原先的岗位;为员工提供学习多方面的机会而调换工作岗位。

在实际操作中,企业管理者应仔细分析调动对于组织和员工个人利益的影响,尽可能兼顾二者的利益;组织应制订明确的调动政策和程序,包括调动的方法、审批的程序、工作交接的方式和要求、调动费用的安排等。

4)员工晋升、降职管理工作流程(如图3.4所示)

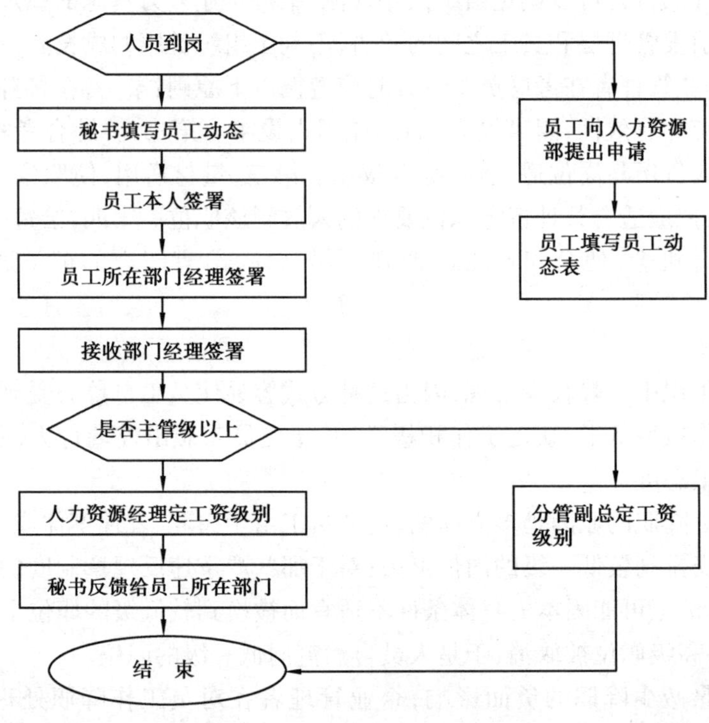

图3.4 员工晋升、降职管理工作流程

3.2.2 离职管理

员工离职是指员工离开企业或组织,包括辞职、退休、开除、辞退、解雇等多种形式。

人力资源管理的任务不仅要得到人才,也要尽量少失去人才和恰当地流动一些不合适的员工。因而,人力资源管理人员在工作中注意掌握一些最基本的信息,要重视调查研究,不可轻信偏信,要深入基层一线做好调研,重视并加强员工离职的管理工作,为领导决策提供最有价值的信息。

1)导致员工离职的因素

一般而言,员工不会轻易离开自己的组织或岗位的,只是受到了一些因素影响员工才会作出离职的决定,如员工个人心理所获满足感影响个人择业及再就业;企业方面的收入水平、个人发展政策、培训学校等;人际关系的冲突,员工因情绪不满而辞职;受社会和市场发展的影响,企业或员工个人彼此不能满足对方,等等。

2)员工离职管理的法律风险防范

(1)建立较为完善的离职管理规章制度

根据现行法律及规章,企业在制定离职管理规章制度时应符合这样几个条件:必须合法,即内容合法和程序合法;不得违反劳动合同和集体合同的约定;要向员工公示,未经公示而在员工离职时才交予员工阅知的规章制度,对员工不具有约束力。

(2)加强员工离职的秘密保护

对于掌握企业秘密(包括经营信息及技术信息)的关键岗位的重要管理人员和专业技术人员的离职,企业不仅要在离职管理中注意防范问题的出现,而且应在劳动合同等法律文书中作出约定。如脱密期的约定、竞业避止约定等。

(3)离职中的薪资处理

员工离职时企业应一次付清劳动者工资,员工向组织提供了劳动,有取得报酬的权利,企业不得克扣或无故拖延劳动者的工资。注意,要在离职当时结清,否则容易留下隐患。

关于经济补偿金和赔偿金的问题,应依据《劳动法》的有关规定予以处理,组织不得推托,应真正保障员工正当的合法权益,避免引起劳动纠纷。

关于社会保险及住房公积金等福利,员工和组织亦应协商转移手续的办理。

(4)规范人事档案转移程序

劳动部、国家档案局在《企业职工档案管理工作规定》第十八条规定:企业职工调动、辞职、解除劳动合同或被开除、辞退等,应由职工所在单位在一个月内,将其档案转交至新的单位或户口所在地的街道劳动部门。通过上述规定可知,企业无权扣留已离职员工的档案。

3)控制员工离职的有效手段

控制员工离职的有效手段有如下几种:

①在现有工资基础上,适当提高在职员工的薪酬福利水平;

②积极协调员工之间的冲突,创造良好的组织文化和工作氛围;

③合理策划员工职业生涯发展,让每一位员工对自身未来职业发展充满信心和希望;

④避免招聘不稳定员工,力求个人和组织发展的相对稳定;

⑤合理规划组织人员需求量,坚持能级对等;

⑥减轻员工的工作压力,为员工创建一个和谐轻松的工作环境。

4)与员工签署离职协议

当员工即将离职,组织应当与员工签订一个全面的离职协议,协议应当注意有效性。当然,离职协议不能阻止员工的起诉,但可以有效地阻止他或她赢得诉讼。

延伸阅读

终止雇用协议

任何情况下,在签署离职协议前你都要仔细考虑并了解协议生效后的影响。因此,在决定签署前,请将协议带回家认真考虑至少(填入时间,推荐至少21日)天。如无双方签字,这份协议将在(填入日期,与上段中填入的考虑时间相对应)后失效。

离职协议

对于以下(在此列举解雇费、额外福利、公司承诺的其他费用),本人在离职后放弃对公司名称、接任者、附属机构、员工、主管及董事就索赔、债务和其他已知或未知的事件提起诉讼,并特此申明。

该申明对与离职无关的任何索赔行为无影响。

资料来源:作者根据相关资料整理。

5)员工离职管理基本操作流程(如图3.5所示)

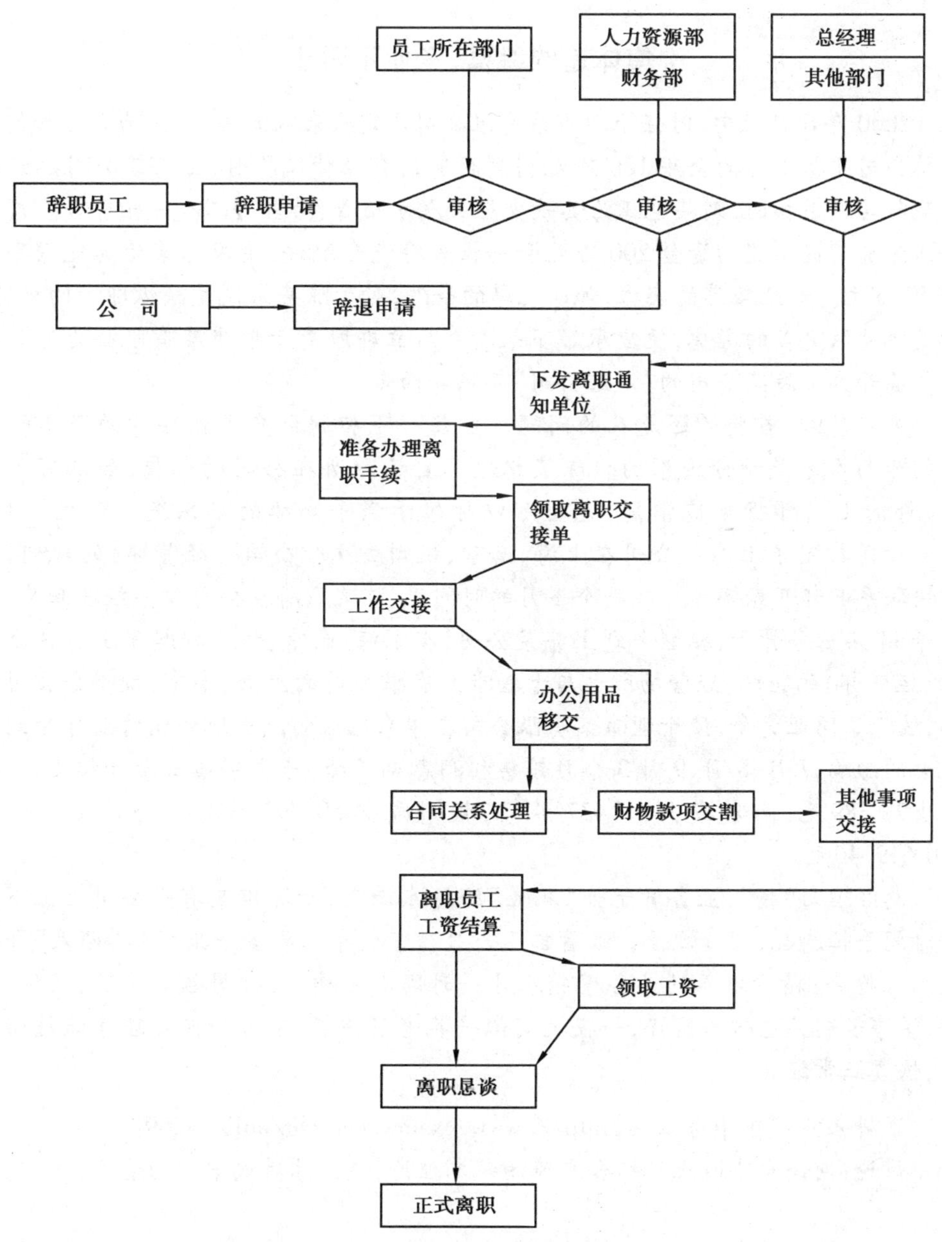

图3.5　员工离职管理基本操作流程

课堂训练

集体违约跳槽，竞业不避止

2000年6月上旬，时任十堰市某有限公司法定代表人的陈某，正为自己如何完成总公司年初下达的全年186万元利润而感到有经营风险时，上海某公司总经理刘某与其邂逅相遇，刘某也正为其缺少经营人才而着急，当下二人一拍即合。刘某许诺为陈某提供流动资金200万元和一批库存汽车配件，要求陈某为其提供年利润50万元。如此雄厚的实力，如此优厚的条件，对于陈某来说是稍纵即逝的机遇，于是他没做更多的考虑，便应承了下来。之后立即脱离十堰市某有限公司并开始为筹备开办上海某公司的“汽配公司”而东奔西走。

另起炉灶，首要的还是人的问题。要想一下招聘到自己信得过的汽车配件营销专门人才是十分困难的。陈某想起了自己原所在公司的部属，如果有了这帮“哥们儿”，那将如虎添翼，完全可以称雄于强手如林的华东汽车配件市场。陈某于是拟定了上海某公司在上海、南京、杭州成立分公司（经营部）的规划，并很快联系旧部开始实施。在一个多月的时间里，陈某原所在公司财务经理龚某、霍某等11名业务骨干，相继来到上海某公司，在上海、南京、杭州挂起了上海分公司（或经营部）的招牌，经营场所也与十堰市某有限公司的上海、南京、杭州分公司相邻，展开了同业竞争，使十堰市某有限公司在华东地区的汽车配件销售业务受到了巨大的影响，7月、8月、9月3个月销售利润急剧下降，与去年第三季度相比，上海减少22 389元，南京减少97 437.4元，杭州减少50 793.42元，合计减少利润170 619.46元。

总经理“跳槽”，业务骨干如“孔雀”纷纷东南飞，十堰市某有限公司上上下下一时间手忙脚乱，人心惶惶。眼看自己苦心经营数年正要垂手采摘的“硕果”即将被别人抢夺；精心培养的业务营销人才一时间人去楼空，公司领导吃惊、茫然、愤怒，董事长赵某也心力憔悴，一夜之间似乎苍老了许多，不知如何处理才能挽回颓势，恢复正常经营。

资料来源：《中华考试网》http://www.examw.com/hr/anli/78269/

讨论：何谓竞业避止？结合本节的基本理论，谈谈你对该案例的看法？

延伸阅读

自愿与补偿并重的ASB员工“自愿离职计划”

在ASB公布的内容中，自愿和补偿是两大原则。

一、在自愿方面，“自愿离职计划”规定：

（一）原则

本计划基于自愿的原则，由员工本人提出申请，并经公司批准。

（二）适用对象

截至2002年10月19日未达到法定退休年龄的ASB员工在编劳动合同制正式员工。

法定退休年龄的计算以本人身份证上的日期为准。法定退休年龄：男性员工为60周岁（教授级高工65周岁）；女性员工为55周岁（教授级高工60周岁）。

（三）有效期限

从2002年10月9日开始至2002年10月19日中午12:00。

二、在对员工的离职补偿方面，ASB“自愿离职计划”说明：

（一）离职补偿金补偿计算公式如下：

补偿金额 $=(N+1+3)\times$ 月补偿基数

“N”是指员工在ASB的工作年数，在公司服务满一年折算为一个月（精确到月，小数点后保留一位。）

例如：某员工1999年3月进入原上海贝尔工作，如其本次提出自愿离职，则：$N=3+8/12=3.7$。

“1”是指1个月的离职通知期，“3”是指公司为员工自愿离职而支付的3个月额外补偿。

“月补偿基数”

对于原SBELL（上海贝尔公司）员工：月补偿基数＝月基本工资＋月岗位工资＋月住房补贴＋月全勤奖＋月交通补贴＋年总奖金额/12

对于原SBAMC（上海贝尔阿尔卡特移动通信公司）员工：月补偿基数＝月基本工资＋月综合补贴＋月住房补贴＋月交通补贴＋年总奖金额/12

对于原ACI（阿尔卡特中国投资有限公司）员工：月补偿基数＝月基本工资＋月住房补贴＋月交通补贴＋小型自选福利项目＋年总奖金额/12，其中的月固定工资以2002年9月为准；年总奖金额包括从2001年10月1日至2002年9月30日间的所有年终奖、季度奖、半年奖和双薪。

(二)其他优惠政策

1. 员工享有的相关福利项目可按照原三家公司各自的福利政策优惠结算。

2. 符合条件的原上海贝尔员工按《上海贝尔中方福利基金使用计划》的有关规定享有"中方福利基金"专户提供的补贴准备金(简称4050)。

3. 对于至2002年10月19日年满55周岁的男性员工和年满50周岁的女性员工,公司将为其购买一定金额的商业保险,作为其退休金的补充。

除此之外,ASB公布的"自愿离职计划"还给出了离职手续的办理和工作流程的交接;让员工在离开之前有明确的目标。

三、ASB员工离职流程

1. 本部门办理部门工作移交。

2. 指定地点办理各部门手续。

3. 人力资源部薪酬福利部门结算费用。

4. 办完手续离开公司。

四、工作交接

员工在自愿离职申请得到批准后,应主动配合人力资源部门做好工作交接。(如图3.6所示)

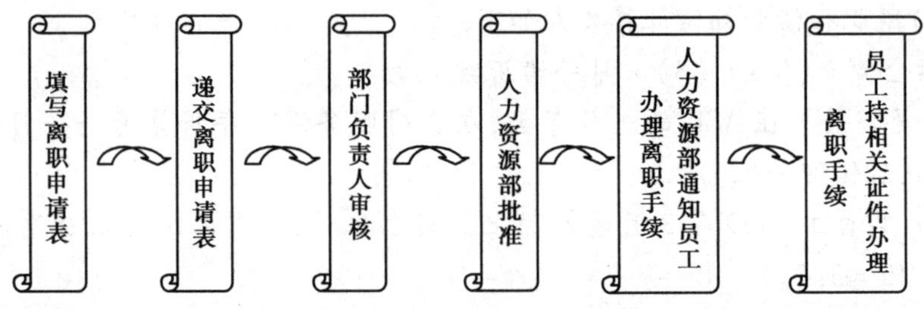

图3.6 员工离职工作交接程序

资料来源:郭克莎.人力资源—2003年度中国企业最佳案例[M].北京:商务印书馆,2003.

3.2.3 薪酬管理

薪酬是指企业对员工为企业作出贡献所付给的相应回报,这实际上是一种公平的交换。薪酬是报酬的一部分,报酬一般包括两个方面,一是经济性报酬也就是薪酬,包括直接薪酬(如工资、奖金、津贴等)和间接薪酬(如福利待遇等);二是非经济性报酬,主要指工作本身、工作环境等。

1)薪酬的构成

①工资。指根据劳动者所做的贡献,按照事先规定的标准付给劳动者的报酬,即劳动价格。工资有计时工资、计件工资等。

②奖金。指支付给职工的超额劳动报酬和增收节支的劳动报酬。我国企业中实行的奖金制度,是20世纪50年代初开始建立和发展起来的。它曾在1958年和1966年下半年两次被取消。现行的奖金制度,则是1978年以后恢复和建立的。

企业给员工发放的奖金一般有生产奖、节约奖、劳动竞赛奖等。与工资相比,奖金具有以下几个特点:

a.奖金具有很强的针对性和灵活性。奖励工资有较大的弹性,它可以根据工作需要,灵活决定其标准、范围和奖励周期等,有针对性地激励某项工作的进行;也可以抑制某些方面的问题,有效地调节企业生产过程对劳动数量和质量的需求。

b.奖金可以及时地弥补计时、计件工资的不足。任何工资形式和工资制度都具有功能特点,也都存在功能缺陷。例如,计时工资主要是从个人技术能力和实际劳动时间上确定劳动报酬,难以准确反映经常变化的超额劳动;计件工资主要是从产品数量上反映劳动成果,难以反映优质产品、原材料节约和安全生产等方面的超额劳动。这些都可以通过奖金形式进行弥补。

c.奖金具有更强的激励作用。在这种工资制度和工资形式中,奖金的激励功能是最强的,这种激励功能来自依据个人劳动贡献所形成的收入差别。利用这些差别,使雇员的收入与劳动贡献联系在一起,起到奖励先进,鞭策后进的作用。

d.奖金分配形式的收入具有明显的差别性。

e.奖金分配所形成的收入具有不稳定性。

③津贴。津贴是对劳动者在特殊条件下的额外劳动消耗或额外费用支出给予补偿的一种工资形式。其分配的唯一依据是劳动所处的环境和条件的优劣,而不与劳动者劳动的技术业务水平及劳动成果直接对应和联系,这就决定了它是一种补充性的工资分配形式,因而具有很强的针对性和均等性特点。

津贴有实物和货币两种具体的支付形式。在一般情况下,与额外劳动补偿有关的津贴支付货币,并构成辅助工资的一个组成部分;与身体健康补偿有关的津贴有的采取实物的形式,有的采取货币的形式,以货币的形式居多。支付周期通常以出勤日累计,按月随工资支付。

④股权。股权是通过员工持股付给劳动者报酬,即股权的转移,是一种有效的长期激励手段。

⑤福利待遇。福利待遇包括法定福利和资源福利,是企业成员间接享受的报酬,包括社会保险福利、交通补贴、午餐费、带薪休假等。其目的是吸引、保留和凝聚员工,以提高企业整体和长期绩效水平。

⑥其他报酬。

2)影响薪酬制定的主要因素

企业在确定员工薪酬水平时,往往不是由企业老总或经理说了算,人力资源部门会参考到很多其他因素,如同行业的薪酬水平,在其他条件大概相同的情况下,本企业的总体薪酬应与同行业的水平大体相当,可以有一个偏离值,但不能过高或过低,否则都会影响到企业的经营过程乃至于企业的长远发展。

除此之外,薪酬水平的确定还要参考以下一些因素:

①企业薪酬结构。企业的薪酬结构设计会分为几大类别,各类别所占比重不同,也会影响到整个企业的薪酬水平。

②企业经营战略所处的发展阶段。企业的经营和发展不是一个短期行为,在企业宏观战略的引导下,企业有不同的发展阶段。在各个不同的阶段上,薪酬水平会有不同的侧重,比如发展初期薪酬水平会很低,随着利润的增加和积累,新酬水平会逐年上升;而有的企业为了发展的需要,也会在初期用高薪酬吸引和留住人才,确保企业的长远发展。

③企业财务状况、支付能力。这是影响企业薪酬水平的最直接的因素。财务状况良好的企业,薪酬表现为实际支付,体现了真实的薪酬水平;反之则为名义支付,会影响到员工作工作积极性,不利于企业的发展。

④员工的工作绩效、技能水平、资历、受教育程度、工作经验、发展潜力。这是影响员工薪酬水平的决定性因素。在按劳分配的体制下,员工的工作绩效、技能水平等,直接决定了员工的收入水平,也就决定了整个企业的薪酬水平,甚至也决定着企业的生存与发展。因此,有的企业宁愿高薪聘请熟练技术工人也不愿为了降低成本而致企业发展不畅。

⑤地区间的生活水平差异和工资水平差异。经济发达地区生活水平高,因而薪酬水平普遍偏高,而经济欠发达或不发达地区生活水平较低,则同一项工作或同一个岗位薪酬水平要低得多。

另外,国家或地区经济形势的好坏以及当地劳动力市场的供需状况也会影响企业薪酬水平出现差异。比如,在金融危机的大背景下,几乎所有的行业都很萧条,都在大规模裁员,薪酬水平自然也就降下来了;而劳动力市场的供需状况也会影响劳动力价格,从而影响企业的薪酬水平。

3)薪酬管理的基本原则

薪酬管理一般应遵循这样一些基本原则:竞争性原则;公平性原则,即外部公平、内部公平、员工公平;绩效匹配原则;激励原则;经济原则;合法原则。

4)薪酬的功能及目标

薪酬是一种公平的交易,它能够将企业的组织目标和管理者的意图及时、有效地传递给企业员工,促使个人行为与组织目标一致化,调节员工与组织,以及员工与员工之间的关系。其功能具体有如下几点:

①能够为企业提供最佳的人力资源支持;

②能够有效调节劳动力价值取向;

③能够合理调节劳动力流向;

④能够合理调整劳动力素质结构。

通过进行有效的薪酬管理,企业可以吸引和保留企业所需优秀人才,鼓励员工积极提高工作所需要的技能和素质,激励员工高效率地工作,建立企业特有文化氛围,有效控制企业运营的成本。

5)薪酬水平和结构管理

(1)薪酬水平

企业的薪酬策略一般有3个层次的薪酬水平:

①能够吸引并保留适当员工所必须支付的薪酬水平。

②企业有能力支付的薪酬水平。

③实现企业战略目标所要求的薪酬水平。

(2)薪酬结构

薪酬结构的类型从性质上可以分为3类。

①高弹性类。该类薪酬结构的特点是:员工的薪酬在不同时期个人收入起伏较大,绩效工资与奖金占的比重较大。以绩效为导向的薪酬结构属于这种类型。

②高稳定类。该类薪酬结构的特点是:员工的薪酬与实际绩效关系不太大,而主要取决于年功及企业整体经营状况,员工的薪酬相对稳定,给人一种安全感,采用这类薪酬结构的企业,员工薪酬中基本工资所占的比重相当大,而奖金的发放则根据公司整体经营状况,按照个人基本工资的一定比例发放,如日本的年功工资。

③折中类。既有高弹性成分,以激励员工提高绩效,又有高稳定成分,以促使员工注意长远目标。

如以能力为导向的薪酬结构、以岗位为导向的薪酬结构及组合薪酬结构;采用该类型的企业较多。

6)薪酬制度

(1)薪酬制度的设计程序

薪酬制度的设计是一个系统工程,它以岗位分析与评价、薪酬调查和绩效考核为基础,有以下几个程序。

①薪酬调查:了解同行业、地区市场水平及员工薪酬满意度。

②比较分析:掌握市场水平线与企业工资水平线的关系。

③增资实力:了解董事会认可程度,公司的增资额度。

④薪酬结构:确定不同员工的薪酬构成及各构成项目所占的比重。

⑤岗位评价:确定薪酬等级及固定薪酬——岗位/能力工资标准。

⑥绩效考核:确定浮动薪酬——奖金或年终分红。

⑦特殊津贴:确定津贴工资——个人津贴。

⑧长期激励:确定长期激励方式及激励力度。

⑨调资政策:确定薪酬制度调整的条件、调整额度等。

⑩评估调整:执行薪酬制度,调整不合理之处。

一般来说,薪酬制度是企业根据劳动的复杂、精确、繁重程度、劳动责任的大小、能力要求的高低和劳动条件的好坏等因素,将各类岗位划分为若干等级,再按等级确定薪酬标准的一种制度。在市场竞争中,各个行业千差万别,即使在同一行业内部,不同的企业也有不同的个性和特点;企业内部还有许多形态各异的工作岗位。因此,不可能存在一种薪酬管理制度能够适用于所有的企业。实际上,不同性质的企业,薪酬制度有不同的具体构成,其侧重点也有所不同。

(2)几种常见的薪酬制度

①技术等级薪酬制。这是将劳动技术和复杂程度等因素划分成不同的等级,并规定相应的薪酬制度,然后再对员工的技术水平、熟练程度进行评定,确定其薪酬水平的一种薪酬制度。

②职务薪酬制。这是根据职务的工作特点与工作价值来决定薪酬标准的一种薪酬制度。具体来讲,就是依据该职务对人员的知识、技能需求和工作复杂程度、责任大小及工作环境等因素来确定薪酬标准。

③职位薪酬制。这是在按照工作性质、繁简程度、资历条件和工作环境等因素进行职位分类的基础上,给每一职等和职级配以不同的薪酬标准,薪酬由职位决定,并依年资和考绩结果决定晋升。

④岗位技能薪酬制。这是以工作技能、责任、强度、工作环境等因素为评价基础,以岗位工资和技能工资为主要单元的薪酬制度。

⑤结构薪酬制。这是按照薪酬的各种职能将其分为相应的几个组成部分,分别确定薪酬额的一种薪酬制度。常包括基本工资、年功工资、职位工资、绩效工资等。

⑥年薪制。年薪制是以企业的有关经营业绩指标为依据,确定经营者年度薪酬的一种制度。它以企业会计年度为时间单位计发薪酬收入,主要用于公司经理及高层管理人员。这是一种风险薪酬制度,依靠的是约束和激励相互制衡的机制。

一般说来,年薪制包括基本薪金和风险收入两大部分。从理论上讲,基本薪金主要依据企业经济效益水平和企业经营规模及支付能力而确定,主要包括基本工资和福利性报酬。风险收入则依据经营者的经营业绩来确定,主要包括短期激励报酬(年终奖金与分红)和长期激励报酬(股票期权)。在实践过程中,一般是先确定年薪总额,然后再切割基本薪金和风险收入的比例,常见的做法便是基本薪金占70%,风险收入占30%。

(3)薪酬制度的调整

①工资定级性调整。工资定级是对那些原来没有工资等级的员工进行工资等级的确定。这包括对试用期满或没有试用期但办完入职手续的新员工的工资定级;对原来没有的岗位或没有在企业中聘任的军队转业人员的工资定级;对已工作过但新调入企业的员工的工资定级等。

②物价性调整。物价性调整是为了补偿因物价上涨而给员工造成的经济损失而实施的一种工资调整方法。企业可以建立员工工资水平与物价指标自动挂钩的体系。在保持挂钩比例稳定的同时,实现工资水平对物价上涨造成的损失的补偿。但是在设定挂钩比例时,要注意"时滞"性问题,即加薪总是跟在通货膨胀后面,所以它们之间总是有一定的差距,而员工工资水平与物价指标自动挂钩设计的好坏则决定了这个差距的大小。

③工龄性调整。如果企业的薪酬构成中包含了年薪工资,那么这样的企业普遍采取的提薪方式就是工龄性调整。随着时间的推移和员工在本企业连续工龄的增加,要对员工进行提薪奖励。工龄性调整是把员工的资历和经验当成一种能力和效率予以奖励的工资调整方法。

④奖励性调整。奖励性调整一般是用在当一些员工做出突出的成绩或重大的贡献后,为了使他们保持这种良好的工作状态,并激励其他员工积极努力,并向他们学习而采取的薪酬调整方式。奖励的办法和形式多种多样,有货币性的,也有非货币性的;有立即给予的,也有将来兑现的;有一次性支付的,也有分批享用和终身

享用的。

⑤效益性调整。效益性调整是一种当企业效益提高时,对全体员工给予等比例奖励的薪酬调整方法,类似于不成文的利润分享制度。但是,由于它在分配上的平均主义原则,使得它对员工的激励作用是有限的,特别是对企业发展做出巨大贡献的关键员工,他们的积极性会大大受挫;而偷懒的员工却一样可以"搭便车",奖金照拿不误。

⑥考核性调整。考核性调整是根据员工的绩效考核结果,每达到一定的合格次数即可以提升一个薪酬档次的调整工资的方法。

当员工有加薪要求,但绩效考核成绩较低,没有达到加薪的标准时,就应该向他解释公司的加薪政策,鼓励他努力工作,争取下次获得好的绩效考评成绩。

如果某员工的绩效考核良好,却没有得到加薪时,就要认真调查原因,是由于工作失误造成的,还是由于该员工的薪酬已经很高,不宜再加薪。如果是前者,则应该立即纠正错误,对员工进行弥补;如果属于后者,就应向员工解释企业中与他能力、岗位相同或类似的其他员工的平均薪酬水平,或介绍同行业其他公司同岗位的薪酬水平,以得到他的理解。

如果员工指出与他岗位相同、能力相同的员工得到了加薪,而他自己却没有加薪时,这时不要轻易地将该员工与他所讲的员工进行比较,这样往往会使冲突更加激烈。如果这两位员工同属一个部门,则应该交由部门经理进行解释(部门经理有对他们加薪的建议权,所以一定有他自己的理由);如果这两位员工不属于一个部门,则应该告诉他每个部门的加薪标准不同。

课堂训练

松下的薪酬制度变革:将退职金提前发放

松下电器是闻名全球的跨国公司。和其他日本企业一样,松下一直实行的是终身雇佣制、工龄序列制,企业职工的工资随着工龄、资历的提高而上升。

但是松下并不满足于现状。总经理森下洋一认为,日本企业必须实现两大目标。第一,改革日本企业按照单一模式来管理员工的现状,转而重视具有丰富个性和才能出众的员工。第二,为了顺利地在全球范围内扩展事业并取得成功,日本企业应该具有与其他国家"共生"的意识,并忠实地为此付出努力。为了完成这两个使命,松下公司必须推行"注重人"的改革。

松下所讲的"注重人"的经营绝不是指结果上的平等。伴随个人生活要求的变化,松下公司与个人的关系也灵活地发生了变化。企业应该建立一套这样的新体制:向每个员工提供在公司工作可选择的方式,同时根据每个人贡献的大小来灵活地确定待遇的高低。从多角度来考虑员工的待遇,而不是把每一个人都按照同等的标准来加以对待。

正是具备了较强的变革意识,松下电器对工资制度进行了根本性的改革。其中之一是实行"全额工资支付型号工制度",将退职金(退休时一次性发放的资金)加到工资中提前发放。只要申请提前发放,每年就可以分两次领取一定的数额。新进公司的职工每年可以领到24万至35万日元左右,三四十岁左右的人可以领到更多。

该项工资制度实施两年来,已有近40%的人申请提前发放退职金。在实际工作中这项制度也表现出优越性,主要体现在两个方面。第一,更好地吸引了专业技术人才和特殊人才。新的薪酬制度不仅吸引了那些希望在退休前把一生献给一个公司的人,而且又在一定程度上激活了就业的流动性,接纳了多种多样的人才。第二,在很大程度上及时解决了许多员工的资金筹措和子女教育费用问题。

为了达到奖优罚劣的目的,松下开始对许多管理职员实行完全的年薪制,主要根据自己业绩和公司的效益来确定员工的薪金。

资料来源:《职业资格网》http://zg.china-b.com/rlzys/zlgls/20090613/66941_1.html

讨论:松下公司的薪酬改革是否符合薪酬管理的基本原则?

学习任务3 人力资源评价与提升

案例导入

本学习任务主要是从人力资源的工作绩效评价来展开,通过加强绩效评价与管理,提升人力资源的个体素质与工作水平,从而为企业创造更大的效益。

绩效评价也称绩效考核或人事考核。它是对员工在一定时期内,在其工作岗位上的工作行为、工作任务的完成情况和所做的实际贡献等情况进行收集、分析后所做出的评价。

相关知识

3.3.1 人力资源评价的目的和作用

1) 人力资源评价的目的

广义的人力资源评价除对员工进行岗位评价外，还包括对员工素质评价，即心理素质、思想素质、智力素质等方面的评价；狭义的人力资源评价是指对企业员工在履行工作岗位职责过程中表现出来的思想品德、工作态度、工作能力及工作绩效的测评，又叫绩效评价。

在现实的企业管理中，绩效评价的结果可以让管理者根据结果的好坏对员工进行奖励与惩罚，而另一方面，是给管理者提供一个可参考的依据，管理者通过此依据与员工之间进行有效的沟通，让员工感受到管理层的合作态度，认识到绩效评价不是要站在与多数员工对立的立场上约束员工，而是要与广大员工站在同一立场上把工作搞好。这样可以提高和改善员工工作表现，最终有效地提升企业的工作效益，这也是很多企业人事工作的最终目标。

2) 人力资源评价的作用

一套好的评价考核体系有助于为企业创造良好的用人环境，建立激励机制，保证企业内部员工的行为足以支撑企业目标的实现。在现代企业管理中，绩效评价具有很重要的作用：

(1) 为企业人事决策提供依据

在人员管理工作中，每个管理者都要考虑怎样把合适的人放在合适的位置上去，这就要求管理者参照考核结果，如员工的奖励与惩罚、人事调整、晋升与降职等。如果考核制度不健全或不能认真执行，企业的管理层就无法全面、准确地了解员工的工作情况。

(2) 保证企业人事工作的透明度

离开考核的奖励分配是盲目的，而且容易被企业员工视为是不公正的。所以在管理员工时，对涉及员工的物质利益和精神追求的分配制度必须公开透明，尽管为避免管理工作中某些负面因素的干扰，有些物质分配的最终结果可能是不公开的。例如很多企业在进行奖金分配时，每个人领取的奖金额就是完全保密的，但是评价过程是必须向全体员工公开的,奖励分配只有建立在公平、公正的绩效评价的基础上,才能让员工接受并认可。

(3)有助于管理者更好地了解员工

工作的繁忙、个人的主观意识的干扰等诸多因素常常会成为让管理者更好地了解员工的无形的障碍,如果考核是公正客观的,那么其结果就会为那些由于各种原因而不能全面了解员工工作的管理者建立一条反馈渠道,补充和完善管理者脑海中员工的形象。

(4)有助于管理者更好地了解自己

考核就是管理者的一面镜子,因为员工的行为是管理者行为的折射。一个部门的表现在相当程度上可以看出这个部门管理者的风格。从这个角度说,员工的问题中含有领导的问题,员工的成长中含有领导的功劳。当考核结果出来以后,反思的不应该仅是表现各异的员工,而且还应该有他们的领导。

(5)进一步明确企业的培训目标

通过绩效评价中员工工作的表现可以了解到员工的缺陷与不足,对于那些具有共性的缺陷就需要企业有针对性地制订人员培训计划,弥补企业员工队伍中存在的不足。另外,通过考核可以反馈上次培训的效果和为下次培训经费的使用分配提供依据。例如,西门子公司就有一个规定,部门培训后工作效益的提高程度对下一年这个部门的培训经费的多寡有着直接的影响。

3.3.2 有效的绩效考评的特点和要求

在现代企业管理过程中,有效的绩效考评一般具有自身的特点,由此,也就对绩效考评人员及其工作提出了更高的要求。

1)可靠性

在一般条件如工作情况和工作环境等相同的情况下,不同的绩效考评评价者对同一个员工所做的评价应该基本相同,其评价结果才是有效和可靠的。

2)准确性

绩效考评的准确性指的是应该把工作标准和组织目标联系起来,把工作要素和评价内容联系起来,明确一项工作成败的界限。工作绩效标准是就一项工作的数量和质量要求具体界定员工行为是否可接受的界限。众所周知,工作分析描述一项工作的要求和对员工的素质要求,而工作绩效标准规定工作绩效合格与不合格的标准,实际的绩效评价则是具体描述员工工作中的优缺点。绩效考核的准确性要求对工作分析、工作标准和绩效评价系统进行周期性调整和修改。

3)敏感性

敏感性指的是绩效评价系统具有区分工作效率高的员工和工作效率低的员工的能力,否则就既不利于企业进行管理决策,也不利于员工是否升迁推荐等人事管理决策,评价系统就需要收集关于员工之间工作情况差别的信息。如果工作评价的目的是促进员工个人的成长发展,评价系统就需要收集员工在不同阶段自身工作情况差别的信息。

4)可接受性

业绩考核体系只有得到管理人员和员工的支持才能推行,因此业绩考核体系经常需要员工的参与。业绩评价中技术方法的正确性和员工对评价系统的态度都很重要。

5)实用性

业绩考核体系的实用性指的是评价系统的设计、实施和信息利用都需要花费时间和金钱,组织使用业绩考核系统的收益必须要大于其成本。

3.3.3 影响绩效考评的主要因素

企业在实施绩效考评时,除了严格遵照制度执行外,有时候也不这受到一些其他因素的制约和影响,这些影响因素甚至可能会改变考评结果。

1)考评者的判断

考评者的判断又受考评者个人特点(如个性、态度、智力、价值观和情绪与心境等)的影响。如态度方面,是否视考评为不必要的累赘(若是,则考评时就会很马虎);智力方面,是否对考评的标准、内容和方法能正确理解和掌握;情绪与心境方面,若高昂愉快,则考评偏宽,反之,若低沉抑郁,则偏严。

2)考评者与被考评者的关系

考评者与被考评者之间的亲疏关系,过去的恩怨,以及考评者对被考评者的工作情况及职务特点、要求的了解程度,都将影响考评结果。

3)所使用的考评标准与方法

具体包括考评维度选择的恰当性,各维度间的相关性和全面性,以及考评维度能否明确具体地传达给被考评者。

4)组织对考评的重视程度及提供的相关条件

具体体现为组织领导对考评工作的重视与支持;考评制度的正规性和严肃性;对各级主管干部是否进行过考评教育与培训;考评结果是否认真分析并用于人事决策;考评中是否发扬了民主,让被考评者高度参与;所使用的考评标准是否与时俱进的相应调整,等等。

5)考评者常见的心理疾病

包括考评者过分注重第一印象、以偏概全、求中庸等心理疾病,这些心理疾病导致晕轮效应、近因效应、平均主义等弊端的出现,带来考评误差。

3.3.4 绩效考评标准及其确定

绩效考评应在一定的标准和框架内进行,如果缺乏标准,会使得考评工作失去有效性和公正性,影响到被考评者即员工的工作积极性。在实际工作中,制定考评标准应从以下几个方面着手:

1)工作业绩考评

工作业绩考评是对企业人员担当工作的结果的考核与评价。它是对员工贡献程度的衡量,是所有工作绩效考评中最本质的考评,直接体现出员工在企业中的价值大小。在企业中,工作业绩主要指能够用具体数量或金额表示的工作成果,是最客观的考评标准。例如,利润、销售收入、产量、质量、成本、费用、市场份额等。

2)工作行为考评

工作行为考评主要是对员工在工作中表现出的相关行为进行的考核和评价,衡量其行为是否符合企业规范和要求,是否有成效。由于是对行为进行考评,很难用具体数字或金额来精确表述。因此,在实际考评中,企业常常用频率或次数来描述员工的工作行为,并据此进行评价,也即客观性考评指标。例如,出勤率、事故率、表彰率、违纪违规次数、访问客户人次、客户满意度、员工投诉率、合理化建议采纳次数等。

3)工作能力考评

工作能力考评是考评员工在职务工作中发挥出来的能力。例如,在工作中判断是否正确、工作效率如何、工作中的协调能力怎样等。根据被考评者在工作中表现出来的能力,参照标准或要求,对被考评者所担当的职务与其能力是否匹配进行评定。

这里的“能力”主要体现在4个方面:专业知识和相关知识;相关技能、技术和技巧;相关工作经验;所需体能和体力。对员工的工作能力进行考评时,由于需要考评者对员工的工作能力做出评判,故此类考评标准被称为主观性指标。

4)工作态度考评

工作态度考评是对员工在工作中付出的努力程度的评价,即对其工作积极性的衡量。常用的考评指标有主动精神、创新精神、敬业精神、自主精神、忠诚感、责任感、团队精神、进取精神、事业心、自信心等。工作态度是工作能力向工作业绩转换的中介变量,在很大程度上决定了工作能力向工作业绩的转化。员工的工作态度也很难用具体数字或金额来表述,在对员工进行工作态度考评时,也需要考评者对员工表现出的工作态度作出评判,故此类指标也常称为主观性指标。

在以上4类绩效考评标准中,前两类标准可以进行客观的量化评价,故常称为“硬指标”;后两类很难进行量化,考评时常需要考评者的主观评价,故称为“软指标”。在进行工作绩效考评时,应注意客观性评价和主观性评价的结合,硬指标和软指标的结合。只有这样,才能全面公正地评价员工的工作绩效。

同时,制定考评标准时,作为人力资源部门的管理或操作人员,还应考虑到以下几个方面的问题:

①标准是针对工作而不是针对工作者确定的。不管谁来执行该工作,均应达到此标准。

②标准是可以达到的。按照确定的标准,所有在职的员工都应该能达到。

③标准为人所知,消除不必要的神秘感。

④标准是执行者和主管协商而定的。考核标准的制定由被考核者参与,可以提高对目标的内在承诺,取得他们的支持、合作和理解。

⑤标准尽可能具体明确,而且可以衡量,尽量避免歧义的产生。

⑥标准有时间限制,即标准要求何时达到,或标准是否仍然适用。

⑦标准要记录在案,随时提醒各方按标准执行任务。

⑧考核标准本身应尽可能客观、准确、明确,以求最大限度地减少偏见和感情色彩等个人因素。考核标准必须找出工作成败的界限,并予以确切描述,因为考核的目的是促使企业或各部门修改工作规程和工作要求。

⑨标准可以改变。进行一个循环过程后,往往要调整原标准。

3.3.5　绩效综合评价

绩效管理过程通常包括绩效目标、绩效管理、绩效考评和绩效奖励 4 个环节,其中绩效考评是整个绩效管理循环过程中的核心环节。掌握科学的考评方法对企业管理能起到事半功倍的效果。

1)绩效考评的方法

(1)分级排序法

即按照被考评员工每人绩效的相对优劣程度,通过比较,确定每人的相对等级或名次,一般有简单分级排序法和交替分级排序法。前者是在全体被考评员工中挑选出绩效最出色的一个列于序首,找出次优的列于第二名,如此排序,直到最差的一个列于序尾;后者是以最优和最劣两级作为标准等次,采用比较优选和淘汰的方法,交替对员工某一绩效进行选择性排序。在操作这种方法时,由于在评级的起初,员工差距比较大,评价者很容易做出正确的决策。越接近中间的员工,由于员工水平比较接近,在评价的时候就越应谨慎。

(2)对偶比较法

此种方法要求评价者把员工两两对比,按照对比构成中获取的最优次数的总数来确定次序。这种方法相对科学合理,但主要是对员工整体情况的总体比较,也不适应于员工数量过多的情况。

(3)强制分布法

强制分布法认为员工的工作绩效一般呈正态分布,因此企业可以将员工分为绩效优秀的、绩效良好的、绩效一般的、绩效较低的、绩效很低的 5 种情况。而且往往是中间大,两头小,优秀的是少数,绩效很低的也是少数,极大部分居于良好、一般、较低的水平。这种评价方法的具体做法如下所述。

第一步,设计所有的评价要素,确定评价者。

第二步,设计每一个等级的员工占员工总数的百分比。如绩效优秀的有 5%,绩效良好的有 15%,绩效一般的有 70%,绩效较低的有 6%,绩效很低的有 4%。

第三步,将准备进行评价的每一位员工的姓名写在小卡片上,根据一种评价要素对员工进行评价，然后放入相应的等级里。

强制分布法的优点是：可以避免评价者过分宽容而导致评价结果普遍较高，或者过分严厉而使评价结果普遍过低的现象。特别是当评价对象过多时，强制分布法是一种较为可行的方法。其缺点是：如果企业所设定的分布等级不符合员工的实际情况，那么实行强制分布法来评价会使员工产生一些不满情绪。

(4)评定量表法

评定量表法是绩效考核中常用的一种方法。根据工作分析，将被考核岗位的工作内容划分为相互独立的几个模块，在每一个模块中用明确的语言描述完成该模块工作需要达到的工作标准。同时，将标准分为几个等级选项，如优、良、合格、不合格等，考核人根据被考核人的实际工作表现，对每个模块的完成情况进行评估，总成绩便为该员工的考核成绩。评定量表法使得考核者可以以连续的方式标明员工的表现，由于其简易性，这一方法使用得最普遍。在图表为每项职责确定的等级中，考核人只需在他认为适当的级别上打上标记，更详细的考核评价可以填写在每个被考核因素旁边的用于书写评价的空格内。评定量表示如表3.4所示。

表3.4　评定量表

评估对象姓名：______ 职　务：______ 评估日期：______ 工作单位：______ 评估人：______					
评估等级因素	不满意	一般	良好	优秀	杰出
	明显地不适合其岗位工作	勉强可在本单位工作	符合本岗位工作的基本要求	明显地超过其岗位标准和基本要求之上	明显地且始终表现突出
工作质量（指工作的精神性和彻底性，产品的外观及验收情况）					
工作数量（指产量和贡献）					
必需的监督和管理（指需要给予劝告、指导和纠正的程序）					

续表

评估等级因素	不满意	一般	良好	优秀	杰出
	明显地不适合其岗位工作	勉强可在本单位工作	符合本岗位工作的基本要求	明显地超过其岗位标准和基本要求之上	明显地且始终表现突出
出勤(指出勤的经常性、可靠性的准时性)					
维护(保护设备的实际表现)					
评语:					
评估人:__________ 评估对象本人意见:__________ 评估时间:__________ 经手人签字:__________					

(5)关键事件法

所谓关键事件法,是负责评价的主管人员把员工在完成工作任务时所表现出来的特别有效的行为和特别无效的行为记录下来,形成一份书面报告,每隔一段时间(通常为6个月),主要人员和其下属人员面谈一次,根据记录的特殊事件来讨论后者的工作绩效。

需要注意的是,所记载的事件必须是较突出的、与工作绩效直接相关的事(即关键事件),而不是一般的、琐碎的、生活细节方面的事;所记载的应是具体的事件和行为,而不是对某种品质的评判(如“此人是认真负责的”)。

关键事件法一般与其他考评方法结合起来使用,作为其他方法的一种很好的补充。这种方法为主管人员向下属人员解释绩效考评结果提供了一些确切的事实材料,也可以使主管人员对下属人员进行绩效考评时,所依据的是员工在整个年度中的表现(因为1年中的关键事件都已有所记录),而不是员工在最近一段时间的表现,从而使考核更全面和更准确。同时,动态的关键事件记录,还能让主管人员了解下属人员是通过何种途径克服不良绩效的具体事例。但是,由于记录是对不同员工不同工作侧面进行的描述,无法在员工之间、团队之间和部门之间进行工作情况的比较,评价者用自己制定的标准衡量员工,而员工则没有参与的机会。因此,不适用于人事决策。

(6)行为锚定评分法

行为锚定评分法是由美国学者史密斯和肯德尔于 1963 年研究提出的。该方法利用特定的行为锚定量表来描述员工的行为和绩效,是传统图示量表法与关键事件法的结合。

该方法一般需要先确定关键事件,再初步建立绩效评价指标,然后重新分配关键事件,并确定相应的绩效评价指标,接着确定各关键事件的评价等级,最终才能建立起行为评定评价表。

(7)评语法

评语法是指由考核人撰写一段评语来对考核人进行评价的一种方法。评语的内容包括被考核人的工作业绩、工作表现、优缺点和需努力的方向。由于该考核方法主观性强,最好不要单独使用。

(8)目标考核法

目标考核法是根据被考核人完成工作目标的情况进行考核的一种绩效考核方法。在开始工作之前,考核人和被考核人应该对需要完成的工作内容、时间期限、考核的标准达成一致。在时间期限结束时,考核人根据被考核人的工作状况及原先制定的考核标准来进行考核。目标管理考核制度以 3 个假设为根据:

①假定在计划与设立各种目标和确定衡量标准的过程中,让员工也参与其中,这样就可以增强员工对企业的认同感和工作积极性;

②假定所确定的各种目标十分清楚和准确,员工就会更好地工作以实现理想的结果;

③假定工作表现的各种目标应该是可衡量的并且应该直接针对各种结果。

2)绩效考核评价的实施

绩效考核评价在实施的过程中要按照一定的程序来进行,其程序有两种,即纵向程序和横向程序。其中纵向程序包括基层考核(重点是员工个人的工作行为及业绩)、中层考核(中层干部个人考核和部门绩效考核)和高层考核(重点是对经营效果方面的总体指标,如销售额、利润额、资产的保值增值情况);横向程序包括制订绩效计划、保持不断的沟通、收集员工的信息、绩效评估、绩效结果的反馈及绩效改进计划的拟定等。

在实际的管理过程中,如果只有考核而不将结果反馈给被考核者及其部门,考绩便失去了它极其重要的奖励、奖惩与培训的功能,因此,作为一个完整的绩效考评过程,应将考评的结果进行反馈。反馈的方式主要是考绩面谈和沟通,通常包括3个步骤:即面谈准备、实施面谈和面谈效果评价。

(1)面谈的准备

首先,明确面谈需达到的目的。诱导面谈对方达到一致看法,而不是寻找训斥的机会;认识下属在工作中的优缺点,拟定某项缺点的改进计划,确定下期考核的工作要项和绩效标准。

其次,准备资料,决定最佳的时间、场所、计划开场、谈话及结束的方式,并保证谈话过程不受干扰。

(2)实施面谈

实施面谈时要注意:为使双方顺利地实现交流和沟通,应营造一个融洽的面谈气氛对事不对人,避免算旧账;不仅找出缺陷,还要找出原因,提出改进措施;注意说话技巧,表扬—批评—表扬;充分利用角色换位和聆听技巧;用鼓励的口吻结束谈话。

(3)面谈效果评价

面谈结束以后,必须从自己是否满意,别人如何评价,当事人行为、绩效有无改变、是否达到预期设想等方面,对面谈效果加以评价,作为将来改进面谈的依据。

面谈和沟通应遵循的基本原则有以下5个方面。

①沟通应该真诚。真诚的沟通才能尽可能地从员工那里获得信息,进而帮助员工解决问题,提供帮助。

②沟通应该及时。绩效管理具有前瞻性的作用,在问题出现时或出现之前就通过沟通将之消灭于无形或及时解决。

③沟通应该具体。沟通应该具有针对性,具体事情具体对待,不能泛泛而谈。泛泛地沟通既无效果,也不讲效率。

④沟通应该定期。经理和员工要约定好沟通的时间和时间间隔,保持沟通的连续性。

⑤沟通应该具有建设性。沟通的结果应该是具有建设性的,给员工未来绩效的改善和提供建设性的建议,帮助员工提高绩效水平。

3)绩效考核和管理中常见的问题

绩效考核和管理中常见的问题有以下两类。

(1)指标方面的问题

例如,指标不明确、不具体,导致考核者不了解考核指标的真实内涵,理解角度不一致等;不现实——考核指标过高,明显偏离实际;不贴切——考核指标没有反映被考核者的关键工作内容;可衡量性太差——考核指标偏重于定性,可注意理解的自由度过大;权重失误;等。

为了杜绝这种现象出现,必须依照评价内容、指标、标准、标度等要求去设计。

(2)评价者方面的问题

在工作表现考核过程中有多种出错的源泉,其中一个主要来源是考核者所出的差错。对这些差错一般没有简单的杜绝办法,但使考核者意识到这一问题会使情况有所改善。

①近期效应问题。近期效应是指在考核员工工作表现时,对最近时期的表现给予较大的权重。近期效应是一个易于理解的考核者差错。对于考核者来说,一般很难记住一个员工七八个月前的工作表现。员工对工作表现的关注也是随着正式考核日期的来临而日甚一日。为避免这种现象,负责考核的人员可以通过对正反两方面的表现进行日常记录的方式,将这类问题减少到最低限度。

②评分模式问题。有些经理打分相对较严,有些相对较松。这实际上犯了过严、过宽和趋中的评分模式错误。

③考核者的偏见问题。考核者偏见问题是指因考核人的价值观或偏见扭曲了考核结果。考核者的偏见既可能是有意的,也可能是无意的。如果一个经理对某一种族群体具有强烈的反感情绪,这种偏见就使他在评分的时候很难坚持客观性和公正性,其结果必然是使某些人的考核信息处于被扭曲的状态。如果考核过程设计不当,那么年龄、信仰、资历、性别、相貌或其他任意的划分标准都可能对考核结果产生不应有的影响。这一问题应通过更高层的经理对考核结果进行检查,予以校正。

④晕轮效应问题。晕轮效应是指经理因一个人的某一特点而在其他考察项目上全给高分或全给低分而形成的一种考核结果。例如,如果一个女性员工很少缺勤,那么由于她的这种可靠性,经理就可能给她包括工作产出的质量和数量在内的所有其他方面的工作均给予高分。而实际上,这位经理并未真正考虑她在其他工作方面的特点。

延伸阅读

1. 人力资源价值评价指标体系(见表3.5)

表3.5　人力资源价值评价指标体系

序　号	影响因子	一级指标	具体内容(可分解为二级评价指标)
1	基本素质 N1	健康状况 K11	性别,年龄及健康情况
		工作经验 K12	工作经历及专业技能
		专业知识 K13	学历、学位、专业方向及外语水平
2	组织素质 N2	管理能力 K21	作为中层管理或事项管理者的工作能力
		决策能力 K22	领导力,判断力,果断力
		逻辑思维 K23	计划,组织能力
		创新能力 K24	知识产权、专利技术的开发及其运用能力
3	环境适应 N3	团队精神 K31	合作精神,协同能力,知识分享
		沟通能力 K32	内外交流能力,诚信和信任
		自主工作 K33	独立或借助团队帮助自主完成工作
4	工作态度 N4	服从安排 K41	主动或勇于承担本职工作
		工作效率 K42	工作速度,工作标准
		工作纪律 K43	规章制度的遵守
5	员工发展 N5	员工薪酬 K51	工资,福利,劳动保护支出
		员工培训 K52	培训成本,培训意愿和计划
		升职期望 K53	个人发展规划及升职计划
		企业文化 K54	企业认同感、归属感,个人满意程度
6	特别加分 N6	特别加分事项	

2. 人力资源价值指数及其运算(以武汉某IT企业为例)

武汉某IT企业要对其一个开发团队的人力资源价值实现状况进行评价,该团队共有5位员工,采用本文提出的人力资源价值评价体系,通过专家打分等方式,获得各个指标的得分结果及其他相关数据资料如下表3.6所示(由于团队人员的基本素质非常相近,故不考虑N1因子,数据仅列示了N2～N5各个因子的得分,而且由于团队组建不久,还没有属于个人或团队的突出荣誉和成果,N6也暂不考虑;

另外由于不影响说明方法的运用，省略了各个因子下级指标的具体得分及计算过程)：

表 3.6 人力资源价值评价体系得分

被评员工		N2	N3	N4	N5	HRVI	HRVR
	得分上限	17	17	10	14	15.30	100
员工甲		15	15	10	12	13.70	89.54
员工乙		14	16	8	13	13.30	86.93
员工丙		12	16	5	9	11.50	75.16
员工丁		14	10	7	10	11.00	71.90
员工戊		15	12	10	12	12.80	83.66
专家权数 μ_i		0.40	0.30	0.20	0.10	1.00	

经过标准化处理如表 3.7 所示：

表 3.7 人力资源价值评价体系得分标准化

被评员工	N2	N3	N4	N5
员工甲	1	5/6	1	3/4
员工乙	2/3	1	3/5	1
员工丙	0	1	0	0
员工丁	2/3	0	2/5	1/4
员工戊	1	2/6	1	3/4

据表 3.7 数据可以计算各个因子的熵和熵权以及综合权重如表 3.8 所示：

表 3.8 熵值、熵权系数和综合权重系数

	N2	N3	N4	N5	合 计
熵 H_i	0.848 8	0.817 8	0.821 9	0.804 3	3.292 8
熵权 w_i	0.212 3	0.257 6	0.251 8	0.276 7	1
综合权重 η_i	0.353 5	0.321 7	0.209 6	0.115 2	1

基于熵权评价法，得出人力资源价值指数汇总如表 3.9 所示：

表 3.9　人力资源价值评价体系得分综合表

指　数	类　别	得分上限	甲得分	乙得分	丙得分	丁得分	戊得分
HRVI	基于专家权数	15.30	13.70	13.30	11.50	11.00	12.80
	基于熵权*	14.36	12.89	12.71	10.42	10.08	12.11
	基于综合权数	15.19	13.61	13.27	11.47	10.79	12.64
HRVR	基于专家权数	100	89.54	86.93	75.16	71.90	83.66
	基于熵权*	100	89.62	88.35	72.45	70.08	84.24
	基于综合权数	100	89.60	87.36	75.54	71.00	83.22

注*：在无法取得或暂时无法取得专家权数时，熵权也能作为非常有用的替代或参考。

最后计算出该(m,n)评价问题的风险值为：

$$r = \sum \mu iHi = 0.40 \times 0.8488 + 0.30 \times 0.8178 + 0.20 \times 0.8219 + 0.10 \times 0.8043$$
$$= 0.83$$

根据上述计算的结果，我们综合分析如下：

①各个员工的人力资源价值指数，无论是采用专家赋权还是采用熵权评价法，评定值基本一致，这说明：一种可能是评价指标体系设计及赋值、赋权方法很合理，各种决策是在掌握较充分信息作出的，团队成员的 HRVR 都在良好及以上，表明该团队比较好地实现了价值；第二种可能是指标设计太粗略，很难通过指标该体系区分人员之间的差异，必须增加或细分指标以提高评价系统的信息量；

②通过计算 N2、N3、N4 和 N5 四个因子的熵值都较大（都大于 0.8），这说明：一种可能也是如①所述，是指标体系设计上的问题，需要改进；第二种可能就是评价指标体系设计没问题，只是团队成员的价值比较接近，不易评价其优劣。从 5 个员工的指数得分看，甲和乙很接近，而丙和丁也比较接近，所以属于第二种可能性较大；

③从该(m,n)评价问题的风险值等于 0.83 来看，评价的风险较大。也就是说，如果根据上述评价结果，对 5 个员工的价值大小（也是对他们为企业创造价值的大小）进行排序，很难保证不受到质疑（其实甲和乙、丙和丁的得分很接近，要在这两对人员之间做出优劣判断，确实存在风险），如果管理层想避免矛盾或较少决策风险，那么对该方案就得作出分解或精化指标、增加新指标等调整；

④如果只是为了对该团队成员人力资源价值实现程度进行评价，并不是为了选拔或作为绩效考评排序的参考，就并不一定需要熵权分析法的参与。而熵权分析法可以作为人力资源价值指标体系设计一个重要的常用工具，也可以在遇到无

法迅速得到专家赋权时,为 AHP 分析中各级指标赋权提供技术支持;

⑤通过评价结果,可以发现,甲和乙的指数接近 90 分,说明他们基本发挥了自己全部的能力,是团队的核心,是重点培养和保护的对象;而丙虽然得分不高,但在 N2,N3 上表现突出,主要是 N4,N5 得分较低拖了后腿。究其原因问题出在员工发展 N6 上,由于该员工对工资待遇不满,并且对企业理念有误解,所以遵守劳动纪律也较差,从而导致 N5 和 N6 得分都较低。丙这样的员工是个不确定性因素,如果在员工发展发面给予关怀和利益,他很可能能极大地提升自己的价值,成为核心员工,而如果关心不够或无法做好沟通,他就是个随时都可能流失的人才,因而丙应该是这个团队中重点关注和关怀的对象;丁和戊表现良好,但也没有太多过人之处,是团结的对象,既需要鼓励也需要鞭策。

资料来源:《科技进步与对策》2010 年第 8 期

课堂训练

绩效考核伤了小李的心

在公司的 2007 年度员工绩效考核工作中,小李绩效被评了个 A(考核分五级,A:杰出;B:良好;C:正常;D:需改进;E:淘汰),小李很高兴,毕竟自己的工作得到了领导的认同和肯定。

绩效考核是由各部门经理对员工 2007 年工作绩效、任职状况、工作态度等方面的全面评价,结果会影响员工职位及薪级调整,比较重要。小李自认为很好地完成了本职工作:全年没有明显失误,尤其前一段时间经常加班到晚上 9 点多,很多节假日不休息,表现还是对得起领导的评价。但是当他听到一个消息后这种喜悦感就没有了,反而愤愤不平地给女友诉苦:

"下午生产部的一个同事告诉我,他们部门的小张考核也得了个 A,大家都觉得不公平。我听了很惊讶,第一感觉是不是搞错了,我并不是嫉妒他而是觉得太不可思议了。这个小张每天都利用单位座机给女朋友打电话聊天,一天要打上三四次,有时长达半个小时之久,公司规定用单位座机打私人电话每次不能超过 3 分钟。另外,他还经常上班玩游戏,其实在不忙的时候上上网看看新闻公司是允许的,可要是玩游戏就不成了。你说就这样的员工不得个 D 就算不错了,竟然能被评为 A,是不是有些不公平。还有天天上网炒股的小刘,最后被评了个 B,而有的人全年表现都不错只是出现过个小错误就被评为 D,我加班加点努力工作的考核是 A,他们天天打私人电话聊天,玩游戏也是 A,考核制度岂不形同虚设?"

这种现象说明该公司绩效考核体系中的某些环节在一定程度上出现问题，比如绩效考核指标设计、绩效标准、考核指标权重、考评方式、考核办法等；考核者首先需要深入实际地具体问题具体分析，但在没有进行认真细致的调查分析之前，不能贸然做出恰当的结论。

绩效考核一般关注两方面的内容：员工的工作结果，即任务绩效；员工在工作过程中所表现出来的行为，即周边绩效。

资料来源：《人力资源师考试网》http://www.yuloo.com/news/137077.html

问题：

1. 请你分析一下小李为什么伤心？

2. 请你提出完善公司绩效考评体系的建议。

学习自测

简答题：

1. 哪些因素会导致员工离职？

2. 人力资源培训有哪几种模式？

3. 人力的培训方法有哪些？

4. 绩效考评的特点是什么？

5. 绩效考评的标准有哪些？如何确定？

案例分析

北方公司注重员工工作过程的考评

北方公司的员工考评主要分为两个方面，一方面是员工的行为，另一方面是绩效目标。

每个员工在年初就要和主管确定当年最主要的工作目标是什么。以前是每年订一次目标，现在随着市场变化以及公司发展的变化，公司对员工的考评是经常性的，随时会对已定的目标进行考评和调整。公司的员工除了和自己的上司订立目标，还有可能与其他部门一起合作做项目，许多人都参加到同一个项目里。所以一个员工的业绩考评不是一个人说了算，也不是一个方面能反映的。

对员工绩效进行考评的人员，除了员工的主管外，还有很多共事的人，以及他们的下属，这就是所谓的“360度考评”。对员工的行为和目标的考评因为是经常性的，员工在工作中出现什么不足，就会从周围人和主管那里获得信息，如果有些不同看法，主管会与员工进行沟通，力求使员工能够对绩效考评有更加全面深入的认识。

北方公司认为考评有两个功能，一是看以前的工作表现和业绩，它反映一个人的能力；另一个是看这个员工以后的发展，通过考评过程可以发现员工能够提高的空间。北方公司许多不同级别管理层的现职人员是通过考评发现的，根据考评发现员工的潜能和发展愿景，使员工有可能成为公司人才选拔时的候选人。

北方公司考评的整个过程通常需要花费2个月时间，公司上下都非常认真地对待考评工作，北方公司的员工认为这既是对自己负责，也是对别人负责。

请回答下列问题：

1. 绩效管理有哪些功能？这些功能在案例中有何体现？

2. 绩效管理和绩效考评有什么样的联系和区别？在案例中有何体现？

（提示：①绩效管理在企业中的功能。

②绩效考评是一套正式的结构化的制度。）

资料来源：《百度文库》

实训项目

实训名称 人力资源绩效评价分析

实训目的 通过现场演练，加深对绩效考评的理解。

实训条件 教室

实训要求 抽5~10名学生表演。人力资源主管和员工，员工表演工作状态，主管视其情况给予薪酬。其他同学观看，也可适当提出意见或建议。

教师任务

1. 设定基本工作环境；

2. 点评演练效果。

实训评价 对参演者打分

企业市场开发与管理

学习目标

1. 掌握市场调研的基本方法；
2. 了解市场预测的相关概念，掌握各种不同的市场预测方法；
3. 了解营销策划的内容；
4. 掌握营销管理的基本方法。

能力目标

1. 掌握市场调研的基本程序，并学会运用其方法和技巧；
2. 具备市场营销策划的基本能力；
3. 能够提出符合企业自身情况的市场营销策划方案。

学习任务1 市场调研与预测

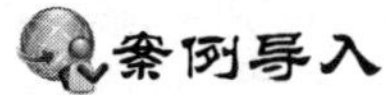

李维公司，点纱成金

做好市场调查树立牢固的市场观念，按用户需要组织生产是李维公司成功的市场决策。

李维公司的创始人李维·施特劳斯是德国犹太人。他抛弃了国内的职业，追随哥哥到美国做杂货商。19世纪40年代后期，美国加利福尼亚州发现了金矿，掀起了"淘金热"。这给李维·施特劳斯"点纱成金"造成了可贵的机遇。一次，他乘船到旧金山开展业务，带了一些线团之类的小商品和一批帆布供淘金者搭帐篷。下船后巧遇一个淘金的工人。李维·施特劳斯忙迎上去问："你要帆布搭帐篷吗？"那工人却回答说："我们这需要的不是帐篷，而是淘金时穿的耐磨、耐穿的帆布裤子。"李维深受启发，当即请裁缝给那位"淘金者"做了一条帆布裤子。这就是世界上第一条工装裤。如今，这种工装裤已经成了一种世界性服装——Levis牛仔服。

牛仔裤以其坚固、耐久、穿着合适获得了当时西部牛仔和淘金者的喜爱。大量的订货纷至沓来。李维·施特劳斯于1853年成立了牛仔裤公司，以"淘金者"和牛仔为销售对象，大批量生产"淘金工装裤"。为了改进质量，以优质产品面市，他找到了法国涅曼发明的径纱为蓝、纬纱为白的斜纹粗棉布，这种新式面料坚固耐磨、美观大方。李维·施特劳斯还采用内华达州一位叫雅各布·戴维斯裁缝的建议，发明并取得了以钢钉加固裤袋缝口的专利。时至今日，Levis牛仔裤上的钢钉，仍是结实和美观的象征。李维公司已有140年的历史了。当今，李维(Levis)牛仔裤已由最初的工装服装发展成为一种时尚服装，行销世界。在李维公司的发展历程中，始终坚持搞好市场调查，坚持树立牢固的市场观念，坚持按用户需要组织生产的市场决策。根据市场调查和长期积累的经验，李维公司认为，应该把青年人作为目标市场。为满足青年人的需要，李维公司坚持把耐穿、时髦、合体作为开发新产品的主攻方面，力争使自己的产品长期占领青年人市场。后来，他们了解到许多美国妇女喜欢穿男式牛仔裤。根据这种情况,李维公司经过深入调查,设计出适合妇女穿的牛仔裤、便装和裙子,1978年的妇女服装销售情况看好,销售额增加了58%。

为了满足市场需要,李维公司十分重视对消费心理的分析。1974年,为了拓展欧洲市场研究市场变化趋势,了解消费者爱好,向德国顾客提出了“你们穿李维的牛仔裤,是要价钱低、样式好,还是合身”的问题。调查结果表明,多数回答首要是“合身”。于是,公司派专人在德国各大学和工厂进行全身实验,一种颜色的裤子,竟生产出了不同尺寸、不同规格和45种型号,大大拓展了销路。公司还根据市场调查获得的各种有关用户的信息资料,制订出五年计划和第二年度计划。虽然市场竞争相当激烈,但由于李维公司积累了相当丰富的市场调查经验,所制定的生产和销售计划同市场实际销售量只差1%~30%,基本做到了产销统一。李维公司的销售网遍及世界70多个国家,他们对所属的生产和销售部门实行统一领导。他们认为产销是一个共同体,二者必须由一个上级来决定,工厂和市场之间要建立经常性的情报联系,使工厂的生产和市场的需求保持统一。为此,公司设立了进行市场调查的专门机构,在国内外进行市场调查,为公司的决策提供依据。

正确的市场决策,带来了李维公司的大发展。公司在20世纪40年代末销售额只有800万美元,1979年增加到20亿美元,30年增加了250倍。近20年来,李维公司已发展成为活跃于世界舞台的跨国企业,公司按地区分为欧洲分部、拉美分部、加拿大分部和亚太分部。各分部分管生产、销售、市场预测等事宜。李维公司拥有120家大型工厂,设存货中心和办事处以及3个分公司(美国李维牛仔裤公司、李维国际公司和BSE公司)。分公司有规模庞大、设备先进的生产厂42家,最大的一家年生产能力达到1 600万条。1979年,李维公司在美国国内总销售额达13.39亿美元,国外销售盈利超过2亿美元,雄居世界10大企业之列。

资料来源:http://baike.baidu.com/view/449192.htm

相关知识

为有效地履行营销职责,成功地开展营销活动,企业需要大量信息用于营销决策。然而,企业却常常得到大量无效的、过时的、不可信的、零乱无序的信息。越来越多的企业意识到了这方面的问题,并采取实际措施建立、改进、加强它们的营销信息系统,并进一步将其提升为营销决策支持系统,建立起营销数据库。

市场营销调研是企业获取有用信息的重要途径之一。实际上,在企业市场营销决策过程中,每一步都离不开营销调研,因此,掌握如何进行营销调研十分必要。

每个企业或多或少地都需要进行市场调研。现在,甚至许多非营利组织也开始运用市场调研的原理和方法为自己服务。

从最一般的意义上讲,市场营销调研是以营销管理和决策为目的,运用科学方法,对有关信息进行有计划、有步骤、系统地收集、整理、分析和报告的过程。

市场营销调研应用的范围很广,企业中常见的一些调研项目有:宏观环境调研、市场需求分析、销售分析、市场占有率分析、竞争产品研究。价格研究、广告研究、分销渠道研究、消费者购买行为分析等。过去,中国的企业不重视市场调研,企业家们更相信自己的经验和直觉,而不愿为收集信息支付高额费用和付出等候时间。现在,已有越来越多的企业主管们意识到了市场调研的重要性。

4.1.1 市场调研的类型

根据调研目的的不同,市场调研的类型有所不同。

1)探测性调查

当企业对所需研究的问题不甚清楚时,可通过探测性调查帮助确定问题的关键或产生的原因,为进一步的调查做准备。例如,管理部门发现某产品销量一直在稳步上升,但市场占有率却似乎在下降。通过探测性调查,营销人员确定了该产品市场占有率确实在下降,原因可能有以下几种:①产品质量下降;②竞争对手推出了具有明显优势的新产品;③消费者的兴趣发生了转移;④原有的经销商推销不力。

探测性调查通常是一种非正式的、在利用二手资料基础上的小范围的调查,往往用于正式调查中初步调查或明确问题阶段。

2)描述性调查

这是一种对客观情况进行如实描述的调查。回答诸如消费者要买什么、什么时间买、在哪儿买、怎样买之类的问题。描述性调查注重对实际资料的记录,因此多采用询问法和观察法。

3)因果调查

因果调查主要回答为什么,通常是在收集、整理资料的基础上,通过逻辑推理和统计分析方法,找出不同事实之间的因果关系或函数关系。因此,因果调查最理想的方法是采用实验法收集数据,再运用统计方法或其他数学模型进行分析,这样得出的结果最为可靠。当然,在调研实践中,难度也较大。

4)预测性调查

预测性调查是在收集了历史和现在数据的基础上,对事物未来发展的趋势做出预测。人们有时把这类调研归入预测范围,正如预测方法中有“市场调查法”一样。

在正式调查过程中,为保证调查结果的准确、可靠及不至花费过高,遵循科学的调查程序和掌握必要的调研技术实属必要。下面先就调研程序作简单介绍。

课堂思考

下列这些市场营销调研行为各属于哪种调研类型?

(1)请若干专家来讨论电子商务未来的发展趋势。

(2)请市场营销专家对公司近年的广告效果作出分析和评价。

(3)向公司销售人员了解本公司价格水平是否比竞争对手高。

(4)请小朋友回忆本公司的广告用语。

4.1.2　市场调研程序

典型的市场营销调研大都可分为3个阶段:调查准备阶段、正式调查和结果处理阶段。这3个阶段又可进一步分为5步(见图4.1):①明确问题;②制定调研计划;③组织实施计划;④分析调查资料;⑤提出研究报告。

图4.1　营销调研的程序

1)明确问题

企业总会面临这样或那样的问题,但一项调研的目标不能漫无边际;相反,只有将每次调研所要解决的问题范围限定在一个确切的限度内,才便于有效地制定计划和实施调研。而且,问题提得越明确,越能防止调研过程中不必要的浪费,将信息采集量和处理量减至最低。如前述探测性调查的例子,列出了产品市场份额下降原因的4种假设,如果能通过初步调查将这4种假设进一步减少到两个,调研工作量自然会进一步减少。

①避免调研的问题过于宽泛。例如,“怎样才能全面提高企业的竞争力”,这个问题范围太大,影响企业竞争力的因素太多,不是一次调研能解决问题的。

②避免调研的问题过于狭窄。可口可乐公司仅仅经过对消费者口味品尝的调查,就在1985年3月宣布改变已有99年历史的配方,把新口味的可口可乐推上市场。初上市时人们尚觉新鲜,但很快销量骤减,人们纷纷写信、打电话给可口可乐公司总部,抗议再也喝不到正宗的可口可乐,最后不得不恢复旧配方可口可乐的生产。这一失误使公司损失了几亿美元,原因就在于调研范围定得太狭窄,没有考虑到传统可口可乐已经成为美国文化的一部分,在消费者中有很深的心理需求,因此造成了灾难性的后果。

2)制定调研计划

调研方案须包含以下内容:

(1)确定所需要的信息

这是整个计划的基础。如某公司打算向市场推出家用电脑,在研究这种产品是否能很快达到一定的销售规模时,可能需要收集以下信息:有多少家庭的收入和储蓄水平已足以支付购买家用电脑的费用?人们购买家用电脑的主要目的是什么?哪部分人群对购买家用电脑更可能感兴趣?有多少人近期有购买家用电脑的打算?有哪些因素可能阻止人们的购买决心?

(2)信息来源

信息可分为一手资料和二手资料。一手资料又称原始资料,是为当前某种特定目的直接从调查对象那里获取的信息;二手资料则是已由别人收集、整理且通常是已经发表过的信息,如各种公开出版物,各类咨询单位、信息公司和网上数据库服务商提供的信息,企业营销信息系统内储存的各种数据。一般来说,专业调查人员应掌握主要二手资料的提供源,以尽可能利用二手资料(也称案头调查),因为获得二手资料相对来说较容易且快捷。特别是互联网的发展为企业收集二手资料提供了极大的方便。不过,在正式的营销调研中,收集一手资料(也称实地调查)往往必不可少,因为一手资料对解决特定的问题针对性更强,而且二手资料可能存在可获得性、时效性和准确性等方面的问题。实际上,营销调研的核心之一就是如何有效地收集到必要、充分且可靠的一手资料。

(3)调查方法

要有效地组织市场调查,必须按照市场调查目的、对象和项目内容的不同特点,选择合适的调查方法。市场调查的方法主要有两类,一类是间接资料调查法,一类是直接资料调查法。间接资料调查法是指从各种文献档案中收集信息资料的方法,又称资料调查法。直接资料调查法是指通过实地调查收集市场第一手资料的方法,又称实地调查法。调查方法选择正确与否,直接关系到调查活动的成败。

①资料调查法。利用公开资料进行市场调查的方法,称为资料调查法,也叫二手资料调查法。资料调查法是一种常用的调查方式方法,具有省时、省人工、省费用的特点。资料调查法应围绕调查目的,收集一切可以利用的现有市场信息资料。信息资料的来源非常广泛,存在于各种相关的资料源里。从企业经营的角度来讲,资料调查法的市场信息资料包括企业内部资料和企业外部资料。

a. 企业内部资料。企业内部资料是与企业生产经营活动有关的各种资料,包括订货单、进货单、发货单、合同文本、发票、销售记录、业务员访问报告等。通过对这些资料信息的收集和分析,可以掌握本企业生产和经营商品的供应情况,各地区、各用户的需求变化情况等。

b. 企业外部资料。企业外部资料是存在于企业外部的资料,既包括外部机构,也包括各种书籍、杂志等出版物方面的资料。

此外,研究机构、高等学校的各类专业研究报告和专著、论文,国内外博览会、交易会,各地电台、电视台、互联网等,可以提供有关调查课题的大量资料,对企业市场调查也有重要参考价值。

利用第二手资料,可以进行市场供求趋势的分析,市场相关因素分析,市场占有率的分析,等等。比如,我们可以根据某一县城的人口数量、人口结构、性别结构、收入水平等资料进行卷烟消费需求量的调查分析。

在一手资料和二手资料之间,如果时间和财力条件许可,当然应以一手资料为主。但是,二手资料因其经济、快捷也是企业市场调查的一个重要组成部分。科学合理地利用二手资料,可以帮助企业提高市场调查的效率。但是,由于资料调查法存在时效性差的缺点,所以资料调查法一般要和其他调查方法结合使用。

②实地调查法。实地调查法是根据市场调查的目的、要求和调查对象的特点,采用直接接触调查对象取得第一手材料的方法,它具有针对性强、适用面广、材料真实的特点。实地调查的主要方法有询问法、观察法、实验法。

a. 询问法。询问法是指调查人员通过各种方式向被调查者发问或征求意见来收集所需市场信息资料的一种调查方法。这种方法一般要对所要了解的问题列出调查表或问卷。采用此法时,调查人员应注意:所提问题确属必要,被询问者有能力回答,询问时间不宜太长,并注意询问时的语气、措辞、态度、气氛等方面的问题。这种方法的优点是调查人员与被调查者之间可以直接进行沟通,信息直接来自于被调查者,消除了调查人员主观因素的影响。缺点是当被调查者不愿配合调查时,调查效果较差。

b. 观察法。观察法是指调查人员到调查现场,直接或借助观察仪器观察、记录被调查者的行为和表情,从而获得有关市场信息的一种调查方法。这种方法的特点是不直接向被调查者发问,在其没有察觉的情况下,从旁观察。其优点是被调查者的意见不受外在因素的影响,收集的信息来自客观实际,准确性较高,成本低,用途较广,技术要求不高。缺点是观察到的只是一些现象,了解不到被调查者内在因素的变化,调查人员根据观察到的现象做出的判断,往往又受调查人员主观因素的影响。

延伸阅读

双重观察

某卷烟厂一种新烟的产品质量和价格都非常有竞争力,但上市后销量一直不理想。厂家决定用观察法进行调查寻找原因。

实施方法:使用隐蔽的摄像机在卷烟零售店进行现场观察。

观察结果及分析见下表:

观察现象	分　析
卷烟购买过程正常在4分钟内完成	购买决策为快速决策,产品外包装及外观(材质、颜色、亮度等)的新颖性对购买决策起重要作用。
购买者购买前视线在诸产品上停留的时间不超过1分钟	购买者不会费时精心挑选,诸产品外包装及外观同质化严重的情况下,产品不仅要包装精美,而且要强调在诸产品中的突出感。
72%的购买者购烟后会马上拿一支抽,对新烟会先闻一闻	烟支的外包装和外观很重要,烟支的香气很重要。
84%的购买者第一次接触新烟时,会问销售者:“这种烟怎么样?”	销售者的意见很重要。

解决方案:

厂家根据观察现象和分析,改进了产品盒装包装(注重突出感)和烟支外观(注重精致感),调整了外香配方(注重愉快感),并召开新烟上市信息发布会,向零售户介绍新烟特点及销售奖励措施。采取以上措施后,产品销量有明显上升。

③实验法。实验法是指通过实际的、小规模的实验性营销活动来获取关于某一产品或某项营销措施执行效果等市场信息的一种调查方法。实验内容包括产品的品质、品种、商标、外观、价格、促销方式和销售渠道等。最常见的实验是新产品试销或展销,借此检验消费者对新产品的欢迎程度。这种方法的优点是客观、真实感强、准确性高。缺点是组织费时、费用高、困难大。

实验法被用于市场调查,其原理是把市场当作实验室,研究产品品质、包装、设计、价格、广告、陈列方法等因素的改变对市场销售量及其他因变量的影响。例如,在其他因素不变的情况下,要测定某一商品的价格变化对销售量的影响,可先进行小范围实验,通过价格调整看消费者的反应和销售量的变化,然后根据实验结果判定价格调整的可行性。

当企业现有的营销策略不理想,经过努力后始终达不到预期的目标时,企业就应采取这种方法对市场进行实验,然后根据测试结果,整体改变或调整企业的营销策略。

(4)抽样计划

这一计划要解决下述3个问题:谁是抽样对象?调查样本有多大?样本应如何挑选出来?抽样方法常见的有随机抽样和非随机抽样两大类。在随机抽样中包括单纯随机抽样、分层抽样、分群抽样和地区抽样等几种具体方法;在非随机抽样中包括任意抽样、判断抽样和配额抽样等几种具体方法。这些方法各有利弊,需根据实际情况权衡之后选择使用。

另外,只要在调查中采用的是样本,就会产生两种类型的误差:测量误差和抽样误差。前者发生于被调查者未能根据要求提供事实时;后者则发生于样本不能代表目标顾客群时,包括随机误差和非随机误差(关于样本数量的确定和抽样程序可另参考有关专业书籍)。

(5)调研工具

在收集原始数据时,有两类可供选择的调研工具:一是前面已提到的问卷;二是某些机械工具,如录音机、照相机、摄像机。收视测试器、印象测试机、交通流量计数器等。其中,最常用的是问卷。

问卷由一组请被调查者回答的问题组成。如果决定了使用问卷,还有一个问卷的设计问题,而这是一项须认真谨慎、小心对待的工作,同时,经验和技巧也必不可少。例如,怎样将开放式(被调查者可以任意回答)、封闭式(被调查者只能从列出的有限的答案中做出选择)和程度测量式3种基本类型的问题结合使用?怎样排列问题顺序?怎样防止误解和遗漏等(这方面亦请参考专业的教科书)。

除以上内容外,调查计划还应包含实施的时间、人力安排和预算。

3)组织实施计划

计划报上级主管部门批准后，就要按计划规定的时间、方法、内容着手信息的收集工作了。这一阶段的实际工作量最大，支出费用最大，且最容易出错。包括根据调研任务和规模要求建立调查组织或外请专业调查公司，训练调查人员，准备调查工具，实地展开调查等。

4)分析调查资料

收集来的信息必须经过分析和处理才能使用。这一阶段包括：①检查资料是否齐全；②对资料进行编辑加工，去粗取精，找出误差，剔除前后矛盾处；③对资料进行分类。制图、列表，以便于归档。查找、使用；④运用统计模型和其他数学模型对数据进行处理，以充分发掘从现有数据中可推出的结果，在看似无关的信息之间建立起内在联系。

5)提出研究报告

调研的目的显然不是让大量的统计数字、表格和数学公式搅乱决策者的头脑，而是要对决策者关心的问题提出结论性的建议。正规的市场调研必须就它所研究问题的结论提出正式的报告。报告应包括这样几项内容：

①引言，说明调研的目的、对象、范围、方法、时间、地点等；

②摘要，简明概括整个研究的结论和建议，这也许是决策者有时间读的唯一部分；

③正文，详细说明调查目标、调查过程、结论和建议；

④附件，包括样本分配、数据图表、问卷附件、访问记录、参考资料目录等。

报告交出后，调研人员的工作并未结束，他们还须跟踪了解该报告的建议是否被决策者采纳，如果没有采纳，原因是什么，如果采纳了，采纳后的实际效果如何，是否需要提出进一步的补充和修正意见等。

6)常见错误

营销调研过程中，有些常见的错误应引起注意：

①搜集资料过多或过分强调原始资料。这样常使整个调查耗时长，费用大，花费了很多时间在访问或阅读计算机输出的冗长报告上，却难以从数据中找出有意义的结论。

②访问人员缺乏训练。研究人员耗费许多时间设计出了可行的计划和问卷，

却由于访问人员对调研目标和问卷的理解不当而误事。此外,调研人员素质的参差不齐,导致某些调研结果不甚理想,也会加深主管人员对调研工作的偏见,以为市场调研不过是设计问卷,选择样本,进行访问,然后报告结果这么一项信息收集工作,不能为决策部门提出有意义的建议。

③不注意利用外部力量,过于相信自己。专业调研公司一般比企业附设的调研部门有更充足且训练有素的专业调研人员,能根据企业的要求在较短时间内完成调研课题,更能减少企业内部人员主观因素对调研结果的干扰,但很多企业却不善于利用这一力量。

4.1.3 市场营销预测

市场营销预测是在市场营销调研的基础上,运用预测理论和方法,对决策者关心的市场变量、未来发展趋势以及可能水平作出估计和预算,进而为决策者提供决策依据的过程。预测本身并不是目的,而是服务于企业营销活动的需要。

预测和调研都是企业市场信息工作整体中的有机组成部分,两者既有联系也有区别。两者的联系是:调研是预测的基础,预测是调研的延续。市场营销预测的基本原理是事物发展的内在规律性,事物的发展在过去、现在和未来之间必然存在着某种内在联系,未来是过去和现在的延续和发展,即使有突变,也有着一定的缘由和先兆。两者的区别是:出发点不同——调研是了解历史,认识现状;预测是依据现状,预计未来;结果不同——调研是获得各种历史和现状的信息;预测则是获得市场未来的发展趋势信息;运用的方法也不同——调研主要是运用调研设计、资料收集、资料处理等方法以及抽样、态度测量、资料分析等技术方法;而预测主要是运用定性分析法的经验判断、意见集合以及定量分析法的数学模型技术等方法。

市场营销预测,从最终结果来说,就是预测市场需求。

1)市场需求和市场潜量

市场需求不是一个固定的数值,而是一个在一组条件下的函数。因此,它也被称为市场需求函数。如图4.2所示。

在图4.2中,横轴表示在一定时期内的市场营销费用,纵轴表示受市场营销费用影响的市场需求的大小。曲线描绘出市场需求的估计水平与企业营销费用变化水平的关系。其市场下限表示没有任何需求刺激,也没有促销费用发生的市场需求,此时的销售额称为基本销售量也叫市场最小量。高水平的营销费用会产生报酬率递减的高水平需求,当营销费用超过一定的水平后,即使营销费用进一步增

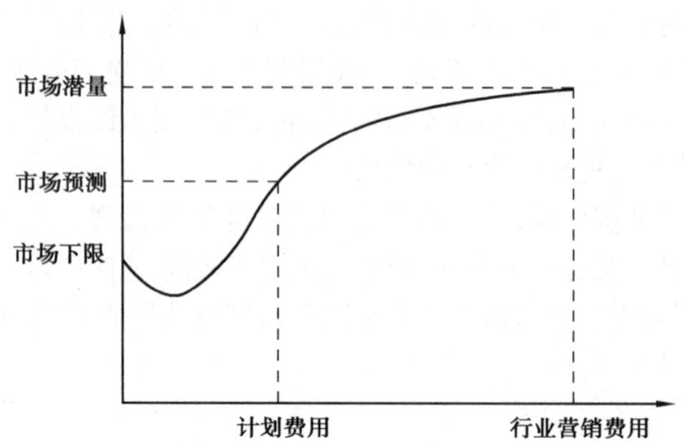

图 4.2 市场需求预测

加，但市场需求却不再随之增长。因此，可对市场需求假设一个上限，并称为市场潜量。

显然，市场营销环境的变化深刻地影响着市场需求的规模、结构以及时间，也深刻地影响着市场潜量。例如，对于某种产品来说，市场潜量在经济繁荣时期就比在萧条时期高。企业一般无法改变市场需求曲线的位置，因为这是市场营销环境决定的，企业只能根据市场营销费用水平，确定市场预测在曲线上的位置。

2）企业需求和企业潜量

企业需求就是企业在市场总需求中所占的需求份额。可以表示为：

$$Qi = Si \times Q$$

式中：Qi——企业的需求；

Si——企业的市场占有率；

Q——市场总需求。

同市场需求一样，企业需求也是诸多因素的函数，称为企业需求函数或销售反映函数。企业的市场需求份额取决于该企业的产品、服务、价格、沟通等与竞争者的关系。

企业潜量是当企业的市场营销力量相对于竞争者不断增加时，企业需求所能达到的极限。绝大多数情况下，企业潜量低于市场潜量，因为每个企业都有自己的忠实购买者，他们一般不会转而购买其他企业的产品。当企业成为市场独占者时，企业潜量等于市场潜量。企业的营销努力也不可能无限增加，企业在估算出企业需求后，需要选择营销努力的水平。

企业以其选定的营销计划与假定的市场环境为基础所预期的企业销售水平称企业销售预测值。有两个与企业销售预测有关的概念，一是销售定额，它是企业针对某一产品线、企业部门或推销人员所确定的销售目标，制定销售定额是企业管理和激励员工的一种手段；二是销售预算，它是对预期销量的一种保守估计，是企业编制生产预算、材料预算、人工预算等业务预算和现金预算等财政预算的基础，它主要为采购、生产和现金流量等业务决策服务。

4.1.4　市场预测方法

市场预测方法有粗略的估计法，也有精确的计算法，各有特点，互有长短。运用时把握适用的原则，注意取舍。

1）购买者意向调查法

购买者意向调查法是指通过调查购买者在未来某个时间内购买某种商品意向的基础上，对该商品需求量或销售量做出量的推断的方法。这种方法可以集中购买者购买商品的决策经验，反映他们未来对商品的需求情况。由于购买者最了解自己所需的商品和数量，只要调查方法恰当，推断合理，预测结果比较正确可靠。一般而言，此法比较适用于产业用品或耐用品，而不大适用于一般消费品，原因在于影响消费者日常购买的随机因素较多。具体方法大多采用抽样调查及典型调查，根据调查资料推断总体。如采用"购买概率"调查表，提出"你打算未来购买……吗?"这种问题，调查购买者的购买意向。如表4.1所示。

表4.1　购买意向概率表

0.0	0.1	0.2	0.3	0.4	0.5	0.6	0.7	0.8	0.9	1.0
绝对不买	不太可能	或许会买	尚有可能	有点可能	有些可能	可能	较大可能	颇为可能	非常可能	一定要买

2）销售人员意见综合法

销售人员意见综合法是指由企业销售人员根据预测期的市场形势或参考有关未来经济环境变化的资料，发表今后一定时期内对商品销售情况的看法，并提出一个最佳的预测数字，企业再将全部销售人员的预测进行综合，作为企业的销售预测结果。这种方法简便易行，多在一些资料缺乏或不全面的情况下采用。其优点是由于销售人员对市场情况比较熟悉，是商品的直接销售者，了解所负责销售的产品及其销售地区的情况，所以预测销售额一般比较接近实际。缺点是销售人员的判断总会有某些偏差，受其最近推销绩效的影响，其判断可能会过于乐观或过于悲观,常常走极端。同时由于销售人员所处岗位的局限性等原因,往往对宏观经济的发展趋势以及本企业的全面情况不甚了解,容易带有一定的片面性;再就是在销售人员的个人利益和推销业绩直接挂钩的情况下,销售人员可能为了升迁或奖励的机会,对未来的市场需求会故意压低其预测数字。所以对销售人员做出的预测结果必须进行必要的识别和修正。

3)专家意见法

专家意见法,又称德尔菲法,是指按规定的程序,背靠背地征询有关专家对企业的技术和市场问题的意见,然后进行预测的一种方法。这种方法一般是在缺乏客观数据的情况下,依据专家有根据的主观判断,逐步得出趋向一致的意见,为企业决策提供可靠依据。1946 年兰德公司首次采用德尔菲法预测应用技术,此后被广泛应用于新产品、新技术与新市场开发等方面。

德尔菲法的优点是在进行函询调查过程中,各专家彼此互不知晓,不受权威的约束,也不受能言善辩者的左右,可以充分发表各种不同意见;参加应答的专家从反馈的咨询表中,可以得到集体的意见和咨询状况,便于做出新的判断;通过逐轮咨询后专家的意见会相对集中,得到一个相对较好的预测结果。缺点是采用函询调查,因信件往返及整理需要较长时间,因而使预测周期较长。

4)销售实验法

销售实验法是指采用试销手段向某一特定区域或对象投放新产品或改进的老产品,在新的分销途径中取得销售资料,用以进行销售预测的方法。当购买者不准备认真地制定他的购买计划,或者购买者实施的购买行为和他以前的购买意向不一致,或者专家们提出的意见也并不十分可靠时,该法比较适用。该法的优点是能够真实地反映市场需求情况,因为市场试销要求顾客直接付款进行购买,预测结果比较准确。

预测模型如下:

$$Y = Q \cdot N \cdot D\%$$

式中:Y——下期的预测销售量;

Q——每单位用户平均消费量;

N——总用户数;

$D\%$——重复购买的比重。

学习任务2 市场营销策划

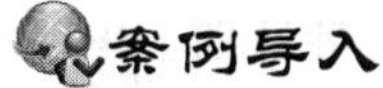

矿泉水投放市场

有一家矿泉水公司，推出了一种优质矿泉水，他们决定挤占成都市场，全面打开销售局面。于是在成都的电视、报纸、电台大做广告，仅仅25天，就投入广告费20多万元，可销售形势并未见长。企业认为成都市场被峨眉山矿泉水一统天下，自己无力与之竞争，既不占天时，也不占地利，更没有人和，于是全线撤退，转向昆明市场。在昆明又进行了20多天广告宣传，支出广告费20多万元，仍不见效果，他们终于泄气了，鸣金收兵退回原地。在他们看来还是窝边草好吃。为了扩大本地销量，他们又出资数万元进行广告宣传；但因为本地市场狭窄，销量仍不见长。结果，一年时间，该公司花去广告费50余万元，售出矿泉水800余吨，约合20万瓶，产值160万元，除去成本，亏损达30余万元。

市场营销运作是一项投资很大的活动，该企业从良好的愿望出发，但是经过一年时间却没产生良好效果，损失了市场机会，时间、顾客群和投资，企业经营陷入困境。究其失败的原因非常简单：该企业根本就没有一套自己的营销方案，东一榔头，西一棍子，宣传费投入不少，却因为没有统一计划，力量分散，没有产生良好的效果。

资料来源：http://www.docin.com/

相关知识

4.2.1 营销策划的含义

策划本质上是一种脑力的理性思维活动。策划的定义可归纳为：通过收集客观事物的各种信息和预测发展变化趋势来确定目标，进行创造性的谋划，设计能产生最佳效果的资源配置与行动方式,为科学决策提供依据的复杂的脑力劳动过程。由一般策划的涵义我们可以得出,所谓营销策划,是指在营销原理的正确指导下,对将开展的营销活动进行创造性的谋划,并设计出营销活动方案的脑力劳动过程。

1)营销策划是营销活动成功的基础

商场并不亚于战场,有时候市场上的争夺与较量也是你死我活的。竞争双方的成败荣辱并不完全取决双方的实力差距,而取决于双方在营销战略策划上的智慧与胆略。

从营销活动的全过程看,营销策划处于营销调查研究之后和营销实务运行之前的关键环节,起着承上启下的核心作用。

①营销调查是为营销策划服务的,调查分析所发现的问题以及所收集的相关信息为营销策划确立目标和策划方案所用,营销调查必须接受营销策划的指导,只有按照营销策划所确定的调查目的、范围和方法去进行,才能具有目的性、针对性和科学性。

②营销策划围绕着企业的营销目标进行,营销活动只有在营销策划的指导下开展才能有明确的方向、强大的动力和科学的方法,才能彼此配合有条不紊地进行下去。

③营销策划决定了营销活动的评估效果,它预先确定了检测营销活动效果的标准、原则和方法,评估过程也只有在营销策划的指导下进行,才能客观公正地评价营销活动的成效,为下一轮营销活动的开展提供事实依据和有益的借鉴。

2)营销策划是为营销决策的谋划

营销策划与营销决策既有联系又有区别:营销策划是为营销决策谋划,设计营销活动方案,重点在“谋”;营销决策是对营销方案进行选择和决断,重点在“断”。在决策科学化的现代社会,“谋”就成为专门的策划职能,而“断”则成为专门的决策职能。但两者的目标相同,相互制约,相互补充,共同发挥企业营销决策的管理作用。

(1)营销决策是企业营销目标的确定

一般情况下,决策活动包含着目标的确定、方案的选择和行为的调整,而策划则是在目标既定情况下,对实现目标的行动方案的设计和规划(见图4.3)。

企业的营销活动首先必须进行目标的选择,这是一种决策行为。在企业的营销战略活动中,决策可能是最为重要的。因为正确的决策可以使企业及时抓住市场机会,获得良好的市场地位和经济效益,并由此而形成经营活动上的良性循环;

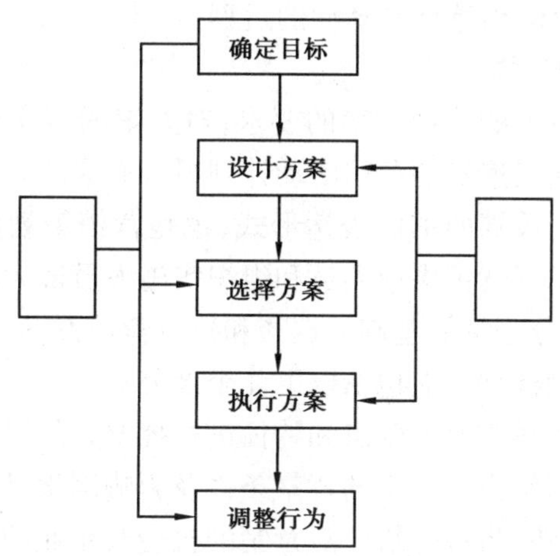

图4.3 决策与策划过程

错误的决策,则可能给企业带来巨大的经济损失。

(2)营销策划是企业营销目标的设计

在目标确定的情况下,对如何实现目标还要进行具体的设计和规划,这就是策划。一般在重要的营销目标或在环境因素比较复杂的情况下,策划的方案可能不止一个,此时就面临第二轮决策,即行动方案的选择。对于确定了的行动方案,如何具体实施,可能又会需要进行一些策略或方法上的设计,这也属于策划的范畴,至于在方案执行过程中,出现偏离目标的行为或发生环境变化的情况,是否需要对行为进行调整,何时进行调整,调整的程度如何,这又会引发一系列的决策。

3)营销策划是营销计划的依据

在目标既定的情况下,策划的成功与否对于营销活动的成败和企业竞争能力的强弱有着至关重要的影响。有人把营销策划简单地理解为对营销活动阶段和程序的计划与安排,这实际上并未真正认识策划的内涵。策划并不等同于我国传统意义上的计划工作,而是为实现某一既定目标(这由决策而定)而对行动方案进行全面设计,对行动步骤进行衔接协调,对行动结果进行预测应变的谋略活动。策划与计划是两个不同的概念,策划在前,计划在后。

(1)策划是计划的依据

策划是指根据营销目标对营销方案的谋划和设计,可以说,策划就是为营销活动提供指南,为营销活动提供切实可行的计划。策划与计划根本的不同在于:其要求根据目标和环境的变化不断地进行创新,以使行动能产生最佳的效果。在营销策划过程中,创意只是提出一种思路和想法,它还需要转化为具体营销方案的制定,是一个由抽象到具体,由感性到理性的过程。

(2)计划是策划的产物

计划是指根据被审定的营销方案的要求,对方案的事实作具体的安排。营销方案通常是由一系列相互连贯的营销活动计划组合而成的。

营销计划书是营销策划的书面表达形式,也是营销策划的具体成果。营销计划书编写的规范性有助于营销决策人员和组织实施人员最大限度地认识策划者的意图和策划思想,在充分理解的基础上选择和执行营销方案,使策划的效果尽可能得以实现。规范的营销计划书应包括以下几个部分:

①计划纲要。对营销方案的要点和特征进行提要式的说明;

②环境分析。对营销方案产生的背景条件及影响因素进行分析;

③机会/问题和优势/劣势分析。对营销的机会及企业的资源特征进行分析和说明;

④目标描述。对营销方案所要达到的目标加以说明;

⑤战略说明。对营销策划的战略意图以及实现战略目标的各个阶段加以说明;

⑥行动方案。对所设计的营销方案进行详细的描述和论证;

⑦效益分析。对营销方案的预期效益进行分析和说明;

⑧控制应变措施。对营销方案的实施风险进行预期,并对控制方法和应变措施加以说明。

4.2.2 营销策划的内容

市场机会是企业生存和发展的生命线。企业的全部生产经营活动都必须有一定的市场需求来吸纳。市场上尚未满足的各种需求便构成了企业发展的市场机会。然而,由于市场供求关系和市场环境的不断变化,市场机会往往是稍纵即逝的,而且它也是众多企业争夺的焦点。所以若缺乏高度的敏感性和准确及时的战略策划,就很难把握住有利的市场机会。

1)营销策划是全方位的谋略活动

如果掌握了现代营销战略策划的理论与方法,就能帮助企业在变幻莫测的市场风云中,及时发现和准确把握对企业发展有利的市场机会。在企业的营销活动中,需要进行战略策划的方面很多。诸如:市场机会的寻求和把握,产品决策与市场开发的策划,渠道决策与市场布局的策划,促销决策与市场扩展的策划,竞争决策与市场竞争的策划,等等。这些关键问题的决策正确与否往往对企业营销的成败产生重大的影响,具有重要的战略意义。

(1)产品决策与市场开发的策划

现代的市场是一个产品日益丰富、竞争日益激烈的市场。往往是只要人们产生了某种需求兆头,很快就会有相应产品出现。而且仿制、更新的产品就会接踵而至,从而又会使这一产品市场很快趋于饱和。这种急剧变化、急剧更新的市场上,企业面临着不开发产品就没有生路,产品无特色就没有竞争优势的局面。因此,积极进行产品和市场开发的决策与策划便显得尤为重要。把握产品开发的正确方向,同时在产品的市场进入、市场开发等方面进行认真的策划,是企业经营活动不可缺少的基本技能,也是企业获取市场竞争优势的首要环节。

(2)渠道决策与市场布局的策划

在现代化的大生产和大市场中,企业占领市场的另一重要因素就是销售渠道,这是企业同市场沟通的桥梁与纽带。销售渠道的畅通与否,市场分布面的广阔或狭窄,对于企业的竞争能力和发展前景有着重要影响。同时,企业对于销售渠道的选择策略,还会在一定程度上影响企业及其产品的声誉,所以必须在销售渠道的选择和布局上进行认真的决策和策划。

销售渠道的选择和策划并不是可有可无的事情,企业不仅要找到能够销售其产品的合适渠道,而且要对怎样能充分利用各种销售渠道促进产品销售、维护和提高企业与产品的声誉,进行周密的策划。

(3)促销决策与市场扩展的策划

在激烈的市场竞争中要促进企业产品的销售和扩大企业的市场占有率,更需要进行认真的策划,在各种广告活动和促销手段层出不穷、铺天盖地的情况下,策划出具有强大的吸引力和刺激度的新颖促销活动,是扩展产品市场、增强竞争实力的重要方面。促销策划的创新意识是至关重要的。要促进企业的销售增长和扩大企业的影响,必须进行精心的设计和周密的策划,才可能取得一鸣惊人的效果,同时最大限度地防止负面效应的出现。

在企业遇到势均力敌的竞争对手,或面临命运攸关的市场争夺之时,营销策划便显得更为重要,正确的决策与巧妙的策划可使自己的竞争地位得到大大加强;否则,就可能“一失足而成千古恨”。

2)营销策划必须遵循的原则

大多数成功的营销策划并不是完全靠拍脑袋拍出来的,也不是一种偶然的巧合,而是某些客观规律的体现,是在现代科学原理指导下的产物。

(1)营销策划必须以全面信息为依据

营销策划要求通过建立广泛的信息网络,尽可能全面地收集同决策和策划有关的各种资料,以增加决策和策划的准确性,从而减少其盲目性和风险度。

(2)营销策划必须以科学技术为手段

营销策划要求不仅要充分运用同营销策划有关的各种学科的原理与方法,而且应尽可能利用电子计算机等现代高科技手段来辅助营销的决策与策划,以充分提高其效率和准确性。

(3)营销策划必须以专家咨询为骨干

营销策划要求尽可能地利用各方面的专家参与营销策划,或者是委托专业咨询机构进行营销策划,从而使经营者能集"智"广益,能对各种不同的营销策划方案进行评估和选择,以保证营销策划质量的最优化。

4.2.3 营销策划的组织

营销策划是为企业的市场营销活动方案进行全面的设计,包括对营销行动步骤进行衔接安排,对行动可能出现的结果进行预测应变的谋略活动。这种为实施营销目标而对营销策略进行实际运用的活动,是营销管理全过程的重要组成部分。要使营销策划充分发挥作用,其组织与管理是不容忽视的重要问题。

从微观角度来看,市场营销是一个企业通过市场的媒介,获取最大效益的各种活动,是一种有序的管理过程(见图4.4)。

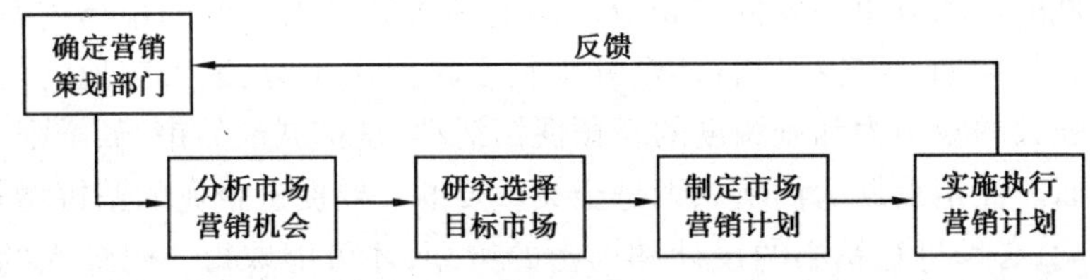

图4.4 营销管理过程

承担营销策划的部门对企业营销活动的成败与否,具有举足轻重的作用。因为企业从分析市场营销机会开始,到选定自己的目标市场,确定具体的营销战略战术,以及落实整个营销计划的实施和将采取的各种保证措施,等等,整个有序的活动过程源于科学的营销策划。因而,确定具体进行营销策划行为的部门,是一件十分慎重的事情。

从企业实际的营销活动来看,实施营销策划一般有3种状态。

1）单部门进行营销策划

营销部门按企业决策层的意图，制定具体的营销方案，而后经过相关部门选择确定后执行（见图4.5）。这是被许多中小型企业所采用的一种营销策划形式。

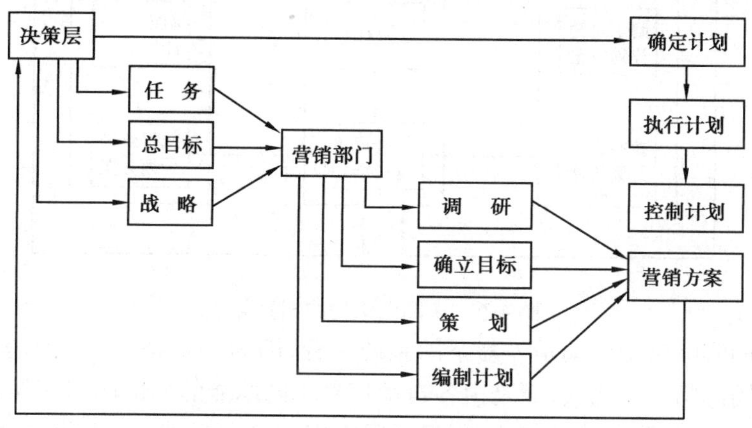

图4.5　单部门营销策划流程

市场营销的基础是满足消费者的需求。要真正实现企业整体和长远的营销目标，必须通过详尽的市场调查、预测，进行营销策略的策划、营销计划的制定和控制等措施手段的综合运用。企业的营销部门，是企业实施市场营销活动的主体，承担营销策划的任务是理所当然的。由营销部门单独进行的营销策划项目，一般属于企业市场营销活动中具体营销职能范围内，如广告策划、公关活动策划、促销策划以及销售人员培训策划等。

单部门营销策划的一般程序是：根据企业最高决策层规定的营销任务、总目标、战略方向，营销部门经过充分的调查、分析、策划后，制定出某项具体营销活动的计划方案，并提出该计划方案（可以同时提出几套方案）送交决策层审核。决策层可以批准这个方案，也可以提出新的指导原则后将计划退回，营销部门则重新按照策划过程进行修订，直至上下都满意的方案出现为止。修订方案的原因可能有两种情况：营销部门所策划的计划方案不符合企业总体营销目标的要求；营销部门所策划的方案使企业决策层改变了原先的初步设想和战略。

2）多部门进行营销策划

由企业特设的战略计划部门，根据企业总体营销目标，并听取营销部门及企业其他各部门意见后，策划与制定营销计划方案，经决策层选择确定后执行（见图4.6）。

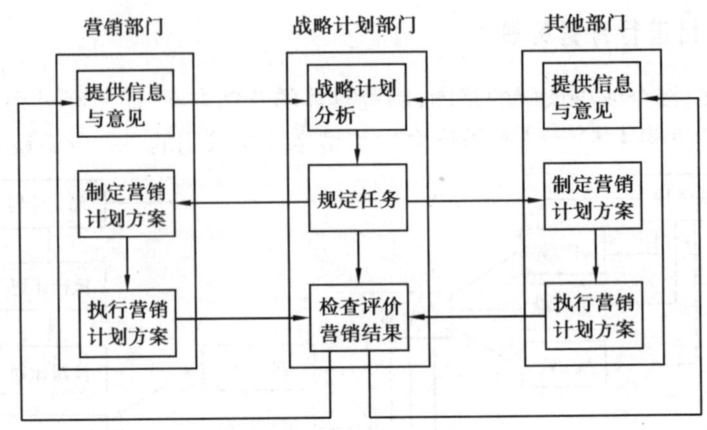

图4.6 多部门策划的相互关系

企业的实际营销活动是一复杂的系统工程，因为一个企业的正常运行机制并非单个营销部门独立构成，而是由各自承担着不同职能的多部门组织结构构成，尤其是大型企业，往往还会由若干个不同层次组成。很显然，企业营销目标能否实现，不仅仅依赖于营销部门的努力，同时还决定于企业中从事产品开发、生产、财务、后勤以及行政等所有职能部门的通力协作。事实上，不同的职能部门有各自承担的任务，整个企业的营销总目标往往被分配成若干个专门化的目标，落实到各职能部门以及每个员工的身上。在许多情况下，营销方案的策划需要由企业的多部门来共同进行。必须使企业的全体员工都明确：企业的各个职能部门都是企业组成所不可缺少的，各自所采取的每项行动都与实现企业总体营销目标密切相关。

多部门营销策划的一般程序是：企业设立代表决策层的战略计划部门，负责听取营销部门及其他职能部门的意见，然后对企业的市场营销活动进行战略计划分析，规定在企业总体营销策划中各部门的任务与必须达到的目标，并承担对企业营销策划实施的评价与控制。营销部门和各职能部门则根据自己应该承担的任务和规定目标，制定各自具体的营销计划方案，经确定后执行并随时接受相关部门的评价与控制。

3）借用"外脑"进行营销策划

在现代社会中，由于高度发展的商品生产形成了错综复杂的社会关系，加上市场营销的特殊性，使企业在决策时必须考虑自己所处的环境。否则，就会受制于没有理顺的社会关系，或者由于对形势发展的估计错误而丧失社会适应能力。因此，企业在营销策划前就需要广泛收集信息，密切监察社会环境的变化、调查竞争者的状况、预测社会公众的需求，以及了解外部政治、经济、时尚潮流等各种影响企业管理因素的情况。这显然并非易事,对一个企业而言,无论在精力和技巧方面,都会显得极其有限。同时,营销任务和营销策划是一种专业水准、实战能力要求都相当高的工作。营销方案的策划过程要考虑许多实质性的问题,营销策划不仅是对企业营销任务和营销目标的选择,而且还包括企业对实现目标的机会、威胁的分析,以及具体操作手段的确定。因此,一般大型企业除组织自己的策划班子外,同时还聘请专业营销咨询公司的营销顾问协助;也有些企业将一些技术性较强的营销实务的策划,如市场调研、预测、广告项目的策划等,委托营销咨询公司进行。

借用"外脑"进行营销策划的一般程序是:营销咨询公司根据企业委托的咨询项目内容,或授予的顾问权限进行营销策划。策划方案得到企业认可后,营销咨询公司按规定收取咨询服务费。

学习任务3 市场进入与巩固

案例导入

TCL的新市场进入战略

20世纪90年代初,中国彩电市场竞争激烈。以生产电话而闻名TCL集团却大胆地进军彩电行业,在1996年一跃成为彩电行业的第三名,中国电子行业第九名,且电话产销量继续稳居全国第一位,其成功业绩引人注目。

一、行业选择:成败各占一半

从电话机与彩电的资源相关程度来看,这类产品之间技术与生产资源是低度相关的,品牌资源是中度相关的,销售资源却是高度相关的。

从行业吸引力程度来看,20世纪90年代初中国彩电行业总体吸引力并不大:①产品供大于求。自1989年5月起,彩电销售突然骤减,厂家出现大量产品积压。1991年,国内彩电产量1 205万台,销售量为542万台出口260万台,出现400万台积压。②市场竞争激烈。全国当时已引进180条电视机生产线,总生产能力超过3 000万台。③在国家限制进口的政策下,一批外国彩电生产商在中国掀起一股合资热潮,加入中国市场的竞争。④1989年8月长虹宣布彩电降价。导致彩电价格下降,但成本由通货膨胀而上升,彩电业获利能力呈下降趋势。⑤政府放开彩电价格管制,1992年4月正式取消特别消费税,彩电业进入市场化时期。上述行业总体吸引力不大的前提下,TCL集团经过广泛、周密的市场调查,找出了一个吸引力较大的区隔市场:大屏幕彩电。这是TCL成功的第一位因素,市场—产品选择策略。

当时中国彩电市场的细分状况是:①国产彩电大多数为21英寸及以下规格,25英寸以上的大屏幕彩电市场几乎被外国产品垄断。②进口的大屏幕彩电价格高达1.4万元左右,且对中国市场而言有些用不上的装置与功能(如丽音)。③国产的大屏幕彩电质量不高。在这种情况下,TCL结合国外彩电发展趋势,决定选择29英寸彩电为进入彩电业的第一个产品。在开发新产品过程中,TCL集团针对中国市场的需求,分析了国内外同类产品的优劣势,欲走出一条独特的设计路线:①相对进口产品而言,减少一些中国市场不需要但费用较高的装置和功能,从而降低了成本;②相对国产产品而言,以国内实用的电路设计、外壳款式、多制式和全功能遥控为主攻方向,提高了产品的质量水平。

二、进入方式:扬长补短

TCL在1992年可转移到彩电行业且能有效地利用的资源主要是:TCL品牌及遍布全国50多个大城市的销售网络,这是其长处。但彩电业对TCL来说又存在技术与生产资源的不足,这是其短处。如何补短,补短到什么程度成为能否成功的重要因素。

TCL没有走自建工厂的老路,而是在1992年租用厂房和生产线,生产出首批29英寸TCL彩电。但是,这种方式难以形成规模,为解决这个问题,TCL决定采用合资生产的方式。合作对象的选择是其关键。TCL经过调查分析,选定香港长城电子集团为合作伙伴。该公司是香港彩电行业的一家上市公司,具有以下特点:①在海外有一定的销售网络;②在中国内地没有自己独立的品牌;③缺乏独立开拓大陆市场的能力;④在大陆拥有相当规模的彩电生产工厂,这正是补TCL之短的理想伙伴。

通过与长城电子集团合作生产后,1993年TCL大规模向国内市场推出大屏幕彩电,在"有计划地市场推广"策略推进过程中,其市场占有率节节上升。尤其是1993年底,TCL通讯设备公司在深圳公开上市,再加上刘晓庆的名人广告效应,TCL品牌逐渐成为中国彩电知名品牌。1994年生产彩电55万台,50%出口;1995年彩电销售额超过20亿元,同时电话机产量554万部,仍居全国第一位。

三、南北兼并:巩固市场地位

TCL进入大屏幕彩电市场的成功,导致国内许多彩电厂商加入市场竞争。1996年3月26日,中国彩电业的龙头老大长虹集团率先降价,将彩电业推到规模竞争阶段。

TCL为巩固提高其市场地位，于1996年6月南下香港兼并了香港陆氏实来集团的彩电项目，于1997年6月北上河南，与美乐电子集团合资组建"TCL美乐电子有限公司"。对此，理论界和新闻界均有大量的探讨和报道，被称为企业并购的"TCL模式"。

1997年，TCL集团提出二次创业战略目标：到2000年发展为电子通讯产品系列化、多元化、国际化的综合型大型企业集团，年销售总额达到150亿元。而在1997年，TCL销售总额为54亿元，为实现其目标，年销售额增加率应达到40%以上。但1997年销售增长率只有20%，看来TCL目标的实现是艰巨的任务。

资料来源：http://www.1000zq.com/detail.aspx? id=376144

相关知识

企业在确定其目标市场以后，下一步的任务就是怎样运用正确的营销策略占领它，并且要选择一个正确的目标市场拓展战略。

然而，目标市场拓展战略的选择依赖于市场本身的特征、各个市场的联系、市场竞争状况以及企业所具备的实力等条件。所以，企业在选择目标市场拓展战略时应该作深入细致全面的分析。一般来讲，企业可供选择的有以下5种典型战略：

4.3.1 "滚雪球"战略

目标市场的"滚雪球"拓展战略是中小企业最常用的一种策略，即企业在现有市场的同一地理区域内，采取区域内拓展的方式，在穷尽了一个地区后再向另一个新的区域进军的拓展战略。具体来讲，这种战略的拓展以某一个地区目标市场为企业市场拓展的"根据地"和"大本营"，进行精耕细作，把"根据地"和"大本营"市场做大、做强、做深、做透，并成为企业将来进一步拓展的基础和后盾。在"根据地"市场占有了绝对优势和绝对稳固之后，再以此为基地向周边邻近地区逐步滚动推进、渗透，最后达到"星星之火，可以燎原"，即占领整个市场的目的。

采取"滚雪球"的市场拓展战略具有以下优势：

1）有利于企业降低营销风险

"根据地"的营销战略能为周边地区的营销实践提供丰富的经验和良好的示范。企业在全力建设"根据地"市场的过程中，对产品的市场营销规律有了较多的研究,包括成功的经验和失败的教训。“根据地”营销经验的日积月累自然成为企业日后向周边拓展最宝贵的财富和资本,营销的失误会进一步减少。随着市场的不断滚动拓展,企业的“根据地”市场地盘的扩大,这些经验和教训愈加丰富,市场营销的风险会越来越低。

2)有利于保证资源的及时满足

市场滚动的开始是以“根据地”市场的“兵强马壮”为基础的。已做大做强的“根据地”市场的利润丰收为新开拓市场提供充足的资金积累,“根据地”营销实践成为企业营销人才培养的“黄埔军校”,因而在市场拓展中能源源不断地向前方市场输送人才。

3)有利于市场的稳步巩固拓展

“滚雪球”市场拓展战略是在现有市场被占领之后才向新的周边市场拓展,秉持稳健踏实的理念,达到步步为营的目标。

温州有许多民营企业就采用了这种“滚雪球”的循序渐进战略。如温州“大隆”鞋机,其整个国内鞋机市场主要是“三州”,即以男鞋为主的温州、以女鞋为主的福建泉州、以旅游鞋为主的广州。“大隆”首先当然是近水楼台先得月,将温州鞋机市场作为将来进一步发展的“根据地”。当占领温州70%的鞋机市场,取得绝对稳固的垄断地位以后,再在温州发展,潜力已经不大,于是就向周边地区市场滚动。“大隆”第二步滚到了紧邻的泉州市场,并把温州的服务经验“克隆”到新市场,取得了很好的效果。现在,“大隆”又向福建邻近的广州进军了。

4.3.2 “采蘑菇”战略

与“滚雪球”不同的是,“采蘑菇”拓展战略则是一种跳跃性的拓展战略。企业开拓目标地区市场的先后顺序通常遵循目标市场的“先优后劣”的顺序原则,而不管选择的市场是否邻近。即首先选择和占领对企业最有吸引力的目标地区市场,采摘最大的“蘑菇”,其次再选择和占领对企业较有吸引力的地区市场,即采摘第二大的“蘑菇”,不管这个市场是否和原来的市场邻近……。

“采蘑菇”的市场拓展方式,也有其独特的优点:

1)企业能取得最佳的经济效益

因为,企业的每一步都选择的是未占领市场中最佳的。所以,企业的资源总是得到了最佳配置和利用。

2)企业市场拓展战略具有灵活性、及时性

尤其在竞争者较多时,如果仍按照由近及远、循序渐进的原则,则竞争者可能早就把那些诱人的市场抢走了。

这种战略虽然存在缺乏地理区域上的连续性的缺点,但却是企业比较普遍适用的一个战略。不但强势企业可以采用,弱势企业运用它也可以取得不错的效果。

4.3.3 “保龄球”战略

保龄球运动具有这样的特点:各保龄球之间存在一定的内在联系,只要恰当地击中关键的第一个球瓶,这个球瓶就会把其他球瓶撞倒一大片。

企业在拓展市场时同样可以运用这样的方法。要占领整个目标区域市场,首先攻占整个目标市场中的某个“关键市场”——第一个“球瓶”,然后,利用这个“关键市场”的巨大辐射力来影响周边广大的市场,以达到占领大片市场的目的。这种市场拓展战略我们称之为“保龄球”战略。

当然,该“关键市场”应该具有如下特点:

①该“关键市场”的消费者具有较强的求新意识和较强的购买力,因而对新事物接受较快。

②该“关键市场”的消费需求具有极强的影响力、穿透力和辐射力。一般,“关键市场”的消费观念和潮流具有极强的超前性和引导性,即某种商品消费或生活方式一旦在这些市场流行,会引起一大批周边中小地区市场的消费者争相模仿追随。所以,只要企业占领这个“高能量”市场,就能取得以点带面,辐射一大片市场的效果。

当然,这是一种“先难后易”的市场拓展策略。关键市场往往是商家必争之地,要攻占该战略市场要点,必须耗费大量的财力和人力。但一旦占领,其他市场就“横扫千军如卷雪”了。显然,这是实力较强的大企业才能选择的战略。

海尔集团的国内和国际市场拓展就是这样一个模式。在国内消费品市场,有3个城市市场至关重要。一个是广州,毗邻香港,成为中国时尚中心和流行发源地。广州今天的消费热点往往是两湖、四川、江西、福建乃至全国明天的流行趋势;另一个是上海,上海的精明和苛刻早就闻名全国,能在上海立足的商品必定是经得起考验的精品,受到上海市场欢迎的产品必定会得到江苏、浙江、山东、安徽等地市场消费者的青睐;还有就是北京,北京是中国的心脏,企业的一举一动在这里都对全国市场影响巨大,在北京市场有出色表现的企业,其“市场风采”肯定不久就会成为媒体传播的话题,产品自然成为消费者追逐的对象。所以,“广州——上海——北京”成为进军全国市场的战略“金三角”。占领了这3个市场,依靠其强劲的辐射力量,就等于攻克了大部分中国市场。海尔集团于是首先投入大量的精力先后进入和占领了北京、上海和广州,果然,产品迅速向全国铺展开来。同样,海尔的国际“金三角”也具有异曲同工之妙!即先占领“日本——西欧——美国”3个关键市场,再准备向全球市场进军。只要占领了最难却具有非常大影响力和辐射力的全球市场“三极”,进入发展中国家市场就势如破竹了。发达国家今天的消费流行趋势就是发展中国家明天的流行趋势。

4.3.4 “农村包围城市”战略

和“先难后易”的“保龄球”战略相反,这是一种“先易后难”的市场拓展战略。即首先蚕食较易占领的周边市场,积蓄力量,并对重点市场形成包围之势,同时也对中心城市形成一种无形的影响。等到时机成熟时,一举夺取中心市场。

对于中小企业来讲,首先就选择进攻最难占领的中心市场,欲速则不达,成功的可能性很小。企业这时还不如首先选择较易攻占的周边市场,一方面积蓄自己的力量和营销经验,另一方面对中心市场给予一种潜移默化的影响。

在实践中,“农村包围城市”战略的实施常常伴随着“时空间断法”的运用。企业在包围占领周边市场同时,会对中心市场进行一定的广告宣传,但是却没有产品的跟进,有意造成市场空缺,让销售和宣传有一段时空间断,令消费者由出奇到寻觅,由寻觅到渴望,形成消费势能的递增蓄积,犹如大坝之于江水,人为地制造水位落差,最后形成万马奔腾之势。为一举占领中心市场提供良好的基础。

4.3.5 “撒网开花”战略

撒网战略是企业在拓展其目标市场时,采用到处撒网,遍地开花,向各个市场同时发动进攻,对各个市场同时占领的方式。

撒网战略具有极大的市场拓展威力,可以在非常短的时间内达到同时占领各个市场的目标。但是,这种战略成功的条件却极为苛刻:

1)需要企业具有充足的营销资源

在许许多多市场同时开展营销,各个市场都要建立自己的销售渠道。常常伴以广告“地毯式轰炸”,所以,需要的资金显然非一般企业所能承受:另一方面,每个市场都必须派出精干的营销策划、销售管理人员和业务代表,因此,企业必须要有一支庞大并且经验丰富的营销团队。

2)需要企业具有大量的开发费用

因为,每个市场的需求各异,自然需要各种不同的产品。同时拓展的市场越多,则可能需要的新产品越多。所以,企业新产品开发费用的大量支出成为不可避免。

3)需要企业具有强大的调控能力

企业同时在多个市场发动进攻,无论是自己开山修渠还是借鸡生蛋,都可能遇到许多意想不到的情况和难以控制的市场混乱,所以,如果没有极强的协调控制能力,则企业难以应付同时发生的各种意外情况。

如原来的巨人集团在1995年对全国保健品市场的进攻就是采取的“全面开花”的战略。1995年5月18日,巨人在全国百家主要报刊媒体上集束轰炸,一次性推出减肥、健脑、强肾、醒目、开胃等12个新品种,产品同时铺上全国50万家商场的柜台,发动的营销人员达到10万人。

“遍地开花”式的市场拓展就像“闪电战”,意在迅速占领,广种薄收。但是,这种目标市场拓展战略目前成功的可能远远低于失败的概率,成功者寥寥,失败者却多多,可见这种战略并不适应于一般企业或目前实力和经验尚不丰富的企业。“巨人”的倒下,“三株”的枯萎大概也有它的一份“功劳”吧。

学习任务4 市场营销管理

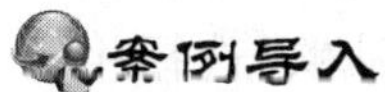

不断下滑的啤酒销量

库尔斯公司是美国一家啤酒酿造公司,地处科罗拉多峡谷。公司生产的啤酒是用纯净的洛基山泉水酿制的,公司只生产一种品质啤酒,而且只有一家酿造厂生产这种啤酒，啤酒只在西部11个州销售。它没有设立分厂，22年没有扩大过规模。同时，每一桶酒都要销往900英里以外的地方。啤酒质量很好，从福特总统到亨利·基辛格，无不对库尔斯啤酒赞不绝口。每年大约有30万库尔斯的崇拜者来啤酒厂游玩，人们一直称库尔斯有"秘密武器"。在西部11个州，库尔斯啤酒的市场占有率达30%，在加州，1973年占有了41%的市场，比美国啤酒行业产量最大的安修斯一布希的18%还多。这与来自那些知名的和不知名的人士对库尔斯产品的狂热追求与爱好、与来自环境清洁的形象以及味道清洁适口的啤酒形象分不开。

到20世纪70年代中叶，啤酒的消费趋势发生了很大变化，啤酒行业最热门的产品是凉爽型啤酒或低热量啤酒和高级名牌啤酒，这种啤酒的销售量几乎占到啤酒总销量的10%，而其中美国发展最快的米勒公司的啤酒占到30%，且还有上升趋势。其他有发展的啤酒是高级名牌啤酒，安修斯一布希的米歇洛布牌啤酒竞争力很强，每年以3%的速度增长，几乎所有的增长均来自两种产品：凉爽型或低热量啤酒和高级名牌啤酒，而这些啤酒库尔斯一种也不生产，只是一味依赖于它的那一种啤酒。1978年，该公司利润下降到5.48亿美元，比利润最高的1976年减少近29%。公司不得不承认："酿造我们能酿造的最好啤酒已经不够了。"

资料来源：http://zhidao.baidu.com/question/125351891.html

相关知识

营销管理是把管理的技术(组织，分析，计划，执行，控制)应用到企业营销活动中去的过程，从规定企业的营销目标开始，直到为实现目标的战略规划与战术方案的实施、控制与评价，是一种系统有序的科学活动。下面从对营销目标的控制和对营销效率的评价等两个方面，论述企业具体的营销管理方式。

4.4.1 营销目标的控制

现代营销活动的一般程序，即在分析企业面临的市场机会基础上，确定营销的基本任务和战略目标，以战略目标的实现为目的，规划企业的营销战略，选择相应的营销策略加以有机组合，因此，营销目标是企业进行营销活动的依据，是评价企业营销活动成效的标准，也是企业营销管理的重要内容。

1)形成终极目标、阶段目标、战术目标体系

企业的营销活动是在彼此利益机制驱动下，通过市场竞争对社会生产总任务

加以具体分工而形成,各自有明确的营销目标。即使同一个企业,在不同时期也会因承担不同营销任务而确定内容相异的营销目标。然而企业无论选择何种营销目标,在营销管理过程中必须形成由终极目标——阶段目标——战术目标所构成的完整的营销目标体系。

(1)终极目标

终极目标是对企业营销目标最高度的概括,集中反映了企业营销活动的重点和主攻方面,是企业在一定时期内营销活动总的指导思想和发展战略。

终极目标是企业营销方针的具体化,必须首先确定。它综合反映对企业完成营销任务有决定性影响的各种要求,贯穿于企业营销活动的全过程。终极目标是考核企业营销活动效率和成果的依据,可以用数量表示,并能加以评估(见表4.2)。

表4.2 表示某企业2002年营销终极目标,包括10项具体数量化指标和可评估的目标值。

表4.2 某企业营销终极目标(2002)

<table>
<tr><th>目标方向</th><th>目标内容</th><th>目标值</th></tr>
<tr><td>平民化
(大众化经营)</td><td>销售</td><td>1. 商品销售量
2. 商品销售额
3. 商品销售品种</td></tr>
<tr><td rowspan="2">保五争六
(利润指标)</td><td>质量</td><td>4. 返修率
5. 投诉率
6. 优质品牌</td></tr>
<tr><td rowspan="2">财务

福利

双佳</td><td>7. 实现利润
8. 销售利润率</td></tr>
<tr><td>创“双佳”
(利润佳、社会效益佳)</td><td>9. 全员劳动生产率
10. 资金周转天数
11. 营销成本率
12. 为员工作实事
13. 社会效益</td></tr>
</table>

(2)阶段目标

阶段目标是有计划,有步骤实现企业营销终极目标的切实保障,规定了企业营销活动在具体时限内必须完成的营销任务。

阶段目标是对企业营销终极目标的分解,使人们对目标有明确的时间概念。它规定了企业营销活动在某一个具体时间段中的运行内容,便于考核营销终极目标的执行情况,掌握实现目标的现实程度。阶段目标能帮助企业发现问题,及时采取必要措施,以保证营销目标的实现。

以某企业2002年营销终极目标中销售部分为例,为保证商品销售量、商品销售额、商品销售品种等营销目标的实现,企业必须制定一整套阶段目标,如其中的促销宣传部分:

阶段目标方向——企业将利用一切可利用的手段扩大知名度,宣传费用比2000年增加20万元。

阶段目标内容——一季度:春节大型促销活动

二季度、三季度:报刊促销广告

四季度:为消费者服务系列活动

(3)战术目标

战术目标是以一定时期内企业预订的营销目标为中心,使企业各项工作都围绕如何保障实现这一目标的统筹运动。

企业的营销活动,归根到底就是使与实现营销目标相关的各种因素之间达到最佳运行状态。包括:选择达到目标的方法、途径和各项资源配置在内的行动方案。战术目标正是这种努力的具体化,它是能够指导企业营销活动的具体方案。战术目标把企业营销目标分解成基本的操作目标,和将如何实现营销目标的具体对策和措施,落实到每一个环节,甚至每个人。

仍以某企业1998年营销目标为例,其阶段目标还必须化解为战术目标。如,每一季度促销活动的战术目标必须包括:活动的内容、名称、时间、费用、操作程序等具体的执行方案。

2)明确目标责任

企业营销目标的实现依赖于部门、班组、个人目标的完成,营销总目标分解为各个职能部门乃至每个员工的具体目标。每个分目标都是总体目标要求和考核的依据,同时也是各个环节对完成总目标的贡献。

要对企业营销目标实行控制,必须使责任指标化,从营销目标出发规定目标责任在范围、内容、数量、质量、时间、程度等各方面的具体要求。要让每个部门、班组、员工都明确自己在实现企业营销目标过程中应尽的责任,明确要干什么?怎么干?干到什么程度?达到什么要求?

3)监督目标实施

在企业实际操作过程中,营销目标体系形成后并非一成不变,而是需要结合环境的变化要求随时做出必要的修正,因为企业营销活动受到诸多因素的影响,如政府的政策,社会观念的更新,市场需求的变化及企业本身的营销能力,经营管理手段等都会对企业的营销活动产生影响作用。企业要随时跟踪掌握营销情况,对营销实绩和目标计划的偏离行为做出判断,采取措施改进实施方案或修正目标本身,以弥补目标与实际执行结果之间的差距。

营销目标或方案的修正主要包括两种情况:

①由于客观环境发生了重大变化,目标责任者无法实施原目标,要求修正目标。

②目标责任者在实施目标过程中,发现原预测有误,遇到障碍,为保证原定目标的实现,需采取一定的补救措施。

4.4.2 营销效果的评价

不同企业有各自特定内容的营销目标,然而对营销活动而言,内外部环境因素是动态的,经常会发生营销目标或者是企业营销行为无法适应形势发展的状态,企业必须定期对本身营销活动实绩进行评价,从中发现问题,及时调整行为或者计划,从而保证营销目标的实现。

1)目标达成率

营销目标是企业营销活动的努力方向,目标达成率是其内容的数量表现形式,通过评价具体的目标值,可以从最直观的角度说明企业营销目标的完成情况。

(1)企业营销业绩目标达成

常用的目标项目值是:总资本利润率、销售利润率、资本保值率、销售增长率、利润增长率、资产增长率、市场占有率、企业产品品牌,企业形象知名度、美誉度,资产负债率,流动资金比率,应收账款周转率、存货周转率,盈亏平衡点等。

(2)企业营销能力目标达成

常用的目标项目值是:战略决策能力,集团组织力,企业文化,专利数量、技术创新能力、新产品比率、成本降低、质量水平、合同执行率、推销能力、市场开发能力、服务水平、职工安定率、职务安排合理性、劳动生产率、资金效率、资金筹集能力等。

(3)企业环境适应目标达成

常用的目标项目值是:分红率、股票价格、股票收益性、战略测定能力、经营与组织能力、员工能力开发、工资水平、职工福利、凝聚力、参加工会人数、工会参与管理程度、提高产品(服务)质量、改善服务水平、业务往来条件、销售条件、利息水平、信用度、预贷款、公害防治程度、缴纳税金、执行政策程度、国际间协作关系等。

一般而言,企业在制定营销目标时规定了什么内容,评价目标达成率时就依照这个内容。但是由于企业营销活动过程会受到多方面因素的影响,营销情况会经常发生变化,因此需要实事求是地对某些目标值进行适当的调整。对目标达成率的评价标准,除了包括初期目标值以外,还应该包括企业在营销活动中新增加的目标值,同时扣除因为某种原因而减少的目标值。

如对市场占有率的目标达成评价。市场占有率越高,说明企业的市场地位越稳固。所以无论是何种企业,都希望最大可能提高自己的市场占有率。确定企业的市场占有率目标值,主要以过去的趋势为基础,然后制定稍高的目标值,再根据行业的整体销售收入预测,求出新的企业市场占有率目标值。

$$\text{市场占有率目标达成率} = \frac{\text{本企业销售收入}}{\text{行业全部销售收入}} \times 100\%$$

在对企业所有目标达成率进行评价时,对于那些无法定量的目标值,如战略决策能力、经营与组织能力、国际协作关系等,可以采用问卷调查、意向调查以及同其他企业对比等方法进行综合评价。

2)效果递进率

在企业的实际营销活动中,营销效果的优劣表现不一定完全反映在一定时限的营销实绩上。如一个零售企业的某个销售部门,由于突然而至的机会,取得了短期的销售高增长率,然而这并不能代表这个部门已经具备了优质的营销管理水平。当然,如果该部门能借此机会,进一步改善自身的营销活动质量的话,则完全有可能将部门已经取得的良好营销实绩,推向更高级的阶段。

延伸阅读

营销效益等级评价(见表4.3),动态地观察企业的营销实绩,它是由营销导向的5种主要属性的不同程度所反映出来的:顾客宗旨、整体营销组织、充分的营销信息、战略导向和营销效率。每一种属性都是可以衡量的,而且通过对它们的具体分析,可以从中发现企业具体营销活动取得不同程度绩效的要素。这种效果递进率的评价,有助于企业纠正自身主要的营销缺点,从而保证营销目标的最终实现。

表4.3　营销效益等级评量表

第一部分:顾客宗旨	
	A.是否认识到根据目标需要确定企业营销计划的重要性?
0	营销重点把现有产品或新产品出售给任何愿意购买的人。
1	考虑对范围广泛的市场和服务给予同等效率的服务。
2	营销重点在经过慎重选择而定的目标市场。
	B.是否认识到根据不同细分市场制定不同营销组合策略的重要性?
0	没有。
1	做了一些工作。
2	做得相当好。
	C.是否认识到规划业务活动时着眼于整体营销系统观念(供应商、渠道、竞争者、顾客)
0	不是。只致力于向当前的顾客出售和提供服务。
1	有一点。致力于向当前的顾客出售和提供服务,也从长远的观点考虑了它的渠道
2	是的。从整体营销系统观点出发,充分了解系统中每个部分变化可能对企业带来的影响。
第二部分:整体营销组织	
	D.对于各个重要的营销功能是否有市场层次的营销控制?
0	没有。并由此产生一些非生产性的摩擦。
1	有一点。但缺乏令人满意的合作和协调。
2	是。各重要营销部门被高度有效地控制在一起。
	E.是否有效地和企业其他各部门进行合作?
0	没有。其他部门对营销部门的要求觉得不合理。
1	还可以。在各部门立足于维护本身利益基础上,相互之间关系还是融洽的。
2	是的。各部门都从企业全局利益出发考虑问题,并进行有效的合作。
	F.新产品制作过程是如何组织的?
0	制度未明确规定,管理不善。
1	制度形式上存在,但缺乏有经验的人员。
2	制度结构完善,配备专业人员。

续表

第三部分:充分的营销信息	
	G. 最近一次营销调研是何时进行的?
0	若干年前。
1	一、二年以前。
2	最近。
	H. 在衡量不同营销支出的成本方面采取了什么措施?
0	一无所知。
1	略有所知。
2	了如指掌。
	I. 在衡量不同营销收入的效益方面采取了什么措施?
0	很少或没有措施。
1	有一些措施。
2	大量措施。
第四部分:战略导向	
	J. 正规营销计划的策划情况?
0	很少或没有正规的营销计划工作。
1	制订年度营销计划。
2	构建详细的营销目标体系,并不断修正。
	K. 现有营销战略的质量如何?
0	现有战略不明确。
1	现有战略明确,但只代表传统战略。
2	现有战略明确,富有创新性,根据充足,合情合理。
	L. 有关意外事件的考虑和计划做得如何?
0	很少或不考虑意外事件。
1	有一定考虑,但没有正式的应急计划。
2	重视对意外事件的辨认,并制订应急计划。

续表

第五部分:营销效率	
	M. 在传播和贯彻企业决策层的营销思想方面做得如何?
0	很差。
1	一般。
2	很成功。
	N. 是否有效利用了各种营销资源?
0	没有。相对于所要完成的工作而言,营销资源是不足的。
1	做了一些。营销资源足够,但没有得到充分的利用。
2	是的。对充分的营销资源进行了有效的部署。
	O. 是否具有对环境变化迅速有效的反应能力?
0	没有。营销信息不及时,企业反应迟钝。
1	有一点。一般能获得现时的营销信息,相关部门的反应快慢不一。
2	是的。企业有科学的营销信息系统,并能及时作出反应。

总得分:　　　　评价:

说明:对量表中的每一部分总是选定一个适当的答案,然后把各题所得分数相加,不同分数表示不同水平的营销效益。

0~5=无　6~10=差　11~15=普通　16~20=良　21~25=很好　26~30=优秀

3)战略影响

需要宏观地对企业营销活动产生的影响做出科学的评价。这种评价不需要十分精细,但抓住相关的评价项目,可由此评价出企业营销的优劣势所在。从而帮助企业研究如何从整体发展上考虑,在及时抓住外部环境的机会或避免外部环境威胁的同时,发挥企业的优势,避开自身的不足之处,从而顺利达到营销目标。

(1)对企业营销理念的评价

营销理念是团结企业全体成员的精神纽带,是涉及企业生死存亡的关键。评价的中心内容是:企业是干什么的?(过去干什么?现在干什么?将来干什么?为什么要这样干?)企业的营销理念是什么?是否正确?企业的现行营销业务如何?(目标公众需求是什么?规模有多大?)

(2)对企业竞争能力的评价

这是建立在对企业市场营销宏观环境和行业环境分析的基础上,进一步对企业自身的营销竞争能力进行评价,不仅可以从整体上把握企业和产品的发展,而且可以从中发现对企业真正有价值的战略机会。评价的中心内容是:企业的历史如何?(为何创设?获利能力?新产品开发?行业竞争如何?)企业管理水平如何?(领导层素质如何?企业管理体制对执行营销计划的影响?)企业经营水平如何?(生产能力?技术能力?销售能力?财务状况?)企业结构如何?(职工队伍状况?企业文化建设?人事管理?收入分配?)等。

4.4.3 营销效果评价具体方法

销售分析一般由中层经理具体负责,目的是检查和监督年度的销售和利润目标是否顺利完成,其中心是目标管理。主要任务是:分解年度计划指标,跟踪实施情况,对出现的偏差进行分析,提出改进意见,必要时,可以根据客观变化情况修订目标。

1)销售分析

销售分析是指对照销售目标,检查和评价营销实绩,判断各种因素对计划完成情况的影响。

课堂训练

某企业根据年度计划要求,第一季度销售额为12万元,而实际销售额仅为7.5万元,销售绩效差距4.5万元,比计划销售额减少了37.5%。经过分析,找出其原因来自两个方面:销售量不足和售价下降。计划销售量为4万件,实际销售量为3万件;计划每件售价为3元,实际每件售价为2.5元。通过计算可知这两种因素分别对销售差额的影响程度。

销售量不足造成的差额 $=3\times(4-3)=3$(万元)　　$3/4.5=66.7\%$

售价下降造成的差额 $=(3-2.5)\times3=1.5$(万元)　$1.5/4.5=33.3\%$

由此可见,造成销售量下降,近2/3是由于销售量未达目标所致,故该企业密切注意它未达预期销售量目标的原因;另外,对于该商品价格的调整效果也应该进行分析。

2)盈利性控制

盈利性控制一般由财务部门负责,目的是检查不同的销售领域,如不同产品、地区、细分市场和分销渠道的盈亏情况,从而使企业决定营销活动哪些应扩大,哪些应缩减甚至放弃。

盈利性控制的主要环节是进行盈利能力分析。盈利能力分析就是通过对有关财务报表和数据的处理,把所获利润分摊到产品、地区、渠道、顾客等方面,从而衡量出每一因素对企业最终获利的贡献的大小以及其获利能力的高低。营销管理者可考虑利用财务部门提供的报表和数据,重新编制出各类营销损益表,并对各表进行分析(见表4.4)。

课堂训练

某企业的分销渠道盈利分析:

表4.4 某企业分销渠道盈利分析表 单位:元

渠道 名称项目	百货商店	专业商店	便利商店	总 额
销售收入	40 000	10 000	20 000	70 000
销售成本	29 500	7 500	14 000	51 000
销售毛利	10 500	2 500	6 000	19 000
营业费用:				
推销	4 000	1 300	400	5 700
广告	1 550	620	350	2 520
物流	3 500	1 380	900	5 780
费用总额	9 050	3 300	1 650	14 000
净利润	1 450	-800	4 350	5 000
销售收益率	3.6%	-12.5%	21.8%	7.1%

通过数据分析可以看到,尽管便利商店不如百货商品的销售额高,但其获利能力却远远高于百货商店;而造成专业商品亏损800元的主要原因,是其营业费用过高,如果企业采取相应措施后还不能扭转亏损,就应该考虑原来渠道结构的适当调整。

通过渠道损益分析,可作为企业进行分销渠道决策的重要依据。同样,通过产品组合、细分市场等方面的损益分析,可以帮助企业做出全面、正确的营销决策。

学习自测

简答题

1. 根据市场营销调研程序,如何制订市场调查方案?
2. 阐述市场营销预测方法有哪几种?
3. 举例说明市场调研与预测对企业营销的重要性?
4. 营销策划有什么重要的意义?必须遵循什么原则?
5. 企业如何通过对营销目标的控制和对营销效果的评价,进行具体的营销管理?各有什么优缺点?
6. 市场开拓和巩固的策略主要有哪些?

案例分析

"双鹿"电冰箱的广告策划

"双鹿"电冰箱是一种20世纪80年代上海电冰箱厂生产的直冷式电冰箱。该厂是中国最早引进电冰箱生产线的企业之一。"双鹿"电冰箱品种型号齐全、质量稳定、外形美观、价格有一定优势,而且售后服务质量上乘,曾受到广大消费者的青睐。

进入20世纪80年代后期,直冷式电冰箱在技术上已经落后于无霜电冰箱。与此同时,电冰箱市场也开始从供不应求转向供过于求,市场竞争加剧。"双鹿"电冰箱由于没有形成一定的规模,技术落后,知名度也不高,面临着被挤出市场的危险。

针对这种情况,上海电冰箱厂扬长避短,把企业经营重点转向品牌、知名度和售后服务。从市场调查的资料分析,"节能省电"、"低噪声"是消费者最为关心的问题。于是,1988年"双鹿"电冰箱围绕"耗电更省、噪声更低"、"最符合中国国情"这一主题展开了一场轰轰烈烈、全方位的立体广告战。

一、广告目标

企业在确定营销目标的基础上,确定了如下广告目标:

(1)保牌。"双鹿"电冰箱已经从导入期进入了成长期,广告目标也要由创牌转变为保牌,进一步扩大“双鹿”电冰箱的知名度,引导、劝说消费者购买“双鹿”电冰箱。

(2)竞争。实施扩大认知的广告目标,加强“双鹿”电冰箱个性特点的宣传,让人们了解“双鹿”与众不同的功能和品质,增强消费者对“双鹿”的偏爱和信心。

二、广告主题

“双鹿”已经进入中期保牌阶段,与早期创牌阶段不同,需要变更广告主题,应集中突出消费者关心的焦点问题。“双鹿”电冰箱各种广告均要围绕“节电更省、噪声更低”、“最符合中国国情”这一主题大做文章。

三、广告媒体选择

上海电冰箱厂进行媒体策划时,首先做到媒体选择符合广告目标与广告主题的要求,在此前提下,以发挥媒体的整体效益为原则,认真分析各种媒体的优缺点,结合广告预算有效选择几种主要媒体。

(1)电视:展示双鹿品牌和商标,突出企业形象。

(2)电台:介绍双鹿电冰箱的优点。

(3)路牌:展示双鹿电冰箱外观形象。

企业广告预算讲求量力而行,主要在地方性的媒体上进行宣传。媒体的对象选择电冰箱购买的决策人:家庭主妇。

四、广告策略

1. 广告定位策略

(1)产品定位:中档产品多种功能(制冷、冷藏、保鲜)。

(2)功效定位:经济、高效(制冷快)。

(3)消费心理定位:物美价廉,既适用又美观。

(4)价格定位:按容积计算,在同类产品中价格最低。

(5)广告定位:生活的伴侣,吉祥家庭的象征。

2. 广告实施策略

(1)无差异性广告策略——针对全部目标市场宣传“双鹿”品牌,树立企业形象时采用统一的主题、内容与画面,不允许有更改和变化。

(2)差异性广告策略——针对不同的细分市场,采取不同的媒体,运用不同的宣传内容,向不同的消费者进行诉求,打动各类消费者的心。

(3)集中广告策略——针对某一两个细分市场,调动多种广告宣传方式、媒体、手段,集中宣传同一主题、内容,造成巨大声势,有助于迅速提高产品知名度,扩大市场占有率。

3. 广告促销策略

(1)馈赠广告:开展“双鹿”用户有奖征询活动,获奖者可得电冰箱或电冰箱供应券。

(2)公益广告:上海市长宁区“交通安全月”宣传广告、首都“小天使节”赞助广告。

(3)中奖广告:与银行联合举办“双鹿”电冰箱有奖储蓄活动。

(4)服务广告:举办“家用冰箱”电视讲座、冰箱修理咨询服务广告。

(5)公共关系广告:“双鹿”文汇文学基金奖、重大事件、工程竣工祝贺广告。

资料来源:http://wenku.baidu.com/view/dd1d174ffe4733687e21aa06.html

讨论:

1. 试对“双鹿”电冰箱的广告主题做出评价。

2. 你认为“双鹿”的广告攻势能取得预期的效果吗? 为什么?

实训项目

实训名称 市场营销策划能力训练

实训目的

1. 掌握市场调研的基本程序,并学会运用其方法和技巧。

2. 掌握市场营销策划的基本能力。

实训条件 案例分析室

实训要求

1. 以3~5人为一组,针对某一企业产品进行市场调研,根据市场调研与预测的结果,了解某一企业所处的经营环境,为该企业开拓和巩固市场进行市场营销策划。

2. 针对此次策划的结果完成一份简单的市场营销策划书。

教师任务

1. 帮助学生进行分析;

2. 公开讲评。

实训评价 组长给每位组员打分,教师给组长打分。

企业经营决策与计划

学习目标

1. 养成对企业经营环境的敏锐观察力；
2. 培养成为一名合格企业经营决策者的基本能力；
3. 培养制订企业经营计划综合能力。

能力目标

1. 了解企业经营环境类型和方法；
2. 能对企业经营环境进行简单分析；
3. 了解企业经营决策的概念及类型和意义，熟悉企业经营决策的流程；
4. 掌握现代企业经营决策的基本方法；
5. 了解企业经营计划的相关知识，并能对企业经营决策与计划进行简单分析并根据企业的实际环境制订计划。

学习任务1 进行企业经营环境分析

案例导入

电力企业经营环境变化

某电力企业多种经营经过20余年的发展，形成了一个多样化业务经营的格局。多种经营涉及建筑安装、电器设备制造、水泥生产、电力物资贸易、物业餐饮、汽车修理运输、电力勘察设计等领域。在电力及相关领域有专业化和技术优势，并在企业的发展中培养造就了一大批经营管理人才，拥有可供扩展业务的丰厚的资金积累和资源。但从各产业结构比重及增长速度进行分析，多种经营收入实现的基础还不稳固，主要依赖于电气安装和变压器、开关柜的制造销售，这两项收入占多种经营总收入的70%。但这部分收入与电气安装市场的行业管理和电网改造规模密切相关，环境一旦发生重大变化，多种经营将面临重大考验。多种经营目前的主要问题在于产业结构的不合理性，产业优势不突出，依赖性强，竞争能力差，经营档次低，缺乏新的经济增长点，无法体现出企业资源的优化配置，急需进行战略性调整和业务重组。

资料来源：http://www.maoflag.net/bbs/viewthread.php? tid=242639&page=2

相关知识

企业环境是指与企业生产经营有关的所有因素的总和。可以分为外部环境和内部环境两大类。企业外部环境是影响企业生存和发展的各种外部因素的总和；企业内部环境又称企业内部条件，是企业内部物质和文化因素的总和。

企业与环境之间存在着密切的联系。一方面，环境是企业赖以生存的基础。企业经营的一切要素都要从外部环境中获取，如人力、材料、能源、资金、技术、信息等，没有这些要素，企业就无法进行生产经营活动。同时，企业的产品也必须通过外部市场进行营销，没有市场，企业的产品就无法得到社会承认，企业也就无法生存和发展。同时，环境能给企业带来机遇，也会造成威胁。问题在于企业如何去认识环境、把握机遇、避开威胁。另一方面,企业是一种具有活力的社会组织,它并不是只能被动地为环境所支配,而是在适应环境的同时也对环境产生影响,推动社会进步和经济繁荣。企业与环境之间的基本关系,是在局部与整体的基本架构之下的相互依存和互动的动态平衡关系。因此,企业必须研究环境,主动适应环境,在环境中求得生存和发展。企业只有对内外环境作出有效的分析,才能为企业制度、决策和计划奠定基础和提供依据。

5.1.1　外部环境分析

外部环境分析主要包括对宏观环境的分析和行业环境的分析。通过外部环境的分析,主要是找出企业的经营机会,发现企业面临的威胁,以抓住机会,规避风险。

1)宏观环境分析

宏观环境一般包括4类因素,即政治、经济、技术、社会文化,简称PEST(political, economic, social, technological)(见图5.1)。另外还有自然环境,即一个企业所在地区或市场的地理、气候、资源分布、生态环境等因素。由于自然环境各因素的变化速度较慢,企业较易应对,因而不作为重点研究对象。

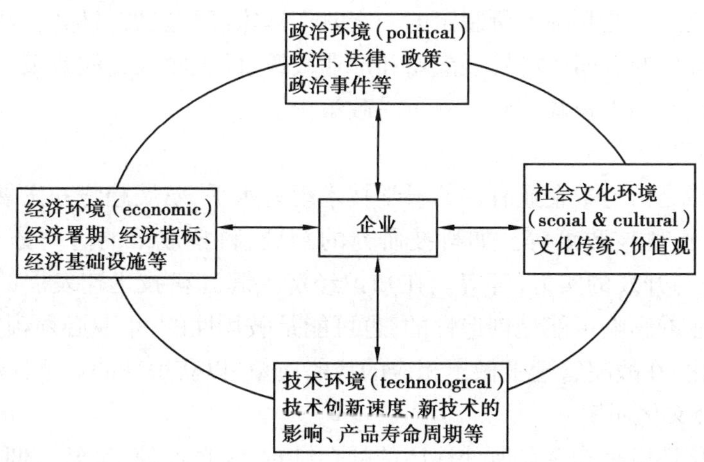

图5.1　PEST分析图

(1)政治环境

政治环境是指那些影响和制约企业的政治要素和法律系统,以及其运行状态。

具体包括国家政治制度、政治军事形势、方针政策、法律法规及执法体系等因素。在稳定的政治环境中,企业能够通过公平竞争获取正当权益,得以生存和发展。国家的政策法规对企业生产经营活动具有控制、调节作用,它规定了企业可以做什么,不可以做什么,同时也保护企业的合法权益和合理竞争,促进公平交易。相同的政策法规给不同的企业可能会带来不同的机会或制约。

(2)经济环境

经济环境是指构成企业生存和发展的社会经济状况及国家的经济政策。具体包括社会经济结构、经济发展水平、经济体制、经济政策和未来的经济走势等。

①社会经济结构。主要包括产业结构、分配结构、交换结构、消费结构、技术结构等内容。企业必须随时关注社会经济结构的变化,积极稳妥地调整企业的经济活动,推动企业的发展。

②经济发展水平。即一个国家或地区经济发展的规模、速度和所达到的水准。反映一个国家或地区经济发展水平常用的指标有国内生产总值、经济发展速度、经济增长速度等。

③经济体制。指国家组织经济的形式。经济体制规定了国家与企业、企业与企业、企业与各部门的关系,并通过一定的管理手段和方法影响社会经济流动的范围、内容与方式。经济体制对企业的生存形式、内容、途径都提出了系统的基本规则与条件。

④经济政策。这是国家所制定的一定时期国家经济发展目标实现的战略与策略。包括综合性的全国经济发展战略和产业政策、国民收入分配政策、物质流通政策、金融政策、劳动工资政策和对外贸易政策等。

(3)技术环境

技术环境是指与本企业有关的科学技术现有水平、发展趋势和发展速度,以及国家科技体制、科技政策等。如科技研究的领域、科技成果的门类分布及先进程度、科技研究与开发的实力,等等。在知识经济兴起和科技迅速发展的情况下,技术环境对企业的影响可能是创造性的,也可能是破坏性的,企业必须预见这些新技术带来的变化,在战略管理上做出相应的战略决策,以获得新的竞争优势。

(4)社会文化环境

社会文化环境是指企业所处地区的社会结构、风俗习惯、宗教信仰、价值观念、行为规范、生活方式、文化水平、人口规模与地理分布等因素的形成与变动。社会文化环境对企业的生产经营有着潜移默化的影响,如文化水平会影响人们的需求层次;风俗习惯和宗教信仰可能抵制或禁止企业某些活动的进行;人口规模与地理分布会影响产品的社会需求与消费等。

2)行业环境分析

行业环境是指根据企业所处的行业来思考的环境。行业泛指由于产品类似而相互竞争、满足同类购买需求的一组企业。行业环境分析的任务是:明确行业长期利润潜力的来源及其状况,发现影响行业吸引力的相关因素,以确定企业进行行业选择的范围和风险。

(1)行业环境分析的主要问题

①行业是如何组织的?

②引起行业变化的推动力是什么?

③哪些经济要素、经营特色对该行业的竞争方面影响最大?

④该行业面临的战略焦点和主要问题是什么?

(2)行业结构模型——五力竞争模型

五力竞争模型是迈克尔·波特(Michael Porter)于20世纪80年代初提出,对企业战略制定产生了全球性的深远影响(见图5.2)。用于竞争战略的分析,可以有效地分析客户的竞争环境。五力分别是:供应商的讨价还价能力、购买者的讨价还价能力、潜在竞争者进入的能力、替代品的替代能力、现有企业的竞争能力。

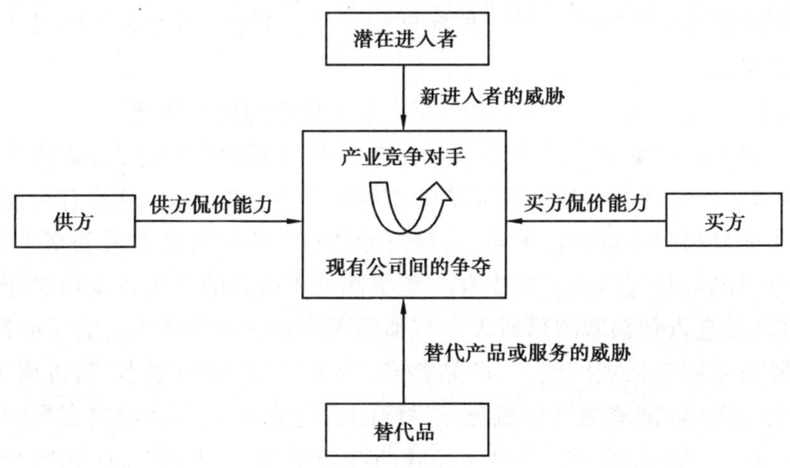

图5.2 五力竞争模型

①供应商的讨价还价能力。供应商主要通过其提高投入要素价格与降低单位价值质量的能力,来影响行业中现有企业的盈利能力与产品竞争力,以发挥他们讨价还价的能力。供方力量的强弱主要取决于他们所提供给买主的是什么投入要素,当供方所提供的投入要素其价值构成了买主产品总成本的较大比例、对买主产品生产过程非常重要、或者严重影响买主产品的质量时,供方对于买主的潜在讨价

还价力量就大大增强。一般来说,满足如下条件的供方会具有比较强大的讨价还价力量:

a.供应商行业为一些具有比较稳固市场地位而不受市场剧烈竞争困挠的企业所控制,其产品的买主很多,以至于每一单个买主都不可能成为供方的重要客户。

b.供应商各企业的产品各具有一定特色,以至于买主难以转换或转换成本太高,或者很难找到可与供应商企业产品相竞争的替代品。

c.供方能够方便地实行前向联合或一体化,而买主难以进行后向联合或一体化。

d.供应的产品是购买者从事生产经营的一项重要投入。由于这种投入对于购买者的制造过程或产品质量有着重要影响,从而提高了供应商的讨价还价能力。

②购买者的议价能力。购买者主要通过其压低价格与要求提供较高的产品或服务质量的能力甚至迫使作为供应商的企业相互竞争,来影响行业中现有企业的盈利能力。一般来说,满足如下条件的购买者可能具有较强的讨价还价力量:

a.购买者的总数较少,而每个购买者的购买量较大,占了卖方销售量的很大比例。

b.卖方行业由大量相对来说规模较小的企业所组成。

c.购买者所购买的基本上是一种标准化产品,同时向多个卖主购买产品在经济上也完全可行。

d.购买者有能力实现后向一体化,而卖主不可能前向一体化。

③潜在进入者的威胁。潜在进入者在给行业带来新生产能力、新物质资源的同时,将希望在已被现有企业瓜分完毕的市场中赢得一席之地,这就有可能会与现有企业发生原材料与市场份额的竞争,最终导致行业中现有企业盈利水平降低,严重的话还有可能危及这些企业的生存。竞争性进入威胁的严重程度取决于两方面的因素,这就是进入新领域的障碍大小与预期现有企业对于进入者的反应情况。

进入障碍主要包括规模经济、产品差异、资本需要、转换成本、销售渠道开拓、政府行为与政策(如国家综合平衡统一建设的石化企业)、不受规模支配的成本劣势(如商业秘密、产供销关系、学习与经验曲线效应等)、自然资源(如冶金业对矿产的拥有)、地理环境(如造船厂只能建在海滨城市)等方面,这其中有些障碍是很难借助复制或仿造的方式来突破的。预期现有企业对进入者的反应情况,主要是采取报复行动的可能性大小,则取决于有关厂商的财力情况、报复记录、固定资产规模、行业增长速度等。

总之,新企业进入一个行业的可能性大小,取决于进入者主观估计进入所能带来的潜在利益、所需花费的代价与所要承担的风险这三者的相对大小情况。

④替代品的威胁。替代品是指那些与本企业产品具有相同功能或类似功能的产品。两个处于同行业或不同行业中的企业,可能会由于所生产的产品互为替代品,从而在它们之间产生相互竞争的行为,这种源自于替代品的竞争会以各种形式影响行业中现有企业的竞争战略。首先,现有企业产品售价以及获利潜力的提高,将由于存在着能被用户方便接受的替代品而受到限制;第二,由于替代品生产者的侵入,使得现有企业必须提高产品质量、或者通过降低成本来降低售价、或者使其产品具有特色,否则其销量与利润增长的目标就有可能受挫;第三,源自替代品生产者的竞争强度,受产品买主转换成本高低的影响。总之,替代品价格越低、质量越好、用户转换成本越低,其所能产生的竞争压力就强;而这种来自替代品生产者的竞争压力的强度,可以具体通过考察替代品销售增长率、替代品厂家生产能力与盈利扩张情况来加以描述。为了抵制替代品对行业的威胁,行业中各企业往往集体行动,进行持续的广告宣传,改进产品质量,提高产品利用率,改善市场营销等。

不过,有些替代品是新技术的产品,符合社会需求。例如,电力机车的出现替代了蒸汽机车,这是科学技术进步的产物,是社会发展的必然。如果原有行业中的企业顽固地坚持旧有技术,最终会被社会淘汰。因此,企业在研究与替代品的竞争关系时,一定要考虑双方的生命周期阶段与总的发展方向,不能盲目地竞争。

⑤现有竞争者的竞争程度。大部分行业中的企业,相互之间的利益都是紧密联系在一起的,作为企业整体战略一部分的各企业竞争战略,其目标都在于使得自己的企业获得相对于竞争对手的优势,所以,在实施中就必然会产生冲突与对抗现象,这些冲突与对抗就构成了现有企业之间的竞争。现有企业之间的竞争常常表现在价格、广告、产品介绍、售后服务等方面,其竞争强度与许多因素有关。

一般来说,出现下述情况将意味着行业中现有企业之间竞争的加剧,这就是:

a. 行业进入障碍较低,势均力敌竞争对手较多,竞争参与者范围广泛;

b. 市场趋于成熟,产品需求增长缓慢;

c. 竞争者企图采用降价等手段促销;

d. 竞争者提供几乎相同的产品或服务,用户转换成本很低;

e. 行业外部实力强大的公司在接收了行业中实力薄弱企业后,发起进攻性行动,结果使得刚被接收的企业成为市场的主要竞争者。

行业中的每一个企业或多或少都必须应付以上各种力量构成的威胁。除非认为正面交锋有必要而且有益处,例如要求得到很大的市场份额,否则可以通过设置进入壁垒,包括差异化和转换成本来保护自己。当一个企业确定了其优势和劣势时,必须进行定位,以便因势利导,而不是被预料到的环境因素变化所损害,如产品生命周期、行业增长速度,等等,然后保护自己并做好准备,以有效地对其他企业的举动做出反应。

延伸阅读

迈克尔·波特简介

迈克尔·波特

迈克尔·波特(Michael E. Porter),哈佛大学商学院著名教授,当今世界上少数最有影响的管理学家之一。被誉为世界管理思想界"活着的传奇",他是当今全球第一战略权威,是商业管理界公认的"竞争战略之父",在2005年世界管理思想家50强排行榜上,他位居第一。

他曾在1983年被任命为美国总统里根的产业竞争委员会主席,开创了企业竞争战略理论并引发了美国乃至世界的竞争力讨论。他先后获得过大卫·威尔兹经济学奖、亚当·斯密奖、5次获得麦肯锡奖,拥有很多大学的名誉博士学位。

他毕业于普林斯顿大学,后获哈佛大学商学院企业经济学博士学位。32岁即获哈佛商学院终身教授之职,是当今世界上竞争战略和竞争力方面公认的权威。目前,他拥有瑞典、荷兰、法国等国大学的8个名誉博士学位。波特博士获得的崇高地位缘于他所提出的"五种竞争力量""三种竞争战略"。目前,波特博士的课已成了哈佛商学院学院的必修课之一。迈克尔·波特的三部经典著作《竞争战略》《竞争优势》《国家竞争优势》被称为竞争三部曲。

资料来源:http://baike.baidu.com/view/431563.htm

5.1.2 内部环境分析

企业内部环境分析,其目的在于掌握企业内部条件的现状,找出影响企业战略形成与成败的关键因素,辨别企业的优势和劣势,适应环境的变化,创造和获得成功的机会,避免或减少可能遇到的风险,同时避免企业的劣势,或采取积极的态度改进企业劣势,扬长避短。

企业内部环境因素是指构成企业内部生产经营过程的各种要素,并且体现为企业总体的经营能力,如企业的领导指挥能力、协同能力、应变能力、竞争能力、获利能力、开发创新能力等。企业内部环境因素是可控因素,可以经过努力,创造和提高企业能力;但也可能由于管理不善而失控和削弱。企业内部环境因素可从不同的角度分为两大类。

1)按构成要素划分

(1)人力资源因素

这是构成企业内部环境中最基本和最具活力的因素。它包括领导人员的素质,管理人员和工程技术人员的素质,生产工人的素质。这些人员的素质包含人员的数量、质量,如人员的文化技术水平、学历、资历、经验等以及人员构成的状况,既包括个人的素质,也包括群体的素质。

(2)资金因素

它反映企业的财力状况,包括所拥有的资本金和公积金,资产负债状况,固定资产和营运资金的状况,企业信贷能力和筹资的能力等。

(3)物资因素

它包括两个方面:

①技术装备的素质。这是企业进行生产经营活动的技术基础,包括现有技术装备的数量、技术性能、技术先进程度、技术磨损程度以及它们之间的构成和配套状况和它的生产效率,等等。

②劳动对象的素质。它包括各种主要原材料、关键零部件和配套件、燃力和动力类物资供应的来源和供应的质量,以及企业本身所拥有的资源状况。

(4)技术工艺因素

这是指企业人员所拥有的工艺技术方法,它们的技术水平和先进程度,以及拥有的专利、专有技术、配方等。

(5)信息因素

它包括企业所拥有的科技情报资料、技术档案、销售情况、用户的资料、市场信息以及信息网络的构成状况,等等。

2)按能力划分

①经营管理能力。它包括企业的领导能力、协同能力和内部的组织管理能力等,反映企业整个经营机制是否充满生机和活力。

②应变能力。这是指产品能否适应市场需求变化的能力,包括多角化经营,产品多样化,产品的质量、价格、信誉、产品寿命周期,等等。

③竞争能力。这是指同竞争对手相比较所处的优势和劣势。如市场占有率,产品、成本、服务、销售渠道是否具有比竞争对手更为优越的地位和特色。

④创新开发能力。这是指开发新产品,采用新技术、新工艺的能力和所拥有的条件,如新产品开发的数量、质量和速度,投入市场的时机,新技术采用的程度以及

科技开发人员、机构及装备水平等。

⑤生产能力。包括原有设计的生产规模、生产率、生产技术条件以及可能采取变更生产能力的策略,等等。

⑥销售能力。它包括销售网络、销售人员的数量和质量、运储能力、信息反馈以及所应用的促销策略,反映企业是否具有较强大的经销力量。

⑦获利能力。它是体现各种要素、各种能力综合的结果。

⑧财务实力。它包括企业的实有资本、资产负债的比例、营运资金的变动状况等。

延伸阅读

企业内部环境分析的工具

企业内部环境分析的方法多种多样,包括企业资源竞争价值分析、比较分析、企业经营力分析、企业经营条件分析、企业内部管理分析、企业内部要素确认、企业能力分析、企业潜力挖掘、企业素质分析、企业业绩分析、企业资源分析、企业自我评价表、企业价格成本分析、企业竞争地位分析、企业面临战略问题分析、企业目前战略运行效果分析、核心竞争力分析、获得成本优势的途径、利益相关者分析、内部要素矩阵及柔性分析、企业生命周期矩阵分析、企业特异能力分析、SWOT 分析、价值链构造与分析、企业活力分析以及企业内外综合分析。

一般以上各种各样的分析方法可归纳成两大类:纵向分析和横向比较分析。

纵向分析,即分析企业的各方面职能的历史演化,从而发现企业的哪些方面得到了加强和发展,在哪些方面有所削弱。根据纵向分析的结果,在历史分析的基础上对企业各方面的发展趋势做出预测。

横向比较分析,即将企业的情况与行业平均水平作横向比较。通过横向比较分析,企业可以发现相对于行业平均的优势和劣势。这种分析对企业的经营来说更具有实际意义。对某一特定的企业来说,可比较的行业平均指标有:资金利税率、销售利税率、流动资金周转率、劳动生产率等。

资料来源:http://www.mie168.com/manage/2004-02/82664.htm

5.1.3 SWOT 分析

SWOT 分别代表:strengths(优势)、weaknesses(劣势)、opportunities(机会)、

threats(威胁)。SWOT 分析方法是根据企业现有的资源,分析公司内部的优势与劣势以及企业外部环境的机会与威胁,进而选择适当的战略决策。

优劣势分析主要是着眼于企业自身的实力及其与竞争对手的比较,而机会和威胁分析将注意力放在外部环境的变化及对企业的可能影响上。在分析时,应把所有的内部因素(即优劣势)集中在一起,然后用外部的力量来对这些因素进行评估。

SWOT 分析有 4 种不同类型的组合:优势——机会(SO)组合、弱点——机会(WO)组合、优势——威胁(ST)组合和弱点——威胁(WT)组合。

优势——机会(SO)战略是一种发展企业内部优势与利用外部机会的战略,是一种理想的战略模式。当企业具有特定方面的优势,而外部环境又为发挥这种优势提供有利机会时,可以采取该战略。例如良好的产品市场前景、供应商规模扩大和竞争对手有财务危机等外部条件,配以企业市场份额提高等内在优势可成为企业收购竞争对手、扩大生产规模的有利条件。

弱点——机会(WO)战略是利用外部机会来弥补内部弱点,使企业改劣势而获取优势的战略。存在外部机会,但由于企业存在一些内部弱点而妨碍其利用机会,可采取措施先克服这些弱点。例如,若企业弱点是原材料供应不足和生产能力不够,从成本角度看,前者会导致开工不足、生产能力闲置、单位成本上升,而加班加点会导致一些附加费用。在产品市场前景看好的前提下,企业可利用供应商扩大规模、新技术设备降价、竞争对手财务危机等机会,实现纵向整合战略,重构企业价值链,以保证原材料供应,同时可考虑购置生产线来克服生产能力不足及设备老化等缺点。通过克服这些弱点,企业可能进一步利用各种外部机会,降低成本,取得成本优势,最终赢得竞争优势。

优势——威胁(ST)战略是指企业利用自身优势,回避或减轻外部威胁所造成的影响。如竞争对手利用新技术大幅度降低成本,给企业很大成本压力;同时材料供应紧张,其价格可能上涨;消费者要求大幅度提高产品质量;企业还要支付高额环保成本,等等,这些都会导致企业成本状况进一步恶化,使之在竞争中处于非常不利的地位。但若企业拥有充足的现金、熟练的技术工人和较强的产品开发能力,便可利用这些优势开发新工艺,简化生产工艺过程,提高原材料利用率,从而降低材料消耗和生产成本。另外,开发新技术产品也是企业可选择的战略。新技术、新材料和新工艺的开发与应用是最具潜力的成本降低措施,同时它可提高产品质量,从而回避外部威胁影响。

弱点——威胁(WT)战略是一种旨在减少内部弱点,回避外部环境威胁的防御性技术。当企业存在内忧外患时,往往面临生存危机,降低成本也许成为改变劣势的主要措施。当企业成本状况恶化,原材料供应不足,生产能力不够,无法实现规模效益,且设备老化,使企业在成本方面难以有大作为时,将迫使企业采取目标聚集战略或差异化战略,以回避成本方面的劣势,并回避成本原因带来的威胁。

学习任务2 科学作出企业经营决策

案例导入

IBM的决策

美国国际商用机器公司为了从规模上占领市场,大胆决策购买股权。1982年用2.5亿美元从美国英特尔公司手中买下了12%的股权,从而足以对付国内外电脑界的挑战;另一次是1983年,又以2.28亿美元收购了美国一家专门生产电讯设备的企业罗姆公司15%的股权,从而维持了办公室自动化设备方面的"霸王"地位。又如,早在1965年,美国的一家公司发明了盒式电视录像装置。可是美国公司只用它来生产一种非常昂贵的广播电台专用设备。而日本索尼的经营者通过分析论证,看到了电视录像装置一旦形成大批量生产,其价格势必降低,许多家庭可以购买得起此种录像装置。这样一来,家用电子产品这个市场就会扩大,如果马上开发研究家用电视录像装置,肯定会获得很好的经济效益和社会效益。由于这一决策的成功,家用电视录像装置的市场一度被日本占去了90%多,而美国则长期处于劣势。此例说明,经营决策正确,可以使企业在风雨变幻的市场上独居领先地位,并可保持企业立于不败之地。

资料来源:http://bbs.eduwest.com/archiver/? tid-145953.html

相关知识

5.2.1 企业经营决策的概念

决策是人们为了达到一定目的,运用科学的理论和方法,提出、选择并实施行动方案的过程。企业经营决策是企业全局性、长期性的大政方针方面的决策。经营决策尽管只是企业决策中的一部分,但对企业经营的生死存亡有着极为重要的影响。从决策的概念可以看出决策的下述特点:

①超前性。任何决策都是针对未来行动的,是为了解决现在面临的、待解决的新问题,以及将来会出现的问题,这就要求决策者具有超前意识,预见事物的发展变化,适时地作出正确的决策。

②目标确定性。目标是判断方案可行与否的标准。没有目标,决策就没有方向;没有目标,行动就是盲目的。

③方案可行性。包括:能解决预期问题,实现预定目标;方案本身具有经济、技术等方面可行的条件;方案的影响因素及效果可进行定性和定量的分析。

④决策的风险性。决策是一种事先行为,受内外因素影响大。

⑤决策的核心是选优。如果实现目标的可行方案只有一个或不存在,也就无须决策。只有当实现目标有两个及两个以上方案时,才存在分析、比较、判断和选优。

5.2.2　企业经营决策的意义

在市场经济条件下,任何企业都要参与激烈的市场竞争。企业为了自身生存和发展,就必须对企业的经营活动和市场行为作出正确决策。因此,经营管理决策对于任何一个企业而言,都有十分重要的作用。

1)经营管理决策是企业经营管理活动的核心

企业的经营管理活动是企业最重要的活动。经营管理活动包括经营和管理。人们认为,管理的重心是经营,经营的重心在决策。这说明决策是经营管理活动的关键。事实上,无论是经营,还是管理,都离不开决策,企业怎样经营,如何管理,都需要作出一系列决策。这是因为,从经营的角度看,企业要根据企业面临的内外条件,确定生产、经营商品范围和目标,决定生产什么、销售什么,销售多少,销售给谁;用何种办法和手段进入市场,以最少的耗费求得最快的发展;何种促销最有效等。这需要作经营决策。从管理角度看,管理工作有计划、组织、控制三大职能,每项职能的执行,都要以决策为前提。如企业生产销售计划如何制定得科学、合理,这就有一个决策问题。企业内部机构如何设置,职责如何划分,人员如何配备,这涉及组织职能的决策。

经营与管理是企业经济活动过程中一个事物的两个侧面,两者都离不开决策。实践中,在同样的条件下,决策水平不同会得到不同的结果,在有利条件下,由于决策错误造成失败;在不利条件下,由于决策正确,能变不利为有利,从而得到成功。

由此可见,决策贯穿于企业经营管理的整个过程,决策是企业经营管理的核心,没有正确的决策,企业就不可能有正确经营行为和管理活动。

2)经营管理决策正确与否,决定着企业生存和发展

随着企业市场主体地位的确立,企业将全面摆脱行政依附从属地位,具有独立行使生产经营的自主决策权力,与此同时,也要承担决策后果的全部责任,承担市场风险。正确的经营管理决策,使企业能采取正确的营销行动,企业能获得成功,错误的经营管理决策使企业实施错误的营销行动,导致企业经营失败。例如杭州娃哈哈集团在初建立时,通过市场调查发现,尽管市场有几十种口服营养液,但都是老少皆宜。他们大胆决策,专门生产供儿童专用的口服营养液。投入市场后,受到广大家长的欢迎,企业由此兴旺发达起来。反之,有的企业作了错误决策,生产销售的商品无人问津,严重积压,最后破产。世界著名企业都是依靠正确的经营管理决策而发展起来的。

3)正确的经营管理决策有助于企业提高市场竞争力,获得良好经营效果

市场经济是竞争经济,优胜劣汰是市场经济的基本规则。每一企业都在努力争夺市场机会,扩大市场销售,提高市场占有率。企业能否在竞争中取胜,关键在于是否善于抓住有利时机,发挥竞争优势,作出准确判断和果断决策。决策及时、正确,往往可以在竞争中出奇制胜,迅速扭转不利地位,变被动为主动;反之,则可能坐失良机,或一着不慎,全盘皆输。

正确的经营管理决策促使企业能灵活地、连续不断地针对市场竞争环境的变化作出反应,提高企业的应变能力,增强企业的竞争力。企业有竞争力,突出表现在企业产品能占领市场,产品能受到广大消费者的欢迎。由此,企业就能获得良好的经济效益。

5.2.3 决策的类型

由于企业活动非常复杂,因而,管理者的决策也多种多样。不同的分类方法,具有不同的决策类型。

1)按决策的作用分类

(1)战略决策

战略决策是指有关企业的发展方向的重大全局决策,由高层管理人员作出。如对企业的经营方向、经营方针、新产品开发等决策。它具有影响时间长、涉及范围广、作用程度深刻的特点,是战术决策的依据和中心目标。它的正确与否,直接决定企业的兴衰成败,决定企业发展前景。

(2)战术决策

战术决策是为保证企业总体战略目标的实现而解决局部问题的重要决策,如企业原材料和机器设备的采购,生产、销售的计划,商品的进货来源,人员的调配等属此类决策。战术决策一般由企业中层管理人员作出的。战术决策要为战略决策服务。

(3)业务决策

业务决策是指基层管理人员为解决日常工作和作业任务中的问题所作的决策。

课堂训练

科宁玻璃公司的经营决策

科宁是美国一家创建最早的公司,主要经营玻璃制品。1880 年,科宁公司成功地制造了第一个灯泡。科宁公司一直是由其创始人科宁家族掌管,并一直以制造和加工玻璃为其业务重点。

然而,科宁的这种经营战略也给它带来了许多问题:它的骨干部门——灯泡生产在 30 年前曾占领 1/3 的美国灯泡市场,而今天却丧失了大部分市场,电视显像管的生产也因面临剧烈的竞争而陷入困境。这两条主要产品线都无法再为公司获取利润。面对这种情况,公司既希望开辟新的市场,但又不愿意放弃其传统的玻璃生产和加工。从而,公司最高层领导制订了一个新的发展计划。计划包括 3 个主要方面:第一,决定缩小类似灯泡和电视显像管这样低效的部门;第二,决定减少因市场周期性急剧变化而浮动的产品生产;第三,开辟既有挑战性又具巨大潜在市场的产品。

第三方面又包括 3 个新的领域:一是开辟光波导器生产——用于电话和电缆电视方面的光波导器和网络系统以及高级而复杂的医疗设备等,希望这方面的年销售量能达到40亿美元。二是开辟生物工艺技术,这种技术在食品行业方面大有前途。三是利用原来的优势,继续制造医疗用玻璃杯和试管等,并开拓电子医疗诊断设备,希望在这方面能达到全国同行业中第一或第二的地位。

科宁公司还有它次一级的目标。例如,目前这个公司正在搞一条较复杂的玻璃用具生产线,并想向不发达国家扩展业务。很明显,科宁在进行着一个雄心勃勃的发展计划。公司希望通过提高技术,提高效率,以获得更大的利润。

问题:

1. 什么是战略决策和战术决策?

2. 请指出科宁公司的战略决策和战术决策的主要内容。

2)按决策的性质分类

(1)程序化决策

程序化决策即有关常规的、反复发生的,能按原先已规定的程序、处理方法和标准进行的决策。如任务的日常安排,常用物资的订货或采购等。

(2)非程序化决策

非程序化决策是指具有极大偶然性、随机性,又无先例可循且具有大量不确定性的决策活动,其方法和步骤难以程序化。如新产品的开发、工厂的扩建等。

3)按决策的可靠程度分类

(1)确定性决策

确定性决策指决策者对供决策选择的各备选方案所处的客观条件完全了解,每一个备选方案只有一种结果,比较其结果的优劣就可作出决策。例如,某企业决定采购一批物资,现有4家供应商报价分别为120元、100元、110元、90元,这家企业就会向90的这家采购。

确定型决策应具备的条件,具体有:

①存在决策者期望达到的一个决策目标;

②未来的状况,只存在一个确定的自然状态;

③存在两个或两个以上的备选方案,供决策者选择;

④每一个备选方案在确定状态下的损益值可以计算出来。

(2)风险型决策

风险型决策是指各种可行方案的条件大部分是已知的,但每个方案的执行都可能出现几种结果,各种结果的出现有一定概率,决策的结果只有按概率来确定,存在着风险的决策,每一种方案都可能盈利也可能亏损。

(3)不确定型决策

不确定型决策所处的条件和状态都与风险型决策相似,不同的只是各种方案在未来将出现哪一种结果的概率不能预测,因而结果不确定,完全凭决策者的经验、感觉和估计作出的决策。

4)按决策的主体不同分类

(1)个人决策

个人决策是由企业领导者凭借个人的智慧、经验及所掌握的信息进行的决策。决策速度快、效率高是其特点,适用于常规事务及紧迫性问题的决策。个人决策的最大缺点是带有主观和片面性,因此,对全局性重大问题则不宜采用。

(2)集体决策

集体决策是指由会议机构和上下相结合的决策。会议机构决策是通过董事会、经理扩大会、职工代表大会等权力机构集体成员共同作出的决策。上下相结合决策则是领导机构与下属相关机构结合、领导与群众相结合形成的决策。集体决策的优点是能充分发挥集团智慧、集思广益、慎重决策,从而保证决策的正确性、有效性;缺点是决策过程较复杂,耗费时间较多。它适宜于制定长远规划、全局性的决策。

5.2.4　决策的流程

决策是一项非常复杂、重要的管理工作,决策者要作出正确的决策,除要掌握决策原则外,还必须遵循正确的决策流程,决策是一个分析问题、研究问题和解决问题的逻辑分析过程。一般来说,决策流程包括以下内容:

1)诊断问题

决策是为了解决一定的问题而制定的。没有发现组织运行中存在的问题,就没有必要制定新的决策来使组织活动作出调整和改变。因此,决策者首先要研究组织的现状,发现存在的问题。

问题是指事物应有状况与实际状况之间的差距,这里的差距,可能是消极的,但更多是积极的,如组织内部条件改善后要力求把握的发展机会,或外部环境中出现的有利于组织的变化,组织如何充分利用等。

2)确定决策目标

决策目标是指在一定外部环境和内部环境条件下,在市场调查和研究的基础上所预测达到的结果。决策目标是根据所要解决的问题来确定的,因此,必须把握住所要解决问题的要害。只有明确了决策目标,才能避免决策的失误。在确定决策目标时,要注意以下几点:

①决策目标要考虑其实现的可能性,不能一味追求最优化。

②决策目标要明确具体,越是近期目标,越要求明确具体;远期目标,则允许有一定的模糊性,但尽可能数量化,以便于衡量决策的实施效果。

③决策目标要有一定的弹性,目标应有必须达到和争取完成两种,形成具有完成低限和高限这样有一定幅度的弹性目标。

3)拟定备选方案

决策目标确定以后,就应拟定达到目标的各种备选方案。拟定备选方案,第一步是分析和研究目标实现的外部因素和内部条件,积极因素和消极因素,以及决策事物未来的运动趋势和发展状况;第二步是在此基础上,将外部环境各不利因素和有利因素、内部业务活动的有利条件和不利条件等,同决策事物未来趋势和发展状况的各种估计进行排列组合,拟定出实现目标的方案;第三步是将这些方案同目标要求进行粗略的分析对比,权衡利弊,从中选择出若干个利多弊少的可行方案,供进一步评估和抉择。

4)评价备选方案

备选方案拟定以后,随之便是对备选方案进行评价,评价标准是看哪一个方案最有利于达到决策目标。评价的方法通常有 3 种:即经验判断法、数学分析法和试验法。

5)选择方案

选择方案就是对各种备选方案进行总体权衡后,由决策者挑选一个最好的方案。方案的选择方式,依决策问题的重要性不同而有所不同,重要的决策方案,首先要将方案印发给有关人员准备意见;其次是召开会议,由专家小组报告方案评估过程和结论;最后是决策者集体进行充分讨论,选择出满意的方案。

6)方案实施和评估反馈

经过实施过程中的反馈,可以了解到决策方案中实际运行情况有没有偏离目标,在经过分析研究后可以对方案进行适应性调整,以使方案更加符合组织的实际情况和变化的环境。从这个意义上说,决策不是一次性的静态过程,而是一个循环往复的动态过程。

5.2.5 现代企业经营决策的基本方法

决策方法可分为定性决策方法、定量决策方法及两者结合的决策方法。

1)定性决策法

定性决策法指在决策中主要依靠决策者或有关专家的智慧来进行决策的方法,这是一种"软技术"。管理决策者运用社会科学的原理并依据个人的经验和判断能力,采取一些有效的组织形式,充分发挥各自丰富的经验、知识和能力,从对决策对象的本质特征的研究入手,掌握事物的内在联系及其运行规律,对企业的经营管理决策目标、决策方案的拟定以及方案的选择和实施作出判断。这种方法适用于受社会、经济、政治等非计量因素影响较大、所含因素错综复杂、涉及社会心理因素较多以及难以用准确数量表示的综合性问题。

定性决策方法有很多种,常用的有德尔斐法、头脑风暴法、电子会议法等。

(1)德尔斐法

德尔斐法是由美国兰德公司于20世纪50年代初发明的,最早用于预测,后来推广应用到决策中来。德尔斐法是一种向专家进行调查研究的专家集体判断。它是以匿名方式通过几轮函询征求专家们的意见,组织决策小组对每一轮的意见都进行汇总整理,作为参照资料再发给每一个专家,供他们分析判断,提出新的意见。如此反复,专家的意见渐趋一致,最后作出最终结论。在长远的战略决策中,由于许多条件的不确定性,德尔斐法特别适用。

德尔斐法的实施过程大致如下:

①拟定决策提纲。先把决策的项目写成几个提问的问题,问题的含义必须提得十分明确,不论谁回答,对问题的理解都不应两样,而且最好只能以具体明确的形式回答。

②选定决策专家。所选择的专家一般是指有名望的或从事该项工作多年的专家,最好包括多方面的有关专家,选定人数一般以20~50人为宜,一些重大问题的决策可选择100人以上。

③征询专家意见。向专家邮寄第一次征询表,要求每位专家提出自己决策的意见和依据,并说明是否需要补充资料。

④修改决策意见。决策的组织者将第一次决策的结果及资料进行综合整理、归纳,使其条理化,发出第二次征询表,同时把汇总的情况一同寄去,让每一

位专家看到全体专家的意见倾向,据此对所征询的问题提出修改意见或重新做一次评价。

⑤确定决策结果。征询、修改以及汇总反复进行三四轮,专家的意见就逐步集中和收敛,从而确定出专家们趋于一致的决策结果。

(2)头脑风暴法

头脑风暴法是利用一种思想产生的过程,鼓励提出任何种类的方案设计思想。一般以会议形式,主持者以一种明确的方式向所有参与者阐明决策的问题,然后要求与会者在一定时间内毫无拘束地提出尽可能多的方案,不允许其他与会者作任何评价建议,并且所有的方案记录在案,留待以后讨论分析,最后由决策者进行决策。

(3)电子会议法

电子会议法是群体预测与计算机技术相结合的预测方法。在使用这种方法时,先将决策参与者成员集中起来,每人面前有一个与中心计算机相连接的终端。决策者将决策问题显示给决策参与者,要求他们将自己有关解决决策问题的评论和票数统计输入计算机终端,然后再将它投影在大型屏幕上。电子会议法有以下优点:

①匿名。参与者采取匿名的方式用键盘输入自己的回答就行了。

②可靠。每个人作出的有关解决决策问题的建议都能如实地,不会被改动地反映在大屏幕上。

③快速。在使用计算机进行咨询时,不仅没有闲聊,而且人们可以在同一时间中互不干扰地交换见解,它要比传统的面对面的决策咨询的效率高出许多。

(4)哥顿法

这种方法的基本思想是把所研究的问题适当抽象,以利于开拓思路,提出较多的富有成效的方案。与会者不马上直接讨论决策问题本身,只讨论与决策问题有类似之处的另一问题,最后再回到决策问题本身,使与会者免受约束,激发新思路,以便从更大范围提出解决问题的方案。

2)定量决策法

定量决策方法常用于数量化决策,应用数学模型和公式来解决一些决策问题,即是运用数学工具、建立反映各种因素及其关系的数学模型,并通过对这种数学模型的计算和求解,选择出最佳的决策方案。对决策问题进行定量分析,可以提高常规决策的时效性和决策的准确性。运用定量决策方法进行决策也是决策方法科学化的重要标志。

定量决策方法的优点有：

①可以提高决策的准确性、最优性、可靠性；

②可以使决策者从常规决策中解脱出来,把注意力集中在关键性、全局性的重大战略决策方面,这又帮助了领导者提高重大战略决策的正确性和可靠性。

定量决策方法也有其局限性：

①有些变量难以定量；

②数学手段本身深奥难懂；

③花钱多,不适合一般决策问题。

定量决策的方法主要包括风险型决策、确定型决策和非确定型决策3种。

(1)风险型决策方法

风险型决策方法是指决策者在对未可能发生的情况无法作出肯定判断的情况下,通过预测各种情况发生,根据不同概率来进行决策的方法。风险型决策的方法很多,最常用的是决策树法。

决策树法是把每一决策方案各种状态的相互关系用树形图表示出来,并且注明对应的概率及其报酬值,从而选择出最优决策方案。它指明了未来的决策点和可能发生的偶然事件,并用记号标明各种不确定事件可能发生的概率,它把可行方案、所冒风险及可能的结果直观地表达出来。

由于根据这种方法的基本要素就可以描画出一个树状的图形,因而管理学把这一树状图形称作为决策树。决策树的构成一般有5个要素：一是决策点；二是方案枝；三是状态节点；四是概率枝；五是损益值点,如图5.3所示。

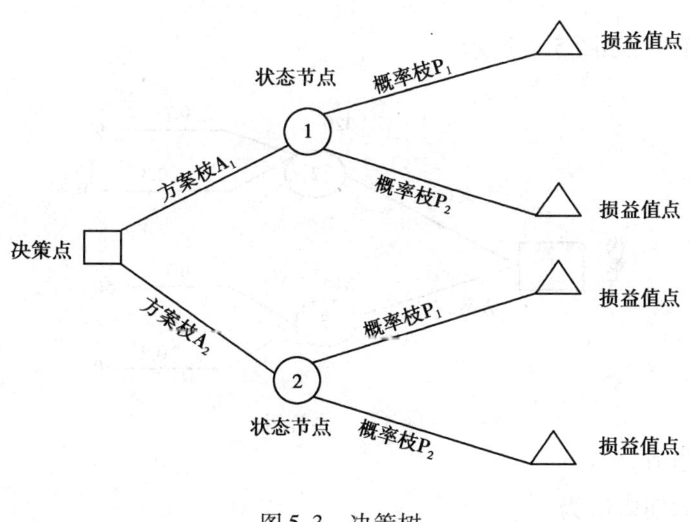

图5.3　决策树

决策树法在决策的定量分析中应用相当广泛，有许多优点：

第一，可以明确地比较各种方案的优劣；

第二，可以对某一方案有关的状态一目了然；

第三，可以表明每个方案实现目标的概率；

第四，可以计算出每一方案预期的收益和损失；

第五，可以用于某一个问题的多级决策分析。

下面举例说明决策树法的应用。

课堂训练

A企业准备生产某种产品，预计该产品的销售有两种可能：销路好，其概率为0.7；销路差，其概率为0.3；可采用的方案有两个：一个是新建一条生产线，需投资220万元；另一个是对原有的设备进行技术改造，需投资70万元。两个方案的使用期均为10年，损益资料如表5.1所示，试对方案进行决策。

表5.1 损益资料

方案	投资/万元	年收益/万元		使用期/年
		销路好(0.7)	销路差(0.3)	
1.新建流水线	220	90	-30	10
2.技术改造	70	50	10	10

绘制决策树，如图5.4所示。

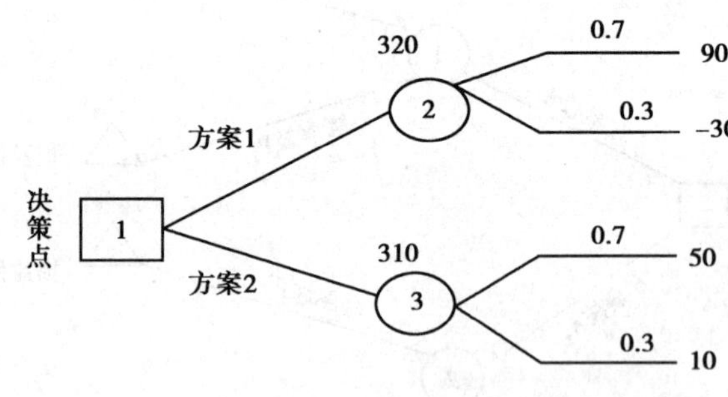

图5.4 决策树

计算期望值：

节点②的期望值为：

$$[90\times0.7+(-30)\times0.3]\times10-220=320(\text{万元})$$

节点③的期望值为：

$[50\times0.7+10\times0.3]\times10-70=310$(万元)

从期望收益值来看，方案一较高。因此，应采用此方案。

(2)确定型决策方法

确定型决策是指决策过程的结果完全由决策者所采取的行动决定的一类问题。例如：某人得到一小笔奖金500元，他可以用这些钱买一份礼物送给父母，以示孝心；或者可以给儿子买他向往已久的玩具汽车；或者可以一家三口出去吃一顿；或者还可以为自己买些资料；他作出一个决策，采用了以上的其中一条。比如买礼物送给父母，那么结果就是表示了孝心，这就是一个确定型决策。

确定型决策看起来似乎很简单，在实际决策中并不都是这样。决策人面临的备选方案可能很多，从中选出最优方案就很不容易。例如：一部邮车要从一个城市到另外10个城市巡回一次，其路线就有2万条，从中选出最短路线就不容易，必须运用线性规划的数学方法才能解决。

确定型决策的方法有以下几类：

①线性规划、排队论、网络技术等数学模型法。

②微分极值法。

③盈亏平衡分析法。

(3)非确定型决策方法

①非确定型决策方法的涵义：非确定型决策方法是指决策者在对决策问题不能确定的情况下，通过对决策问题变化的各种因素分析，估计其中可能发生的自然状态，并计算各个方案在各种自然状态下的损益值，然后按照一定的原则进行选择的方法。

②非确定型决策方法的准则：由于非确定性决策各种自然状态出现的概率难以估计出来，因而现代决策理论根据非确定型决策问题的特点，总结出一套方便可行的方法，即先假定一些准则，根据这些准则求出方案的期望值，然后再确定每一决策问题的最优值。非确定型决策方案的准则主要有：乐观准则、悲观准则、等概率准则、决策系数准则、遗憾准则。

a. 乐观准则(大中取大)。这是决策者对客观情况抱乐观态度。它是先找出各种行动方案在各种自然状态下的最大收益值，并选取最大收益中的最大值所对应的行动方案作为决策方案。其决策如表5.2所示。

这种方法的特点是，决策者对决策事件未来前景的估计乐观并有成功的把握。因此愿意以承担风险的代价去获得最大收益。

表 5.2 乐观准则决策表

收益值 / 自然状态 / 方案	S1	S2	S3	S4	最大收益值
A1	50	60	70	80	80
A2	40	60	90	100	100
A3	70	30	50	60	70
A4	20	60	80	90	90
最大收益值中的最大收益值					100
所选定的决策方案					A2

b.悲观准则(小中取大)。这种决策方法与乐观准则正相反,它要先算出各种许多方案在各种自然状态下可能有的收益值,再找出各种自然状态下的最小收益值,把最小收益值中的最大值对应的方案作为决策方案。决策表如表5.3所示。

表 5.3 悲观准则决策表

收益值 / 自然状态 / 方案	S1	S2	S3	S4	最小收益值
A1	50	60	70	80	50
A2	40	60	90	100	40
A3	70	30	50	60	30
A4	20	60	80	90	20
最小收益值中的最大收益值					50
所选定的决策方案					A1

采用这种方法是非常保守的,决策者唯恐决策失误造成较大的经济损失。因此在进行决策分析时,比较小心谨慎,从最不利的客观条件出发来考虑问题,力求损失最小。

c.后悔值准则。这是因决策的失误造成机会损失而后悔。我们的目的是使折中后悔减少到最低程度,故以各个方案机会损失大小来判定方案的优劣。决策过程是在计算出各个方案在各种自然状态下的后悔值以后,从中选择每个方案的最大后悔值,然后从最大后悔值中选取最小者为决策方案。

决策后悔值 = 理想效益值 - 现实结果值

用表5.4说明,按后悔值准则决策,应采用方案A1。

表5.4 后悔值准则决策表

方案	收益值				后悔值				最大后悔值
	S1	S2	S3	S4	S1	S2	S3	S4	
A1	50	60	70	80	20	0	20	20	20
A2	40	60	90	100	30	0	0	0	30
A3	70	30	50	60	0	30	40	40	40
A4	20	60	80	90	50	0	10	10	50
最大后悔值中的最小值					20				
应选择的决策方案					A1				

以上3种方法,作为非确定型决策优选方案的依据,都带有相当程度的随意性,从本例中可以看出,由于决策方法不同,决策的结果是不一样的。因此,在实际工作中,决策方法的选择,主要取决于决策者的知识、经验、观念、综合分析判断能力和魄力。

延伸阅读

导致企业决策制定发生失误的5个因素

决策的制定是否会发生失误,并不是由决策制定人的主观愿望决定的,而是在企业决策的制定过程中有5个导致决策失误的因素在不断起作用。这5个因素是:

1. 赖以决策的信息缺乏

制定决策就是谋求一种优化选择,即根据所掌握的信息对自己的活动目标和方式进行选择,以使自己的活动能最大限度地达成自己所寻求的目标。但是,如果决策信息不充分,也就无法进行这种优化选择。

2. 决策制定人的情绪波动

情绪是人的心理对外部世界的特定事件和变化的一种不自主的反应，具体表现为喜、怒、哀、乐、忧、惧6种心理状态，以及由相应心理状态反应出现的身体状态。人在这6种不同的心理状态下，对所面对的问题，会因为心理状态本身的不同特点而做出完全不同的选择。

一个人无论处于这其中哪一种心理状态，也都不可避免地会导致决策的制定发生失误。

3. 决策制定人的情感纠葛

情感是人的意志行为指向发生固着和粘附的一种心理表现。它让人不能及时地根据外部环境的变化而调整自己的目标指向和行为选择。

4. 决策制定人的价值偏好

价值偏好也就是决策制定人仅仅根据自己的偏好来判定什么是真、善、美，什么是假、恶、丑，并固守这种一成不变的价值观念，不知道根据社会外部环境的发展变化而调整改变。任何一个人都会有自己的价值观念，并且都会以自己的这种价值观念作为判断事物和对事物进行取舍的标准和依据。如果决策制定人所固守的价值观念与社会发展的实际不相容，或者与社会共同的价值取向有差异和矛盾。而他又想当然地按照所固守的价值观念对社会进行假设，把这种价值观念强加给企业和社会，并作为制定决策的根据和标准时，企业的决策质量的降低和失误也就不可避免了。

5. 决策制定人的思维惯性

所谓思维惯性，又称作思维定式，是由个人的已往成功经验和受挫经历，沉淀形成的一种惯常的思考问题的方式、方法。它一经形成，就会使人对于外部环境变化和时代变化信息的敏感度下降，甚至变得迟钝，忽视这种变化，直接把过去思考问题的方式、方法，套用到新形势、新情况下的问题分析上来，直接沿用过去应对问题的对策措施来解决新形势、新情况下的新问题。其结果是，决策的制定仅仅按照一个固定不变的模式进行取舍选择，从而直接导致选择的结果与其所寻求的价值目标发生背离，使应该避免的风险不能避免，应该抓住的机会不能抓住，降低决策的质量。

资料来源：百度文库 http://wenku.baidu.com/view/01cd3c0bf78a6529647 d5333.html

学习任务3 制定企业经营计划

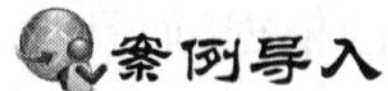

案例导入

A公司的经营计划

A有限公司经过了多年的发展，于2010年4月进行了公司股份制改制。为了提升公司所有者权益，降低资产负债率，提高公司在市场激烈竞争环境下的竞争能力，遂进行了现代公司股份改制，将原发起人E%的股份出让给了M先生，并按照《中华人民共和国公司法》的有关规定，建立了董事会，选举M先生为公司董事会董事长兼法人代表，W先生任总经理，Z女士任执行监事。在公司新一届领导班子的领导下，将紧抓国家有关西部大开发和国家鼓励农业产业化政策的大好时机，实现企业高效、快速的发展。

随着位于A级(国家级)经济技术开发区，占地面积25.46亩(15亩=1公顷)的新生产厂区的落成投产，标志着A公司实现了跨越式发展，从此进入了A区现代化大型面粉加工企业行列，为A的发展提供了广阔的空间。

2011年公司经营计划如下：

为了提高A公司的管理水平，实现2011年的企业经营目标，根据董事会决议，并结合实际情况制定了以下的计划目标：

①财务目标。2011年计划销售额X万元，实现利税Y万元。

②生产过程与质量目标。生产能力2011年计划加工小麦X_1万吨，将生产各种优质面粉Y_1万吨；产品质量100%合格。

③客户目标。加大宣传力度，提高客户的服务水平，增加顾客的满意率和顾客对品牌的忠诚度。

④员工与社会责任目标。加大员工本地化，并为员工办理养老、医疗、工伤的社会保险；为员工提供学习和食宿上的方便，并根据岗位的差异提供不同学时的培训学习，以提高其业务能力和素质水平。

⑤市场目标。继续加大"A"品牌在A及周边地区的市场占有率，使其增长到25%。

资料来源:http://www.anhui365.net/read.php? tid-1363916.html

相关知识

计划过程是决策的组织落实过程。决策是计划的前提,计划是决策的逻辑延续。计划通过将组织在一定时期内的活动任务分解给组织的每个部门、环节和个人,从而不仅为这些部门、环节和个人在该时期的工作提供了具体的依据,而且为决策目标的实现提供了保证。

5.3.1 计划的概念

计划具有两重含义,其一是计划工作,是指根据对组织外部环境与内部条件的分析,提出在未来一定时期内要达到的组织目标以及实现目标的方案途径。计划工作是对决策所确定的任务和目标提供一种合理的实现方式。其二是计划形式,是指用文字和指标等形式所表述的组织以及组织内不同部门和不同成员,在未来一定时期内关于行动方向、内容和方式安排的管理事件。计划既是决策所确定的组织在未来一定时期内的行动目标和方式在时间和空间的进一步展开,又是组织、领导、控制和创新等管理活动的基础。

计划必须清楚地确定和描述"5W1H":

What——做什么?目标与内容。

Why——为什么做?原因。

Who——谁去做?人员。

Where——何地做?地点。

When——何时做?时间。

How——怎样做?方式、手段。

5.3.2 计划的类型

计划的种类很多,可以按不同的标准进行分类。主要分类标准有:计划的重要性、时间界限、明确性和抽象性等。但是依据这些分类标准进行划分,所得到的计划类型并不是相互独立的,而是密切联系的。比如,短期计划和长期计划,战略计划和作业计划等。

1）从计划的重要性程度上来看，可以将计划分为战略计划和作业计划

应用于整体组织的，为组织设立总体目标和寻求组织在环境中的地位的计划，称为战略计划。规定总体目标如何实现的细节的计划称为作业计划。战略计划与作业计划在时间框架上，在范围上和在是否包含已知的一套组织目标方面是不同的。战略计划趋向于包含持久的时间间隔，通常为 5 年甚至更长，它们覆盖较宽的领域和不规定具体的细节。此外，战略计划的一个重要的任务是设立目标；而作业计划假定目标已经存在，只是提供实现目标的方法。

2）按计划的时期界限分为长期计划和短期计划

长期计划描述了组织在较长时期（通常 5 年以上）的发展方向和方针，规定了组织的各个部门在较长时期内从事某种活动应达到的目标和要求，绘制了组织长期发展的蓝图。短期计划具体地规定了组织的各个部门在目前到未来的各个较短的时期阶段，特别是最近的时段中，应该从事何种活动，从事该种活动应达到何种要求，因而为各组织成员在近期内的行动提供了依据。

长期计划的目的在于组织活动能力的再生和扩大，因而其执行结果主要影响组织的发展能力；短期计划的目的在于已经形成的组织活动能力的充分利用，因而其执行结果主要影响组织活动的效率以及由此决定的生存能力。

3）按计划的内容分为综合计划和专项计划

综合计划是对社会再生产过程或企业生产经营过程所作出的整体安排。其特点是从整体出发，强调综合性，促使各部门、各环节协调发展。

专项计划指为完成某一特定重要任务拟定的计划。其特点是内容单一性、期限不定性，而且表现为具体性。

综合计划和专项计划是整体与局部的关系。专项计划是综合计划中某些重要项目的特殊安排，以便制定实施方案。所以制定专项计划必须以综合计划为指导，避免同综合计划相脱节。

5.3.3　计划的表现形式

计划的表现形式包括：目的或使命、目标、战略、政策、程序、规则、方案，以及预算。

1)目的或使命

它指一定的组织机构在社会上应起的作用,所处的地位。它决定组织的性质,决定此组织区别于彼组织的标志。各种有组织的活动,如果要使它有意义的话,至少应该有自己的目的或使命。比如,大学的使命是教书育人和科学研究,研究院所的使命是科学研究,医院的使命是治病救人,法院的使命是解释和执行法律,企业的目的是生产和分配商品和服务。

2)目标

组织的目的或使命往往太抽象,太原则化,它需要进一步具体为组织一定时期的目标和各部门的目标。组织的使命支配着组织各个时期的目标和各个部门的目标。而且组织各个时期的目标和各部门的目标是围绕组织存在的使命所制定的,并为完成组织使命而努力的。虽然教书育人和科学研究是一所大学的使命,但一所大学在完成自己使命时会进一步具体化不同时期的目标和各院系的目标,比如最近3年培养多少人才,发表多少论文等。

3)战略

战略是为了达到组织总目标而采取的行动和利用资源的总计划,其目的是通过一系列的主要目标和政策去决定和传达一个组织期望自己成为什么样的组织。战略并不打算确切地概述组织怎样去完成它的目标,这是无数主要的和次要的支持性计划的任务。

4)政策

政策是组织在决策和解决问题时用来指导和沟通思想与行动方针的规定或行为规范。它规定了解决某类问题的方法,可以避免重复分析,减少例行事件的处理成本。政策给出了作用的范围和界限,鼓励下级在规定的范围内自主地处理问题,主动承担责任。用统一的政策指导组织,才能保证组织的一致性,在未来的活动中发生的大量决策及有关行动有统一的标准、一致的步调,使之协调运行。

5)程序

程序是制定处理未来活动的一种必需方法的计划。它详细列出必须完成某类活动的切实方式,并按时间顺序对必要的活动进行排列。它与战略不同,它是行动的指南,而非思想指南。它与政策不同,它没有给行动者自由处理的权利。处于理论研究的考虑，我们可以把政策与程序区分开来，但在实践工作中，程序往往表现为组织的政策。比如，一家制造企业的处理定单程序、财务部门批准给客户信用的程序、会计部门记载往来业务的程序等，都表现为企业的政策。组织中每个部门都有程序，并且在基层，程序更加具体化，数量也更多。

6）规则

规则没有酌情处理的余地。它详细、明确地阐明必需行动或无需行动，其本质是一种管理决策。规则通常是最简单形式的计划。

规则不同于程序。其一，规则指导行动但不说明时间顺序；其二，可以把程序看作是一系列的规则，但是一条规则可能是也可能不是程序的组成部分。比如，“禁止吸烟”是一条规则，但和程序没有任何联系；而一个规定为顾客服务的程序可能表现为一些规则，如在接到顾客需要服务的信息后30分钟内必须给予答复。

规则也不等于政策。政策的目的是指导行动，并给执行人员留有酌情处理的余地；而规则虽然也起指导作用，但是在运用规则时，执行人员没有自行处理之权。

必须注意的是，就其性质而言，规则和程序均旨在约束思想；因此只有在不需要组织成员使用自行处理权时，才使用规则和程序。

7）方案（或规划）

方案是实现组织既定方针所需的目标、政策、程序、任务分配、执行步骤、资源使用而制定的综合性计划，其重点在于划分目标实现的进度。一项方案可能很大，也可能很小。例如：为了实现我国社会经济发展的大目标，国家制定了一个五年规划；若一个组织因形势的需要，准备实施异地搬迁，就会有搬迁规划。

通常情况下，一个主要方案（规划）可能需要很多支持计划。在主要计划进行之前，必须要把这些支持计划制定出来，并付诸实施。所有这些计划都必须加以协调和安排。

8）预算

为完成组织的目标，必须要使用各种资源，用财力表述出来，就有了预算。预算是用数字表示预期结果的一种报告书，是一种数字化的计划。包括业务预算、财务预算和专门预算。

把各种计划分解成一定数字会表现出条理性，可使管理者清楚地看到，哪些资源将由谁来使用，计划涉及哪些部门、经费多少、收入多少。一个好的预算，有可能把各方面的主要策略反映出来。有了精确、可靠的预算，目标的实现就有了保证。

5.3.4 计划的性质

计划的根本目的,在于保证管理目标的实现。从事计划工作并使之有效地发挥作用,就必须把握计划的性质。它主要表现在以下 4 个方面:

1)计划的普遍性

计划的普遍性有两层含义:一是指社会各部门、各环节、各单位、各岗位,为有效实现管理目标,都必须具有相应的计划。上至国家,下至一个班组,甚至个人,无不如此。二是指所有管理者,从最高管理人员到第一线的基层管理人员都必须从事计划工作。计划是任何管理人员的一个基本职能,也许他们各自计划工作的范围不同、特点不同。

2)计划的首位性

把计划放在管理职能的首位,不仅因为从管理过程的角度看,计划先行于其他管理职能,而且因为在某些场合,计划是付诸实施的唯一管理职能。计划的结果可能得出随后的组织、领导、协调及控制工作等。例如,对于一个要否建立新工厂的计划研究工作来说,如果得出的结论是新工厂在经济上是不划算的,那也就没有筹建、组织、领导和控制一个新工厂的问题了。

计划具有首位性的原因,还在于计划影响和贯穿于组织、领导、协调和控制等各项管理职能当中。

3)计划的科学性

无论做什么计划都必须遵循客观要求,符合事物本身发展的规律,不能脱离了现实条件任意杜撰,随意想象。从事计划工作,就是通过管理者的精心规划和主观能动作用的发挥,使那些本来不可能发生的事成为可能,使那些可能发生的事成为现实。因此,从事计划工作,一是必须要有求实的科学态度,一切从实际出发,量力而行;二是必须有可靠的科学依据,包括准确的信息,完整的数据资料等;三是必须有正确的科学方法,如科学预测、系统分析、综合平衡、方案优化等。这样才能使整体计划建立在科学的基础上,既富有创造性,又具有可行性。

4)计划的有效性

计划不仅要确保组织目标的实现,而且要从众多的方案中选择最优的方案,以求得合理利用资源和提高效率。因此,计划要追求效率。计划的效率,可以用计划对组织的目标的贡献来衡量。贡献是指实现的组织目标及所得到的利益,扣除制定和实施这个计划所需要的费用和其他因素后,能得到的剩余。在计划所要完成的目标确定的情况下,同样可以用制定和实施计划的成本及其他连带成本(如计划实施带来的损失、计划执行的风险等)来衡量效率。如果计划能得到最大的剩余,或者如果计划按合理的代价实现目标,这样的计划是有效率的。特别要注意的是,在衡量代价时,不仅要用时间、金钱或者生产来衡量,而且还要衡量个人和集体的满意程度。

5.3.5 计划的作用

在管理实践中,计划是其他管理职能的前提和基础,并且还渗透到其他管理职能之中,列宁指出过:"任何计划都是尺度、准则、灯塔、路标。"它是管理过程的中心环节,因此,计划在管理活动中具有特殊重要的地位和作用。

1)指引方向和目标

计划能使组织置身于复杂多变和充满不确定性因素的环境中时,始终把其主要注意力集中在一定的目标上,使组织及其成员所有的行动保持同一方向,促使目标的实现,从而减少内耗、降低成本、提高效益。

2)发现机会和风险

计划是面向未来的,在未来,无论是组织生存的环境还是组织本身都具有一定的不确定性和风险性,而计划工作可以通过周密细致的预测,尽可能地变"意料之外"为"意料之中"。使组织及时预见风险,及时发现机会,早做准备,从而有助于消除或降低对未来的不确定性。

组织在实现目标的过程中离不开控制,而计划是控制的基础为控制提供标准。如果没有既定的目标和规划作为衡量的依据和尺度,管理者就无法检查组织目标的实现情况,也就不能实施控制。可以说控制中几乎所有的标准都来自于计划。

3)协调组织活动

组织在实现目标的过程中,各种活动可能会出现前后不协调,各个部门可能会出现联系脱节等现象。良好的计划能通过设计好的、协调一致的、有条不紊的工作流程来避免上述现象的出现,从而减少重复和浪费性的活动。

5.3.6 计划流程

计划工作必须紧紧围绕两个基本问题:一是准备实现哪些目标;二是如何实现这些目标。任何计划工作都要遵循一定的程序或步骤。虽然小型计划比较简单,大型计划复杂些,但是,管理人员在编制计划时,其工作步骤都是相似的,依次包括以下内容:

1)认识机会

认识机会先于实际的计划工作开始以前,严格来讲,它不是计划的一个组成部分,但却是计划工作的一个真正起点。因为它预测到了未来可能出现的变化,清晰而完整地认识到组织发展的机会,搞清了组织的优势、弱点及所处的地位,认识到组织利用机会的能力,意识到不确定因素对组织可能发生的影响程度等。

认识机会,对做好计划工作十分关键。一位经营专家说过:"认识机会是战胜风险求得生存与发展的诀窍。"诸葛亮"草船借箭"的故事流传百世,其高明之处就在于他看到了3天后江上会起雾,而曹军有不习水性不敢迎战的可能,于是神奇般地实现了自己的战略目标。企业经营中也不乏这样的例子。

2)确定目标

制定计划的第二个步骤是在认识机会的基础上,为整个组织及其所属的下级单位确定目标,目标是指期望达到的成果,它为组织整体、各部门和各成员指明了方向,描绘了组织未来的状况,并且作为标准可用来衡量实际的绩效。计划的主要任务,就是将组织目标进行层层分解,以便落实到各个部门、各个活动环节,形成组织的目标结构,包括目标的时间结构和空间结构。

在目标的制定上,首先要注意目标的价值。计划设立的目标应对组织的总目标有一定的价值并与之一致。其次要注意目标的内容和资源分配的先后顺序。最后,目标应有其明确的衡量指标,不能含糊不清。目标应尽可能的量化,以便度量和控制。

3)确定前提条件

所谓计划工作的前提条件就是计划工作的假设条件,简言之,即计划实施时的预期环境。负责计划工作的人员对计划前提了解得越细越透彻,并能始终如一地运用它,则计划工作也将做得越协调。

按照组织的内外环境,可以将计划工作的前提条件分为外部前提条件和内部前提条件;还可以按可控程度,将计划工作前提条件分为不可控的、部分可控的和可控的3种前提条件。外部前提条件大多为不可控的和部分可控的,而内部前提条件大多数是可控的。不可控的前提条件越多,不肯定性越大,就越需要通过预测工作确定其发生的概率和影响程度的大小。

4)拟定可供选择的可行方案

编制计划的第4个步骤是,寻求、拟定、选择可行的行动方案。"条条道路通罗马"描述了实现某一目标的方案途径是多条的。通常,最显眼的方案不一定就是最好的方案,对过去方案稍加修改和略加推演也不会得到最好的方案,一个不引人注目的方案或通常人提不出的方案,效果却往往是最佳的,这里体现了方案创新性的重要。此外,方案也不是越多越好。编制计划时没有可供选择的合理方案的情况是不多见的,更加常见的不是寻找更多的可供选择的方案,而是减少可供选择方案的数量,以便可以分析最有希望的方案。即使用数学方法和计算机,我们还是要对可供选择方案的数量加以限制,以便把主要精力集中在对少数最有希望的方案的分析上。

5)评价可供选择的方案

在找出了各种可供选择的方案和检查了它们的优缺点后,下一步就是根据前提条件和目标,权衡它们的轻重优劣,对可供选择的方案进行评估。评估实质上是一种价值判断,它一方面取决于评价者所采用的评价标准;另一方面取决于评价者对各个标准所赋予的权重。如果,一个方案看起来可能是最有利可图的,但是需要投入大量现金,而回收资金很慢;另一方案看起来可能获利较少,但是风险较小;第三个方案眼前看没有多大的利益,但可能更适合公司的长远目标,这时应该用运筹学中较为成熟的矩阵评价法、层次分析法、多目标评价法,进行评价和比较。

如果唯一的目标是要在某项业务里取得最大限度的当前利润,如果将来是确定的,如果无需为现金和资本可用性焦虑,如果大多数因素可以分解成确定数据,这样条件下的评估将是相对容易的。但是,由于计划工作者通常都面对很多不确定因素,资本短缺问题以及各种各样无形因素,评估工作通常很困难,甚至比较简单的问题也是这样。一家公司主要为了声誉,而想生产一种新产品;而预测结果表明,这样做可能造成财务损失,但声誉的收获是否能抵消这种损失,仍然是一个没有解决的问题。因为在多数情况下,存在很多可供选择的方案,而且有很多应考虑的可变因素和限制条件,评估会极其困难。

评估可供选择的方案，要注意考虑以下几点：第一，认真考察每一个计划的制约因素和隐患；第二，要用总体的效益观点来衡量计划；第三，既要考虑到每一个计划的有形的可以用数量表示出来的因素，又要考虑到无形的、不能用数量表示出来的因素；第四，要动态地考察计划的效果，不仅要考虑计划执行所带来的利益，还要考虑计划执行所带来的损失，特别注意那些潜在的、间接的损失。

6）选择方案

计划工作的第 6 步是选定方案。这是在前 5 步工作的基础上，作出的关键一步，也是决策的实质性阶段——抉择阶段。可能遇到的情况是，有时会发现同时有两个以上的可取方案。在这种情况下，必须确定出首先采取哪个方案，而将其他方案也进行细化和完善，以作为后备方案。

7）制定派生计划

完成方案的选择之后，各个下属部门还必须制定支持总计划的派生计划来给予支撑。比如，一家公司年初制定了“当年销售额比上年增长 20% ”的销售计划，与这一计划相连的有许多派生计划，如生产计划、促销计划等。再如当一家公司决定开拓一项新的业务时，这个决策需要制定很多派生计划作为支撑，比如雇佣和培训各种人员的计划、筹集资金计划、广告计划，等等。

8）编制预算

在做出决策和确定计划后，计划工作的最后一步就是把计划转变成预算，使计划数字化。编制预算，一方面是为了计划的指标体系更加明确，另一方面是使企业更易于对计划执行进行控制。定性的计划往往在可比性、可控性和进行奖惩方面比较困难，而定量的计划更具有可操作性。

课堂训练

关于“埃德塞尔”牌汽车的故事

1957 年，福特汽车公司着手生产一种新汽车，牌子叫做“埃德塞尔”。为了激起公众对新汽车的爱好，在“埃德塞尔”实际问世前一年就大肆进行了广告宣传。根据福特公司一位高级经理所说，在第一年中，计划是生产 20 万辆。但在两年后，也就是在实际生产了 11 万辆“埃德塞尔”之后，福特公司无可奈何地宣布，它犯了一个代价昂贵的错误。在花了几乎2.5亿美元进入市场之后,"埃德塞尔"在问世两年内估计还亏损了2亿多美元。

福特公司的战略是想利用"埃德塞尔"同通用汽车公司和克莱斯勒汽车公司在较高价格的汽车市场进行竞争。在制造分别适合美国社会的各种经济水平的不同类型的汽车方面,通用公司一直是非常成功的。在福特公司决定从大众化"福特"牌车型转向生产比较昂贵的汽车时,福特公司实际上已经失去了很大一部分市场。

有很多理由可以说明为什么"埃德塞尔"未能实现计划目标。其一,"埃德塞尔"是在经济衰退时期较高价格汽车市场收缩的情况下进入市场的,其二,当时国外经济型小汽车正开始赢得顾客的赞许。最后是"埃德塞尔"的车型和性能没有达到其他同样价格汽车的标准。

福特公司竭尽全力想出各种办法来防止全面的失败。他们向经销商提供折价出售"埃德塞尔"的方法作为销售额外分红,并且组织了一个有关车型、颜色、大小等方面的经销经验交流系统。并对全国性的广告预算增加了2 000万美元。折价出售"埃德塞尔"给州公路局官员,为使人们能在公路上看到这种汽车。为了招来顾客,还发动了一次规模巨大的驾车游行的推销活动,吸引50万潜在顾客参加。

思考:"埃德塞尔"计划为什么会失败?

学习自测

一、单选题(在每小题的四个备选答案中,选出一个正确答案)

1. 按计划的时期界限,可以将计划分为(　　)。

A. 长期计划、中期计划和短期计划　　B. 战略性计划和战术性计划

C. 具体性计划和指导性计划　　D. 程序性计划和非程序性计划

2. 根据总体目标要求和各单位各部门所承担的具体目标任务,对其所需资源进行合理的分配。这是经营计划具有的(　　)。

A. 协调作用　　B. 分配作用　　C. 保证作用　　D. 激励作用

3. 按计划的内容划分,经营计划有(　　)。

A. 综合经营计划和单项经营计划

B. 经营战略计划和经营战术计划

C. 长期经营计划、中期经营计划和短期经营计划

D. 实物量计划和价值计划

4. 规定企业为完成计划任务所需要的各类人员的数量、劳动生产率提高的水平、职工的工资水平等。这在经营计划内容中属于（　　）。

A. 生产计划　　B. 销售计划　　C. 劳动工资计划　D. 企业改造计划

5. 规定企业生产的产品品种、数量、质量及生产进度。这在经营计划内容中属于（　　）。

A. 生产计划　　B. 销售计划　　C. 劳动工资计划　D. 企业改造计划

二、判断题（判断下列陈述是否正确，正确的在括号内打"√"，错误的在括号内打"×"）

1. 就管理的过程而言计划位于其他管理职能之首。（　　）
2. 计划是计划工作的结果文件，其中记录了组织未来所采取行动的规划和安排。（　　）
3. 计划是合理配置资源、减少浪费、提高效益的手段。（　　）
4. 按照计划的不同功能可以将计划分为程序性计划与非程序性计划。（　　）
5. 综合性计划是长期的，专业性计划只能是短期的。（　　）
6. 选择组织活动的方案，通常根据的是满意化准则，而不是最优化准则。（　　）

三、简答题

1. 计划的含义是什么？
2. 阐述计划工作的性质。
3. 阐述计划的重要性。
4. 指出战略计划与作业计划、长期计划与短期计划的区别。
5. 简述计划工作的步骤。

案例分析

国华公司进入饲料行业的决策

国华公司是天津的一家乡镇企业，创建以来一直生产经营饮料，近年来，由于可口可乐、百事可乐等世界大公司的进入，加上饮料生产企业的急剧增加，竞争变得日趋激烈，公司的盈利水平下降。为此，国华公司也在设法寻找新产品，并开始生产豆奶。生产豆奶必然产生豆渣等副产品,这些副产品可以用于饲料的生产,于是公司对饲料产品产生了兴趣。后来国华公司发现在天津静海县有一家被闲置的饲料加工厂。这家工厂在20世纪90年代初从国外引进了一套可用于生产混合料及特种饲料的生产设备,但因一些非经济因素没有投产运营,致使设备闲置多年。国华公司有意购买这家工厂,利用其设备生产饲料,利用其他资源如土地、厂房等从事其他方面的经营活动。由于国华公司没有任何有关饲料生产经营的经验,所以专门在京津两地进行了调研,了解饲料市场需求情况及相关信息,以便支持公司高层的决策。

此次调研采取了案头分析与实地调查相结合的工作思路。对于实地调查,则将主要精力投入饲料产品的需方(养殖企业或单位)和行业或政府有关主管部门,以及熟知该行业情况的专家。在此基础上调查饲料生产企业。以下是从这次调研报告中整理出来的相关资料。

一、饲料工业概况

1. 饲料工业现状

①我国的饲料工业起步于20世纪70年代末。随着现代化集约饲养方式在沿海发达地区的兴起,饲料生产开始走上产业轨道。特别是近年来,在国家优惠政策的鼓励下,生产技术更新节奏加快,产业规模不断扩大,饲料工业已经成为国民经济中的一个重要产业。

②饲料工业的发展得到国家政策的大力支持。新办饲料企业3年内减免所得税、增值税,减免必要的进口设备和进口原料的关税,允许企业实行税前还贷,向企业提供低息优惠贷款等。这些政策措施对加快饲料加工业的发展产生了很大的促进作用。

③饲料工业是存在于农业生产体系中的一个部门,是农业经济中的一个组成部分,它的原料供应和产品销售都是面对农业生产单位的。这一特定的经营环境构成了饲料工业的一个重要特征。从宏观角度看,我国工农业产品比价不合理的情况并未根本解决,在农副产品价格上涨时,国家和地方政府为了稳定城市居民生活,会经常采取一些措施平抑物价,导致了农副产品价格的周期性变化。饲料工业的经营环境处于一种不稳定状态。从微观角度看,饲料加工企业的顾客(养殖厂)和原料供应方(粮食生产者)的经济收益水平低,对价格十分敏感,在交易中往往表现出顽强的争价行为,从而加重了饲料企业的经营难度。

④在我国饲料工业发展进程中,粮食部门发挥了重要作用。但是,随着粮食市场的逐渐放开,国家对农产品的价格补贴改为对居民的生活补贴,粮食部门所属企业的优势开始丧失。

⑤10 年来,各省饲料工业都已大为改观,沿海地区发展尤为迅速。就天津、北京、上海三地的饲料工业而论,都面临着本地粮食生产成本高、原料供应紧张的困难,但上海、北京 1993 年饲料产量都已超过 200 万吨,而天津仅为 70 余万吨,相差许多。这与三城市居民收入和消费水平的显著差别不无关系。

⑥从国外情况看,在世界范围内,饲料工业趋于巩固和集中,企业数量有所减少,但配合饲料总产量还是上升的。

2. 北京市饲料工业情况

①饲料企业及其规模分布。1994 年,北京市在册饲料企业 156 个,其中年班产万吨级以上厂 38 个,5 000 吨级厂 45 个,3 000 吨级厂 73 个,另外有 70 多个乡镇饲料厂。由于竞争的激烈和一些老企业的社会负担较重,使得 50 多家在册企业亏损,亏损面近 1/3。

②饲料构成。全价营养饲料(主要由规模大、生产能力高的厂家生产)占 85%;混合饲料(主要由规模小的厂家生产)约占 15%。

③饲料品种。目前,北京市适用于不同禽畜、不同生长阶段的系列饲料品种达 80 多个。饲料原料、添加剂品种也在增多。另外,中国的中草药饲料已有生产并出口。

④饲料使用效果。目前,北京猪的料肉比平均为 3.2∶1,前几年为 3.5∶1,最有效的为 2.89∶1。养殖周期最短的为 5 个月,即 155 天出栏,猪重 190 公斤。奶牛的料奶比为 0.4∶1。肉鸡的料肉比为 1.8∶1,56 天长至 3 公斤。鱼的饵料比为 2∶1。

⑤饲料生产自动化水平较高,北京有 80 多家饲料企业实现了微机控制。

3. 天津的饲料工业

天津市现有饲料加工企业 110 家,双班生产能力达 110 万吨。1993 年天津市饲料产量为 71 万吨(不包括自配料),占天津市饲料理论需求量(225 万吨)的 31.56%。经过 10 多年的发展,目前已初步形成了以粮食系统为主渠道,以加工配合、混合饲料为主,饲料添加剂生产与饲料原料生产为辅,多系统、多学科、多种经济成分并存的较完整的工业体系。

二、天津市的畜牧养殖业情况

1. 总体情况

由于受天津居民收入水平的限制,对高档动物食品的消费能力、禽肉、水产品和鲜奶的人均消费量与上海、北京等城市都存在着明显差距。而地方政府对一些产品的限价措施不仅不能刺激市场需求,反而打击了养殖业的生产积极性。

2. 郊区、县养殖企业的情况

从养殖企业情况看,天津市大型养殖企业较少,养殖的集约化程度较低。养殖业利润较低,多数养殖企业的养殖专业户都有一定数量的赢利,部分发生亏损。大型养殖场都有饲料加工设备,一般是从市场上购买原料,自行加工,部分养殖专业户也是外购原料,自己混合使用。外购和自配料的比例大体为1∶1。配合饲料已经得到广泛的使用,约有60%的养殖户使用过这类饲料。养殖专业户对全价配合饲料的性质和特点还缺乏了解。目前,各饲料厂一般都送货上门,养殖户对这种服务比较欢迎,但对收取运费有意见。另外,用户普遍希望饲料厂能提供技术服务,大量购买时给予折扣或赊销。

三、天津市的水产养殖业情况

天津曾采取一系列鼓励措施,积极发展水产养殖业。至1994年,淡水养殖投产水面已达35万亩(15亩=1公顷),海水养殖水面达7万亩。养殖和捕捞的水产品年总产量达12万吨。

四、天津市畜牧、水产品市场供求情况

天津市对农副产品的消费量是很大的。从目前内贸农副产品的收购、调入量统计资料来看,除鲜蛋基本上能满足天津市需求以外,其他均有较大缺口,需从外地调入。

五、天津市饲料工业调查情况汇总

1. 天津市饲料工业的特点

总的来说,天津市饲料工业有以下特点:

①发展速度快,产品品种齐全。

②企业规模较小,集约化程度低。

③设备使用率低,开工不足的现象严重。

④外地企业进入天津市场,进一步强化了本地的竞争。

⑤价格是市场竞争的焦点。

2. 饲料企业的原料供应

粮食是天津饲料工业的“瓶颈”,天津市饲料原料需要大量调入。1990年,天津为适应市场经济的要求,部分放开饲料价格,同时取消豆粉、豆饼的价格补贴;1991年底又取消了玉米、次粉、麸皮补贴,许多企业即开始走向下坡。1994年玉米价格一度暴涨到1 400元/吨,更使企业难以承受,企业亏损面扩大。天津使用的进口鱼粉主要来源于秘鲁,一般通过香港的公司作为中间商。在进口鱼粉时,关税为鱼粉离岸价格的6%,付款方式一般是信用证方式。近年来,鱼粉的国际市场价格呈下降趋势。20世纪80年代末,鱼粉价格为600美元/吨,目前为450~460美元/吨。相反,鱼粉在国内市场上的售价却从20世纪80年代末的2 000~3 000元/吨上升到目前的4 000~4 200元/吨。原因主要是汇率下降所至。

3. 天津市饲料企业的经营情况

调研人员走访了7家饲料企业(加工厂或公司),从这些企业的情况看,有以下几个特点:

①企业效益水平低下。7家企业中有3家处于亏损状态,4家微利。

②7家饲料企业主要生产鸡饲料,其次为猪饲料。宝低饲料厂1994年生产鱼颗粒饲料3 000吨,售价可达到2 200元/吨,但全年各种饲料产量总和未超过万吨。

③饲料企业销售半径小,主要供应本区县内各乡的小养殖厂。

④天津一些规模较大的养殖厂,有自己的饲料加工能力,在满足内部需求之外,也对外部销售部分产品。

⑤调查的7家企业中5家属国有企业,生产能力在万吨以上,2家乡办企业,生产能力分别为5 000吨和1万吨。与个体小饲料加工厂相比,这些企业缺乏优势。原因在于:a. 这类企业比较注重产品质量,生产成本要高一些。b. 个体饲料厂的讨债能力强,经营方式比较灵活,比国有企业更容易获得原料供应,也存在降低成本以次充好的现象。

⑥资金匮乏是这些企业普遍面临的困难。

六、饲料企业的成功经营经验

在中国6 000多家饲料企业中,效益水平差别很大,其中有不少企业亏损,也不乏飞速发展的企业。从实地调查和案头分析的结果来看,成功企业的经验主要有:

1. 走饲料—饲养—加工—销售一条龙的经营道路。

2. 重视科研。

饲料配方的研究是饲料工业的一大关键环节,所以,许多规模大的饲料企业都致力于这方面创建竞争优势。途径主要有:①自建科研机构,如正大、希望、大江等。②与科研部门合作。③聘请专家。如北京平谷县的攀峰饲料厂高薪聘请一对专家夫妇,带来明显的效益。

3. 走联合、参股的道路,稳定自己的销售渠道。

4. 注重树立品牌。

调查发现,北京市场的品牌意识比天津要强,其中四川的希望、国维,北京的正大等已经在北京市场上树立起了较强的品牌形象。

5. 加强内部管理,提高生产效率。

七、结束语

国华公司注重社区关系、形象好、信誉高，与银行保持着良好的合作关系，因此，公司认为获取银行贷款不存在特别大的困难。现在的问题就是要对该项目进行科学的论证，最终做出满意的决策。

思考题：

1. 不同层次的管理者对工作计划的重点不同，请你根据上述调查报告，分别为高层和中层管理者提供一份可供他们决策用的报告摘要。

2. 假设国华公司一定要上这个项目，请严格按照计划决策的制定过程，就每个计划过程环节进行认真的分析，要求有书面材料。计划的制订一定要有说服力。

3. 你认为国华公司是否可以进入饲料行业？请提供有说服力的论据。

4. 通过本案例的学习，你能对计划工作谈些什么体会？

5. 就本项目的决策而言，还要哪些其他方面的资料？

资料来源 http://wenku.baidu.com/view/5cc8cd0e7cd184254b3535da.html

实训项目

实训名称　制定一个产品假日促销的计划（包括 WHY：为什么促销？WHEN：如何规划促销？WHERE：在哪里促销？WHAT：促销些什么？WHO：谁来进行促销？HOW：如何进行促销？）

实训目的　加深对计划的概念的理解，学会怎样去制定计划。

实训条件　多媒体教室。

实训要求　要求学生分组讨论。

教师任务　参与到小组中和学生们共同讨论。

实训评价　教师给组长打分。

单元 6

企业战略管理

学习目标

1. 充分认识战略对企业经营的重要意义；
2. 清晰把控企业战略的切入点。

能力目标

1. 能够收集、整理构建企业战略的各项基础资料；
2. 能敏锐地发现、提炼企业核心能力的内涵；
3. 能细致地分析企业竞争优势的建立途径。

学习任务1　确定企业经营目标

案例导入

某物业公司年度经营目标

一、管理目标：

1. 负责区域内绿化养护、修剪、补种，不发生大面积死、伤、病虫害事故。凡符合移交条件的区域，及时移交给市规划建设局。2. 负责区域内卫生保洁工作，地面积水及时疏通排除，无成堆垃圾，卫生死角、城中村及时整治，××公共厕所有效管理。符合移交条件的路段，及时移交给××环卫所。卫生保洁员责任制落实。3. 负责区域内公共设施的检查和巡查，发现问题，及时处理解决。4. 负责××大厦、市政广场、市府住宅小区的物业管理工作。市府住宅小区物管费收缴率95%以上。5. 负责河道保洁工作，落实长效管理机制，河道无漂浮物。6. 负责××路店面房出租和管理工作，出租率和租金收缴率100%。7. 承担创建、创卫、爱国卫生经常性工作，指导、协调、服务行政村、社区工作。8. 及时办理信访和市长电话工作。9. 完成生活垃圾费征收任务。10. 完成中心工作和突击性工作。

二、经营目标：

1. 负责××大厦停车场社会机动车辆停车费收缴。2. 负责临时菜场摊位费收缴。3. 负责户外广告设施，场地租金收缴。4. 负责人行道、公共设施损坏赔偿金、道路堆放占道费收缴。5. 负责××路店面房租金收缴。6. 负责市府住宅小区物业管理费收缴。7. 负责生活垃圾清运业务。8. 负责生活垃圾处理费收缴。9. 积极探索和扩大绿化、小型市政设施维修自营业务。10. 积极探索和开发其他经营项目业务。

资料来源：中国地产商 原文链接：http://www.zgdcs.com/main/2009-07/7595_1.htm

相关知识

企业经营目标,是在一定时期企业生产经营活动预期要达到的成果,是企业生产经营活动目的性的反映与体现。是指在既定的所有制关系下,企业作为一个独立的经济实体,在其全部经营活动中所追求的、并在客观上制约着企业行为的目的。企业长期经营目标是企业发展战略的具体体现。

6.1.1 企业战略

1)企业战略与战略管理的含义

(1)企业战略的含义

"战略"一词是个军事术语,最早来自古希腊文,原意是"将军"。中世纪以后,这个词逐渐成为军事术语,即"战争谋略",引申为指导和指挥军队克敌制胜的艺术和方法。进入现代社会以后,"战略"被广泛的运用于经济、政治、科技,其含义也被演变为"带全局性的重点的谋划"。

"战略"被运用到企业是一个借用,其含义与企业发展方向、未来目标、实现目标的途径和政策的选择或决策有关,是对企业内部条件与外部环境中长期变化的一种积极反应。企业战略涉及企业经营方向、经营目标,回答的是企业在所面对的环境下向何处去的问题,规划出企业实现目标的途径。并决定企业在激烈竞争的市场环境下如何取得竞争优势。

1938年美国经济学家巴纳德(C. I. Bernad)在其代表作《经理的职能》中,首次将"战略"一词引入企业管理。1962年美国企业战略研究的先驱钱德勒(A. D. Chandlerjr)在他的《战略与结构:工业企业史考证》一书问世后,揭开了战略问题研究的序幕。1965年美国学者安索夫(H. I. Ansoff)的《企业战略论》一书,标志着企业战略理论研究的框架正式建立,后来,随着对企业战略问题的深入研究,其内涵也不断地丰富和完善。

从目前来看人们对企业战略的认识和定义大体上有以下几种:

①企业战略作为确定企业使命的手段,主要明确企业长期目标、活动程序和资源分配的优先级,如钱德勒在《战略与结构》一书中对企业战略的定义是:决定企业基本长期目标与目的,选择企业达到这些目的所遵循的方针,并为实现这些目标和方针而对企业重要资源进行分配。

②企业战略是一种计划,是对未来行动方案的证明和要求。明茨博格(H. Mmintzberg)指出:大多数人认为战略是一种计划,他有两个基本特征;一是具有导前性,即战略形成在企业经营活动之前;二是具有主观性,即战略是人们有意识有目地制定的,更多地反映了人们对未来行动的主观愿望。在博弈论中,冯·纽曼(Von. Newman)认为:企业战略是"一种完整的计划,旨在说明在每一种情况下应该作出怎样的选择。"

③企业战略是一种计策或计谋,是为获得超过竞争对手的持久的竞争优势而对外部机会和威胁以及内部优势和劣势的积极反应。

④企业战略是一种模式,他不仅体现了一系列的计划,而且体现了一系列的行动。战略作为一种事先的计划与战略作为一种模式两种定义的着眼点是不同的,前者强调战略是人类设计的结果,后者强调战略是人类行为的结果,是已实现的战略。

⑤企业战略是一种定位,即通过战略的制定,来确定企业在市场中的位置。

以上各种观点说明人们对战略的认识虽然不尽相同,但都从不同的视角诠释了企业战略在企业中的作用。

2)企业战略的构成要素

企业战略构成要素是企业战略形成的必要条件,其构成的五要素是由哈佛商学院教授科利斯和蒙哥玛利在《公司战略:企业的资源与范围》一书中指出的,这5种要素是公司远景、目标与目的、资源、业务和组织。

(1)公司远景

公司远景是指引一个公司在较长时期内向何处去的问题,公司的战略设计应该围绕公司远景来进行,将公司战略作为实现公司远景的一种有效的途径。对于很多的公司其发展的过程充分体现了这一特征:IBM公司的首席执行官卢·格斯特纳先生曾说过:"IBM公司面临最紧迫的一个问题是构思出自己的公司远景。"福特公司在20世纪70年代就提出让每一户家庭拥有一辆小汽车;在海尔公司发展的初期,张瑞敏就提出要致力于培育国际化品牌;蒙牛公司的"引头羊"牛根生提出的"创内蒙第二品牌"的广告语,成为激励蒙牛人的一盏明灯。由此可见,一个强有力的公司远景能够激发员工的事业感,激励他们为实现这个远景而努力奋斗。

(2)目标与目的

公司远景可以说是公司在一个较长时期应达到的总体目标。公司战略是分步实现这个"总目标"的具体过程,作为实现公司远景的一个里程碑。由于战略目标或目的比公司远景更具体,更有可实现性,所以它更能激发员工的积极性,如蒙牛公司为实现内蒙第二品牌的远景提出从2001—2006年五年目标——到2006年销量达100亿。如果没有“第二品牌”的远景,“100亿”的目标又能说明什么呢?

因此,公司的战略目标与目的应与公司远景保持一致,而在可实现性上应比公司远景要强得多。

(3)资源

每个公司拥有的资源是不一样的,这也是形成不同公司战略的选择各有其特点的根本原因。公司的资源决定了公司能做什么或不能做什么,公司战略就是要将公司的资源发挥最大效用,在市场竞争中,突出某一方面的资源优势,取得市场竞争的公司,公司资源大体分为以下3类:

①有形资产是能反映在公司资产负债表中的所有资产,这些资产形式如现金、存货、应收款和固定资产等,虽然它们是公司战略制定所不可缺少的,但由于容易获取和其标准化属性,使它们不能成为公司竞争优势的资源。

②无形资产是以知识和技能表现的公司战略资源。包括:品牌、技术秘诀、人力资源和公司文化等,具有难以模仿、独占性、创新性、扩张性等特点,能够长期为公司经营起作用,因此,可以成为公司在市场竞争中的独特资源优势,海尔集团从一个小集体企业成长为年销售额近1 000亿的大集团,其成功的秘诀就是海尔这个品牌的扩张,完成了公司超常规发展的神话。

因此,一个公司要走向成功,要发展和壮大,加速培育无形资产,重视无形资产的保护,对实现公司战略至关重要。

③组织能力是公司核心能力的具体体现,它是发展公司其他资源优势的一个保证。精心培养的组织能力可以成为公司竞争优势的一个重要的来源,取得与其他公司在相同资源条件下更高的生产效率和更高的市场效率。

总之,公司战略性须具备一定的物质技术条件即相应的资源,但公司应善于评价这些资源的优势和劣势,并将这些资源通过战略作业引导进行合理配置,成为公司的一种持续的竞争优势资源。但公司也应该看到,今天的优势资源不一定就是明天的优势,还必须加大投入,不断对资源进行更新和维护,特别是无形资产,因为随着时间的推移,诸如品牌老化,技术落后,组织僵化等都会必然产生。在激烈的市场竞争环境下,企业应该开发新的战略资源,以弥补公司资源基础。

(4)业务

这一要素是指公司参与竞争的业务领域。业务选择对于公司战略获得长期成功至关重要,公司在决定是否进入某一产业领域之前,首先应考虑该产业的吸引力,主要是投资的回报率水平,即赢利能力高低,然后分析公司在该产业中的优势和劣势,如果公司在拟进入的产业中处于资源劣势,则要慎重。因为,此时进入不仅不能取得较好的经济效果，反而会被竞争者淘汰。因此，选择产业应与公司资源状况相适应，正如一家地产公司不能进入激光行业一样。

(5)组织

这是指公司的组织结构与管理体制等要素。它们共同形成公司的行政关系，维持各业务单元之间的一致性。一个好的组织设计能帮助公司战略的实现，而一个不合适的组织，会直接导致公司战略的失败。

3)企业战略分类

(1)按战略性质分类的企业战略类型

企业战略按性质可分为发展型战略、稳定型战略和复合型战略。

①发展型战略。发展型战略又称为成长型战略或进攻型战略。成长型战略的核心是发展壮大，一般是采用扩大投资，开发新技术、新产品，扩大生产规模，开拓新的市场等措施和手段的战略。其目的是在企业规模扩大的基础之上，增强企业市场竞争的能力，提高企业赢利水平。

通常企业谋求发展的途径有 3 种：集约化发展战略、一体化发展战略、多元化发展战略。

a. 集约化发展战略。是企业在原有经营范围内充分利用其现有资源，以快于过去的速度来增加某种产品或服务的销售额或市场占有率。世界上许多大公司在其成长之初都曾经运用过此战略。如可口可乐公司一直生产一种口味，一种包装的饮料，将产品销售到了全世界，使企业规模不断扩大。

集约化发展战略的具体做法有：

- 在现有生产线内开发新产品项目；
- 通过广告，促销或特殊的定价来吸引更多的顾客，或提高原有顾客的重复购买率；
- 通过定价策略、产品差异化策略、广告等向竞争对手的市场渗透；
- 扩大销售范围，向国内外新市场领域扩张。

b. 一体化发展战略。一体化发展战略也称为专业化发展战略，是企业突破原有经营范围，充分利用自己在产品的技术、市场上的优势，使企业生产向深度和广度发展的一种战略。因此，企业一体化战略又分为纵向一体化发展战略和横向一体化战略。

- 纵向一体化发展战略。纵向一体化发展战略又称为垂直一体化发展战略。这种战略主要是通过纵向联合等手段，试图将企业现有经营范围向前或向后延伸，从而加强企业在行业中的市场地位和竞争优势。

• 横向一体化发展战略。横向一体化战略也称为水平一体化发展战略。这种战略是企业通过并购竞争对手或对企业有补充作用的企业，快速发展与现有产品密切相关的新产品，从而丰富企业产品的品种，提高市场的覆盖面和市场占有率，使企业规模扩大，收益增加。联想公司收购微软的 PC 公司就是这一战略运用的典型范例。

c. 多元化发展战略。多元化发展战略也称为多角化发展战略或多样化发展战略，是指企业突破原有的经营范围，充分利用自己在人、财、物等方面的优势，使企业向与原有产品非相关或相关性很小的产品扩张的一种发展战略。如海尔集团向药业行业的延伸。它可以从企业内部或外部产品，但更多的是通过对其他非相关的企业的合并、收购或合股经营而实现。

多元化发展战略具有明显的跨行业特征。但由于企业进入的市场和行业与原有产品市场和行业来源具有较大的差异性，在行业熟悉程度和经验上处于相对弱势。因而经营风险往往较高，这也是许多专家在目前激烈竞争的市场条件又不太提倡此战略的原因。

②稳定型战略。稳定型战略又称防御型战略，是企业在稳定中求发展，通过现有产品取得尽可能多的经营成果的战略，其目的是在维护企业现有规模的前提下，巩固企业市场地位，并逐步提高和扩大市场占有率。

稳定型战略主要适用成功运行在具有可预测性环境之中的企业。采取稳定型战略意味着企业决定仍留在原有的经营活动领域，它以顺其自然的稳定，不做大的变动为标志，其战略的方向、战略目标、战略方针都不变，以业绩的稳步增长，竞争优势的不断加强为目标，逐步实现企业的发展。

稳定型战略又可细分为以下几种：

a. 不变战略。不变战略是企业对既定战略在环境条件较为稳定的情况下，不作根本性改变。运用此战略应具备两个条件：其一是企业目前实施的战略非常成功，且目前和以后一段时期内，这个战略实施的环境不会发生什么变化，即环境具有稳定性；其二是企业不存在重大的经营问题或隐患，或者顾虑战略调整会给企业资源和利益分配带来困难。

b. 利润战略。利润战略是以牺牲企业未来发展来维持目前企业利润的战略。这种战略注重短期效益而忽视长期利益，其根本意图是渡过暂时性难关。这种战略往往在企业不太景气时被采用。对企业持续发展不利。

c. 暂停战略。暂停战略也称为休整战略。它是企业在前期发展耗尽了各种资源，现在需要养精蓄锐，通过加强管理提高效率，调整资源，临时性地放慢企业发展速度的一种稳定型战略。一般情况下，企业在经过一段时间的快速发展之后，企业可能出现某些方面力量不足和资源紧张等问题,企业的效率会呈现下降的趋势,出现诸如经营不善、制度脱节等不良现象,这时就应该采取暂停战略。

③紧缩型战略。紧缩型战略又称为撤退型战略,其要旨是主动撤退。紧缩型战略是企业在现有经营领域中处于不利地位,又无法改变这种状况时,逐渐收缩甚至退出原有生产领域,以退为进,以图东山再起的一种战略。紧缩型战略又细分为3种基本战略:抽资转向战略、调整性战略和放弃战略。

a. 抽资转向战略。该战略是指减少在某一领域内的投资,并把节约下来的资金投入到其他更需要资金的领域中的战略。采用这一战略的目的就是削减费用支出,改善企业总的现金流量。采用这一战略的原因一般是由于企业在某一领域没有市场优势,市场占有率低下,且长期看不到发展前景,或该领域总需求萎缩,企业再继续经营下去会困难重重,更重要的原因是企业找到了发展潜力更大的投资领域而采取主动撤退。抽回的投资会大大加强企业新投资领域的资金实力。

b. 调整性战略。这种战略是企业为扭转财务状况不佳,通过收缩生产经营规模,以便渡过危机的一种战略,实现调整性战略的方式有:

- 调整管理人员;
- 通过各种方式降低成本;
- 出售部分资产;
- 加强库存控制,减少流动资金占用;
- 加强应收账款管理,尽快催收;
- 停止零利润率,没有市场优势的产品生产。

c. 放弃战略。当前两种战略都不奏效时,通常采用放弃战略,即出售企业的一个主要业务部门,这个业务部门可能是一个子公司,或一个事业部,或一条生产线。以此来回收部分现金,集中财力投资其他产品生产,或者进入更有前途的领域。

d. 委托经营战略。委托经营战略是指本企业发展前景尚可,但由于缺少管理的经验、缺乏必要的人才而将企业委托给行业中有实力的企业进行经营,从而缓解企业被淘汰的困难,使企业重获新生。委托经营是通过协议的方式来实现企业经营权的整体转移,而不是出售企业,如果时机成熟,企业可以重新获得企业的经营权。

以上3种战略在企业实际运用中,往往不是单一使用,需要根据企业客观实际环境,灵活运用。有时须将上述两种或3种战略同时使用,形成企业的综合战略。

(2)按竞争方式分类的企业战略类型

根据企业在竞争中的不同方式,可以将企业战略分为3种类型:总成本领先战略、差异化战略、目标集聚战略。

①总成本领先战略。总成本领先战略也称为低成本战略。这种战略是通过一系列的成本控制手段,想方设法来降低产品成本,从而使企业以低成本优势进入市场,抢夺市场的份额,提高市场的占有率,实现低成本市场扩张的目的。企业采用低成本战略前提是规模生产,没有这个前提条件,企业就达不到市场扩张的目的,最终退出市场的只能是企业本身。格兰仕微波炉的成功采用的就是这种战略。实施总成本领先战略利弊十分明显。a. 采用这一战略能给企业带来的好处:一是能形成产品进入新的壁垒,凡不能达到这一成本水平的生产者就会望而却步;二是消除竞争对手的优势;三是规模效益。b. 该战略的缺陷:一是新的生产技术的出现会使企业原有的优势不复存在;二是会促使成本更低产品的出现而使企业不利;三是消费者对低价产品的兴趣会随着产品的差异化而改变,这使低成本优势大大降低。这也是总成本领先战略的最大风险。

②差异化战略。差异化战略也称为特色经营战略。差异化战略是指企业提供区别于竞争对手,在其行业范围内具有独特性产品的一种战略。其核心是以产品特色赢得市场。这一战略主要是针对市场竞争对手的产品,实现“人无我有、人有我新、人新我特”的竞争策略,获取市场,通过较高的价格提高收入和赢利水平。企业在实施这一战略时,应具备以下条件:

a. 必须有较强的产品研发能力,能不断开发新产品,满足市场的需求;

b. 企业产品在市场上有良好的声誉;

c. 企业内部各部门之间能产生强大合力。

差异化战略的优缺点分析如下:

a. 企业实行差异化战略的优点:一是企业产品技术优势使企业拥有“自主”的定价权力、容易取得超额利润;二是形成消费者对企业和产品的认同,这些忠诚的顾客群是企业竞争的一个优势;三是由于产品的市场优势,成为这一产品市场进入的壁垒。

b. 企业实行差异化战略的缺点:一是为实现产品的差异化而不惜进行高投入,会使企业产品成本大幅增加,如果这种产品的优势不能成为市场的优势,就会产生巨额的亏损,甚至导致经营的失败;二是如果竞争对手也采用这一战略,这种战略的优势会大大降低,从而使这一产品市场的竞争更加激烈而使大家都无利可图,甚至出现行业性亏损的风险。

③目标集聚战略。目标集聚战略也称为目标集中化战略,是指企业将资源集中在某一窄小的细分市场上寻求成本领先优势或差异化战略。不同的是集聚战略瞄准不是一个整体市场而是一个市场局部即市场细分化后的某个窄小的部分,在这个细分化的市场上运用总成本领先战略或差异化战略来谋求企业在局部市场的

竞争优势,采用此战略的企业往往是实力和技术不很强的中小企业。这种战略由于企业将资源和力量集中于某一特定的细分市场,易于形成局部优势而使企业提高产品市场占有率和扩大销售、增加利润。

课堂训练

福特新荷兰有限公司战略

1. 同心多样化战略

在 1917 年,福特公司通过生产拖拉机开始了同心多样化战略。福特新荷兰有限公司现在是世界上最大的拖拉机和农用设备制造商之一。它于 1978 年 1 月 1 日成立。福特新荷兰有限公司是由福特公司的拖拉机业务和新荷兰有限公司联合而组成的,后者是从 Sperry 公司收购来的农用设备制造商。

福特新荷兰有限公司随后兼并了万能设备有限公司,它是北美最大的四轮驱动拖拉机制造商。这两项交易是福特公司通过收购实行它同心多样化战略的最好例证。

2. 跨行业的复合多样化战略

福特汽车信贷公司的成立,是向经销商和零售汽车顾客提供贷款。这可以说是实行同心多样化战略。

不过,在 20 世纪 80 年代,福特公司利用这个部门积极从事复合多样化经营。在 1985 年它收购了国家第一金融有限公司,后者是北美第二大储蓄和贷款组织。在 1987 年后期,它收购了美国租赁公司,涉及企业和商业设备融资。杠杆租赁融资、商业车队租赁、运输设备、公司融资和不动产融资。

3. 其他跨行业的复合多样化战略

福特汽车土地开发有限公司是一个经营多样化产品的部门,也是跨行业多种经营的典型案例。到 1920 年,这个部门围绕密歇根福特世界总部建立了 59 个商用建筑。由这个部门所拥有和由它管理的设施及土地的市场价值估计由 10 多亿美元。

资料来源:盘和林. 哈佛战略管理决策分析及经典案例[M]. 北京:人民出版社,2006.

分析:

1. 福特公司的新战略给福特公司带来了哪些变化?

2. 福特公司实施新战略具有哪些风险?

6.1.2 企业目标制定与管理

“目标管理”的概念是美国管理专家彼得·德鲁克(PeterDrucker)1954年在其名著《管理实践》中最先提出的,其后他又提出“目标管理和自我控制”的主张。德鲁克认为,并不是有了工作才有目标,而是有了目标才能确定每个人的工作。所以“企业的使命和任务,必须转化为目标”,如果一个领域没有目标,这个领域的工作必然被忽视。目标制定遵循SMART原则。SMART原则目标管理是以目标为导向,以人为中心,以成果为标准,使组织和个人取得最佳业绩的现代管理方法,目标管理亦称“成果管理”。

因此,有效地制订年度经营目标是指导年度经营计划顺利执行的重点工作。制定目标看似一件简单的事情,每个人都有过制定目标的经历,但是如果上升到技术的层面,就必须学习并掌握SMART原则。SMART原则一S(Specific),明确性指目标设定要切中特定的工作指标,不能笼统;SMART原则二M(Measurable),衡量性指目标表现是数量化的,验证这些绩效指标的数据或者信息是可以获得的;SMART原则三A(Attainable),可实现性指目标在付出努力的情况下可以实现,避免设立过高或过低的目标;SMART原则四R(Relevant),相关性指目标与其他指标的关联情况,可以证明和观察;SMART原则五T(Time-based),时限性注重完成目标的特定期限。

1)SMART原则一S(Specific)——明确性

年度经营目标要用具体的语言清楚地说明要达成的行为标准。明确的年度经营目标几乎是所有成功组织的一致特点。很多工作失败的重要原因之一就是目标模棱两可,或没有将目标有效地传达给相关成员。

比如说将目标表述为“增强客户意识”,此目标描述就很不明确,因为增强客户意识有许多具体做法,如减少客户投诉、提高服务的态度、使用规范礼貌用语、采用规范的服务流程等,这些都是增强客户意识的重要手段。存在这么多增强客户意识的做法,企业所说的“增强客户意识”到底指哪一块?

实施要求,年度经营目标的设定要围绕项目、衡量标准、达成措施、完成期限以及资源要求等要素,使管理者能够很清晰地看到部门年度经营计划要做哪些事情,以及计划完成到什么程度。

2)SMART原则二M(Measurable)——衡量性

年度经营目标的衡量性是指目标应该是量化的,而不是笼统的。应该有一组量化的数据,作为衡量是否达成目标的依据。如果制定的目标没有办法考核,就无法判断这个目标是否实现。但并不是所有的目标都可以量化,有时也会有例外。比如,有些战略性质的目标就难以清晰地量化出来。

例如,"为所有老员工安排进一步的管理培训"这个目标,"进一步"是个既不量化也不容易考核的概念,是不是只要安排了培训,不管效果好坏都叫"进一步"?此目标应该设定为"在什么时间完成对所有老员工关于某个主题的培训",并且可以具体解释为,学员的培训考核平均分在 85 分以上,低于 85 分就认为效果不理想。这样的目标才具备衡量性。

实施要求:目标的衡量标准遵循"能量化的量化,不能量化的质化",使管理者与执行者有统一的、标准的、清晰的、可度量的标尺,绝对不能在目标描述中使用形容词等概念模糊、无法度量的词句。

对于目标的可衡量性,应该首先从数量、质量、成本、时间、上级或客户的满意程度 5 个方面来进行。如果仍不能量化,可考虑将目标细化,细化为若干分支后,再从以上 5 个方面量化;如果仍不能量化,还可以将完成目标的工作流程化,通过建立标准流程使目标被量化、行为可度量。

3)SMART **原则三** A(Attainable)——**可实现性**

年度经营目标必须可以被执行、实现、达到。如果管理者利用权力一厢情愿地把自己制定的目标强加给执行者,势必造成执行者心理和行为上的抗拒。一旦有一天这个目标完成不了的时候,执行者就会有理由推卸责任。他们可以说,"我早说过这个目标肯定完成不了,但你不信""项目开始前我和你说过,这个标准定得太高了,很难实现,可是当时你不相信"等。

从"人本思想"的角度来讲,"家长式"的管理方法越来越不适合当今竞争激烈的人力市场。企业员工的知识层次、自身素养等都是年度经营目标是否能被顺利执行的影响因素。管理者制定可实现的年度经营目标,就需要更多地吸纳各部门的意见,不能只是管理者自己一厢情愿。

实施要求:年度经营目标的设定要建立在充分沟通的基础上,包括考量企业资源环境的状况,以便使拟定的工作目标在组织及个人之间达成相关契约。既要使工作内容饱满,也要具有可实现性。可以制定出跳起来"摘桃"的年度经营目标,但不能制定出跳起来"摘星星"的年度经营目标。

4)SMART **原则四** R(Relevant)——**相关性**

年度经营目标的相关性是指实现此目标与其他项目目标的关联情况。如果实现了这个年度经营目标,但与长久规划的战略目标无关,或者相关度很低,那本年的经营目标即使达到了,意义也不是很大。

比如一个前台接待人员,企业可以为他/她制定提高英语水平的目标,以便接听电话更方便,提升英语水平和前台接电话的服务质量有相关性。如果企业让她参加学习六西格玛的培训项目,就比较跑题了,因为前台学习六西格玛的目标与提高前台工作水准的目标相关度很低。

实施要求:制定年度经营目标首先要分析企业长远的战略规划要求,目标要从战略中来,而不是几个高层管理人员猜想得来的,由此才能保证年度经营目标与战略规划之间的相关性。另外,在制定项目目标的时候,要将项目相关责任人召集起来,召开正式的项目启动会,以便所有执行者都能清晰地知道用多少资源做到什么程度,或者和其他部门的项目目标是否有冲突,以增强项目目标的相关性。

5)SMART 原则五 T(Time-based)——时限性

年度经营目标的时限性就是指目标必须有时间限制,年度经营目标的时限性特指为一年。但是,一般项目目标的时限性也可以是几个月,如果是一个长期的战略型目标,最好要在本年度界定清晰的关键流程点。上下级之间对目标轻重缓急的认识程度往往不同,有时候上司着急,但下属还没有认识到。没有明确时间限定的目标也会带来考核的不公正,伤害执行者的工作热情。

实施要求:目标设置要根据工作任务的权重、事情的轻重缓急,拟定出完成目标项目的时间要求,定期检查项目的完成进度,及时掌握项目进展的变化情况,以方便对下属进行及时的工作指导,以及根据工作计划的异常情况变化及时调整工作计划。

课堂游戏

有 12 个外观、质地、尺寸一样的小球,其中有一个小球的重量不与其他的小球重量一致。请您只使用 3 次天平,便找出这个重量不同的小球,并还能够指出它比其他小球重还是轻?

6.1.3 企业业务类经营目标

销售额为纳税人销售货物或者提供劳务向购买方收取的全部价款和价外费用,但是不包括收取的销项税额。

市场份额即一个企业的销售量(或销售额)在市场同类产品中所占的比重。市场份额能直接反映企业所提供的商品和劳务对消费者和用户的满足程度,也能表明企业的商品在市场上所处的地位。市场份额根据不同市场范围有 4 种描述方法:

①总体市场份额,指一个企业的销售额在整个行业中所占的比重。

②目标市场份额,指一个企业的销售额在其目标市场,即它所服务的市场中所占的比重。一个企业的目标市场的范围小于或等于整个行业的服务市场,因而它的目标市场份额总是大于它在总体市场中的份额。

③相对市场份额,指一个企业的销售额和市场上最大的 3 个竞争者的销售总额之比。如:一个企业的市场份额是30%,而它的3 个最大竞争者的市场份额分别为 20%、10%、10%,则该企业的相对市场份额就是 30% ÷ 40% =75%。如四个企业各占 25%,则该企业的相对市场份额为 33%。一般来讲,一个企业拥有 33% 以上的相对市场份额,就表明它在这一市场中有一定的竞争实力。

④相对于最大竞争者的市场份额,指一个企业的销售额与市场上最大竞争者的销售量之比,若高于 100%,表明该企业是这一市场的领袖。

利润指会计利润,而非经济利润。利润是指企业在一定会计期间的经营成果,利润包括收入减去费用后的净额、直接计入当期利润的利得和损失等。

销售量指标,基本等同于销售额指标,是企业要求员工在未来一定时期内(年度经营计划中特指一年)必须完成的产品销售量。销售量指标是描述企业年度经营目标最常用的形式之一,通常以销售预测为基础,同时还要考虑市场潜力的因素。在设置全年销售量指标时,通常需要考虑以下因素:

①销售区域的市场总潜力;

②销售区域的竞争状况以及竞争者的市场地位;

③本品牌产品的市场地位;

④本品牌产品的市场占有率;

⑤该销售区域客户的总体质量;

⑥本企业在该销售区域取得的销售业绩及发展趋势。

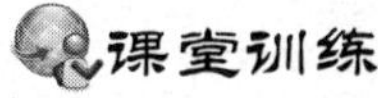

课堂训练

民营企业发展转型期的战略与变革

经过 12 年的艰苦创业,李先生的恒达集团已具备了坚实的竞争实力和根基,并考虑更高层次的发展。目前公司总资产 2 亿元,年销售收入 3 亿元,年净利润 1 000万元,(优势:实力强)并且销售收入和利润正以年平均 15% 的速度递增。(市

场增长率快,为金牛企业)

制药业和轻工业是集团的两大支柱产业。制药公司设备先进并拥有数个基本类药物但目前缺乏新、特药品种,利润稳定。轻工方面市场需求增长很快,产品严重供不应求,但该行业市场进入壁垒较低,生产厂商众多,竞争激烈。(多元化经营,但发展不平衡)

公司目前的困难直接体现在:融资困难,公司有非常具市场前景的项目以及厚实的企业基础,但作为民营企业其融资渠道缺乏,资金问题以成为企业发展的瓶颈;人员问题,公司中随同李先生创业的元老们忠诚有余但不具备现代企业管理能力和素质,但要更换他们也很为难,且公司的人才引进、培训、激励机制尚未建立,使得人才的匮乏问题一时内难以突破。(劣势:融资困难、人员问题)

李先生意识到企业今后竞争的残酷性和紧迫性,他必须在短期内完成企业向现代企业的转型,完成对老企业的改造,确立更明确的战略发展思路,迅速壮大企业规模。为此他希望在以下几方面着手进行企业变革,使企业在更高的层次能有进一步的发展。

1. 公司战略的制定:方法和框架

2. 公司高层的平稳顺利调整和人力资源系统的构建

3. 符合公司实情的资本运作思路

请你对上面3个问题提出你的看法。

资料来源:http://www.ceconlinebbs.com/FORUM_POST_900021_206441_212460_0.HTM

学习任务2 构建企业核心竞争力

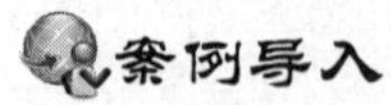

德国贝塔斯曼公司核心竞争力探析

德国贝塔斯曼(Bertelsmann)集团是世界上第三大媒体企业,在世界上仅次于默多克新闻集团、美国在线——时代华纳。贝塔斯曼是拥有50余家子公司的大型跨国出版企业,业务遍布全球56个国家和地区,是名副其实的"传媒帝国"。文化出版产业是知识经济的典型产业,贝塔斯曼是这方面的一个成功典范。贝塔斯曼出版的百科全书是德国名牌产品之一。贝塔斯曼不遗余力地建设企业文化,用企业价值观统领员工,构建并提升企业核心竞争力,使企业在稳步发展的基础上走向世界。

贝塔斯曼在《财富》2003 年度全球 500 强中排名第 273 位,年营业收入达 173.12亿美元。美国兰德公司曾经花了 20 年时间跟踪500 家世界大公司,发现其中百年不衰的企业有一个共同的特点,就是他们始终坚持以下 4 种价值观:一是人的价值高于物的价值;二是共同价值高于个人价值;三是社会价值高于利润价值;四是用户价值高于生产价值。贝塔斯曼历经百年,传到第五代传人手中,企业反而蒸蒸日上,其中的奥秘就在于以企业精神为核心的企业文化发挥了凝聚"人心",激发"人气"的作用。1947 年,贝塔斯曼家族第五代传人莱恩哈德·摩恩在第二次世界大战的废墟上重整旗鼓,重组了出版公司。在莱恩哈德·摩恩的带领下,贝塔斯曼从一个中等规模的印刷和出版公司发展成为世界传媒巨头之一。莱恩哈德·摩恩树立了沿用至今的企业文化:分权管理、权责分明、自由创新、遵守公司规章制度。这些理念被誉为"贝塔斯曼模式"。

资料来源:http://www.chinavalue.net/Article/Archive/2009/4/2/168238.html

相关知识

6.2.1 核心竞争力的概念和特征及作用

1)核心竞争力的概念

企业核心竞争力是指在企业组织中长期积累所形成独有的、支撑企业可持续性竞争优势。具体包括科技价值创新、创新品类缔造品牌、构建独特的营销网络、抢占稀缺资源、实施战略管理、虚拟经营、区隔定位、整合产业价值链、优化升级商业模式、灵活运用营销之道、注重企业文化建设等能力的组合。

2)核心竞争力的特征

核心竞争力具有价值性、积累性、独特性、难以模仿性、整体性、动态性的特点。核心竞争力是一个系统的不可分割的整体,任何单一的基本要素,很难形成核心竞争力;只有构成核心竞争力基本要素协同运作,相互配合,才有可能形成核心竞争力;而且核心竞争并不是一成不变的,需要随着竞争和环境因素变化进行同步升级。

3)中小企业构建核心竞争力的作用

中小企业所拥有核心竞争力是竞争对手无法模仿或者模仿需要付出很高的代价,达到“不战而屈人之兵”的效果,从而使企业获得持续的竞争优势。

6.2.2 中小企业经营管理存在的现象和主要问题以及中小企业的优点

1)中小企业经营管理存在的现象和主要问题

(1)企业缺乏战略规划、定位模糊,企业小而弱、大而散

中小企业普遍存在着重战术、轻战略、依赖经验决策的思维定式,经营的盲目性、投机性、随意性特点比较明显。由于缺乏明确的战略意图和经营理念,多元化经营被很多中小企业认为是企业寻求规模扩张、利润增长、分散风险的策略。而事实上,盲目多元化导致了许多中小企业经营方向迷失,将有限的资源分散,跌入盲目多元化的陷阱。

(2)融资难是困扰中小企业发展的瓶颈,资金来源的渠道比较匮乏

(3)企业组织结构不合理,管理水平相对较低,产品质量不稳定

中小企业普遍存在用人唯亲“家族式”管理现象,组织结构设置很不合理。凭经验管理企业,管理方式陈旧,缺乏先进的管理理论和经验,产品质量不太稳定。

(4)企业人员素质偏低,高素质的管理人员、专业技术人员所占比例小

(5)企业技术创新能力相对较差,科研开发投入较少

2)中小企业拥有大企业所无法比拟的两大优点

①产权明晰和利益主体分明。

②拥有充分的自主权和高度灵活的运营机制。

课堂游戏

猜猜他是谁?

道具:一叠空白卡片人数:4~7人。如果有更多参与者,将他们分成人数相等

的小组。游戏过程：

1. 事先准备4～6个相关的问题。以我昨天下午的培训为例，准备的6个问题是：

①你觉得搞这个培训交流会最主要的目的是什么？

②对这样的培训交流会你最大的担心是什么？

③你认为目前互联网行业最热的名词是什么？

④你认为目前我们所在的行业最大的问题是什么？

⑤描述一下自己迷人的程度？

⑥说出一位自己喜欢的明星的名字。

2. 每人取出一张卡片，写上数字"1"，然后在卡片上写下自己对第一个问题的回答。重复以上步骤，直至答完所有问题。但每张卡片只能有一个问题的答案。将卡片写有答案的一面朝下，放在桌子中间。

3. 让一位员工将所有卡片打乱。

4. 由第一位员工任意抽取一张卡片，大声念卡片上的内容。如有需要，可再念一遍。但不能将卡片给任何人看，以防从笔迹中辨认出作者。

5. 除了朗读者之外，其他员工都猜一猜谁是作者，并由朗读者把大家猜测的名字写下来。（卡片真正的作者不能猜自己，只能随便猜一个另外的人。）

6. 记录完之后，每个人轮流解释自己猜测结果的原因。可以有适度的争论。

7. 此时，真正的作者可以揭晓谜底。凡是猜对者均可得一分，把分数记录在黑板上。然后将卡片正面朝上放在桌子中间。

8. 下一位再选择一张卡片，进行同样的过程。

9. 如果只剩下最后一个针对某一问题的答案，朗读者只需将答案读一遍，然后将卡片放在桌子中间即可。（此次没有必要再猜，因为可通过排除法猜出作者。）

10. 结束游戏后，宣布得分最高者获胜。

6.2.3 核心竞争力构建的途径和表现形式

1）科技创新，研发高新技术

其核心竞争优势是拥有生产核心产品的技术设备、核心专利技术和拥有门槛很高的行业技术标准。创新是核心竞争力构建的灵魂。科学技术是第一生产力。中小企业可以通过自主研究，与研究机构、高等院校联合开发和技术引进等方式形成一定的技术储备，独家买断科研技术成果，以提高产品的技术含量，增强市场竞争力。需要特别强调的是创新应该以消费者的需求为出发点,以价值创新为基础。创新最忌讳企业闭门造车。

①拥有生产核心产品的技术设备。例如:拥有生产牛奶包装设备的利乐公司在激烈的竞争市场能做到"高枕无忧",中国乳业巨头蒙牛和伊利的牛奶所用的利乐枕包装就是源自利乐公司。

②拥有核心专利技术(专利权、商标权等知识产权是受到法律的保护)。例如:英特尔公司就是靠研发拥有自主知识产权的芯片处理器而大获成功的。深圳朗科公司拥有闪存盘、闪存应用及移动存储领域多项基础性及核心发明专利,朗科每年收取的专利使用费就达到上亿元。

③拥有门槛很高的行业技术标准。例如:微软研发的 windows 操作系统。

2)创新品类,缔造强势品牌;不做第一,就做唯一

企业是把产品铺到货架上,而品牌是把产品铺到消费者心里。做销量解决的是企业目前吃饭的问题,而建设品牌解决的是企业将来吃饭的问题。企划鼻祖史蒂芬金说过:"产品是工厂生产的东西,品牌是消费者购买的东西。"缔造强势品牌最快捷有效的方法就是创新品类,不做第一就做唯一。例如:雅客 V9 开创了富含维生素糖果的品类先河,利郎商务休闲男装开创了"商务也休闲"的品类先河,从而使企业效益蒸蒸日上。

3)构建独特的营销网络,渠道为王、终端制胜

中小企业可以通过战略联盟(整合上、下游的资源或通过异业战略联盟)或者直营、特许经营连锁加盟的方式来独占稀缺的渠道资源,从而构建起排他性、独占性的营销网络。渠道是受利益驱使的,而终端制胜就像战场最后拼刺刀一样显得尤为关键。

例如:娃哈哈公司通过与经销商利益捆绑形成"联销体",并展开蜘蛛网式的营销网络布局,从而能达到在矿泉水、茶饮料、果汁饮料方面后发致人的市场效果。也可以通过异业联盟的方式来获取竞争优势。例如:苏泊尔和金龙鱼进行联合促销,用好锅为健康加油。合作双方签订排他性的协议来巩固双方的利益。

通过跑马圈地的直营或特许经营方式来抢占市场。在行业集中度不高的情况下,跑马圈地抢地盘比企业"练内功"要重要得多。渠道有很强的排他性,先入为主。

例如:餐饮业的小肥羊和俏江南通过连锁加盟的方式迅速发展壮大起来。国美、苏宁就是依托强大的分销能力,才能在家电连锁商超中独领风骚,"成功源自背

后的力量”。

4）获取稀缺性的资源或者用赢利模式

通过获取稀缺性资源或者赢利模式来获取风险投资基金进行资本运营，使企业焕发更旺盛的生命力。拥有稀缺性的资源就像在游戏规则中拥有王牌一样，使企业无往不利。

例如：天威保变公司就是拥有新能源的原材料晶硅胶，在原材料晶硅胶水涨船高时，企业的赢利能力与日俱增。

原产地效应是指消费者对产品和积极或消极的看法受原产地的影响。而企业若掌控了这种能产生原产地效应的稀缺资源，那么就能更好地统治市场。

例如：同样价格同样原材料的排毒养颜产品，消费者更愿意购买青藏或云南生产的，而不选上海生产的，原因就在于青藏或云南的特殊地理环境下土生土长的药材药用价值比较高，“药材好药才好”的观点早已深入人心。

用良好的赢利模式来吸引风投注资，进行资本运作，为企业插上腾飞的翅膀。企业通过资本运作才会乘数效应，快速发展。

例如：江南春创办的分众传媒在飞速发展的同时，就遭遇了同行好耶广告公司的市场阻击。后来江南春就是通过风投资金把好耶公司收购于“芽胞”状态，从而成就了分众传媒户外楼宇广告市场占有率 NO.1 的业绩。

5）充分运用产品差异化竞争战略和集中化竞争战略；必要时调整产品结构和业务结构，适时的采用同心多元化战略

企业最大的幸福莫过于找到并能够实施蓝海战略。产品差异化竞争战略可以细分为特色经营战略、缝隙战略、与领导品牌对立面的定位竞争战略。做得更好是个陷阱，绝大多数成功者不是因为做得更好成功的，而是因为与众不同成功的。如果当年的微软跟 IBM 一样，微软能打败 IBM 吗，显然不可能。宝马如果和奔驰一样，宝马敢和奔驰竞争吗？答案很明显。

①特色经营战略是根据中小企业努力研发和展示具有自己独特文化内涵和使用功能的产品，从产品的设计、制造、包装以及附加功能上寻找与同质产品的区别点，形成与众不同的特色产品优势。

②缝隙战略是选择一些能够发挥特长，而大企业难以或不愿涉足的经营领域。

③集中化竞争战略可以分为专精战略、（产品生产和销售市场的）地域集群战略、细分市场集中化战略。中小企业应在消费群密集的区域采用集中媒体投放轰炸的方法，将好钢用在刀刃上。

专精战略是指企业发挥其“小”特点，专注于做最擅长的业务，“专而精”战略是中小企业培育核心竞争力的基本战略选择。中小企业要专注于某一两个优势方面，把自己业务做到足够专业，真正做到与众不同，形成特色和专业优势。

产品生产地域集群战略（即区位优势策略）是指相关企业聚集在一起，形成聚集效应。即若干相关企都选择在某一地方建设生产设施，这样不仅降低了上、下游企业处在不同地点所带来的运输、协调费用，还大大降低了库存水平，提高了快速反应能力。

产品销售市场集中战略是指企业把自己的目标集中在一个或少数几个子市场上，建立营销根据地，在整体没有优势时，要善于创造局部优势。

细分市场集中化战略是指通过对市场容量、人均可支配收入、知识文化水平、购买行为特征等参数的筛选，选择符合企业产品销售要求的目标市场和目标消费群进行针对性的研发销售，更好地满足消费者的需求。

④同心多元化战略指企业同时经营多个项目，但运作的项目之间都有一定的关联性，都是从企业的核心技术或资源向外延伸拓展开的。

⑤蓝海战略：最好的竞争就是没有竞争，不战而屈人之兵。蓝海战略是以价值创新为基石。对消费者所关注的因素进行排序，对产品功能进行创新和增减。

6）实施虚拟经营、强化核心功能；业务板块分化、外包业务；以速度抗击规模

先市场，后工厂。实施虚拟经营，最大限度地利用外部资源，增强了企业对市场变化的响应速度。虚拟经营注重对产业价值链关键环节的把握，加强对核心性中间产品市场份额的争夺，确保自己在行业中的强者地位，把握竞争的主动权。

虚拟企业是指企业仅保留少部分核心的经营功能，将大部分所需要的经营功能虚拟化，通过与别的企业进行合作以弥补其功能的不足。企业可以很容易地获得充分的共享信息，了解合作伙伴和竞争对手的情况，亦可利用雄厚的技术力量和充分的信息进行产品开发、设计和网上营销、业务外包、跨联盟合作等。中小企业要利用自身小而灵活的特点，用速度来抗击大企业的规模效应。

7）找准定位，形成区隔；运用攀附定位法则，善于借势、趁势、创势

定位包括：市场定位、产品定位、资源定位、消费群体定位、技术定位、战略定位的整合。企业只有找准定位，在消费者的心智中完全注册，让自己的企业形象、产品、服务出现在消费者购买阶梯的前五名才能立于不败之地。运用攀附定位法则，善于借势、趁势、创势，在竞争市场中立于不败之地。优秀的公司不是贩卖产品或

贩卖服务，而是贩卖其在消费者心目中的印象，在消费者的心智中完成注册。定位的同时必须附于产品独特的卖点，而独特卖点就是企业说服消费者购买的理由，只有你这个企业有，而别的企业没有或者有作用也不大。比如说：吉列代表刮胡刀，格兰仕代表微波炉，联邦快递代表隔夜到达，使命必达。

8）整合产业价值链，优化升级商业盈利模式

管理学大师彼得·德鲁克说过：现代企业与企业之间的竞争是产业价值链以及商业盈利模式之间的竞争。整合产业价值链就像作战时拥有航空母舰，威力无比。波特的竞争理论也着重强调了对通用竞争战略、竞争环境分析和价值链分析。任何企业的竞争规律都寓于这5种力量之中：竞争者的进入、替代品的威胁、买方的讨价还价能力、供货方的讨价还价能力和现有竞争者之间的竞争。所以整合产业价值链，率先抢断行业的稀缺资源，优化升级商业盈利模式，占领产业竞争的制高点，才能运筹为幄、决胜千里。

例如：携程网在全国范围内针对飞机和酒店订票业务进行统一采购，签定排他性合作协议，将这些飞机和酒店网上订票的资源尽收囊中，然后再将统一采购获得的价格优惠提供给自己的会员。携程网不收取会员的任何费用，它的盈利途径是航空公司和酒店给它的佣金。在赢利利模式上，航空公司和酒店是携程网的供应商，而携程网则成为广大旅客的服务供应商。通俗地说就是：携程网的商业盈利模式实质上就是酒店与航空公司的代理商，但它在营运中做到了价值创新。正是这种整合产业链的价值创新使携程网在该领域形成资源垄断，一枝独秀。

9）市场营销是企业核心竞争力的表达

营销之道在于有策略地使用营销组合拳来打倒竞争对手。管理学大师彼得·德鲁克说过：企业有且只有两个职能，一个是营销，一个是创新。

在产品同质化严重、产品过剩的今天，营销创新成为了克敌制胜的法宝。要想在商业领域中脱颖而出，第一就是要找到一个趋势，第二找一个最广的市场，第三找一个最少的竞争对手领域。也就是说理想的状态就是找一个最好的趋势、最广的市场、最少的竞争对手，自己最热爱最擅长的领域。比如像当年的微软公司。严介和曾说过：企业最大的幸福就是选对行业，所以中小企业家必须对行业的集中度和所处的发展阶段、对产品生命周期、对产品所处的市场阶段、对行业内新技术、对新产品开发有高度清晰的认识和关注。

常用的营销方法有：系统营销、切割营销、破局营销、嵌入式营销、品类营销、深度分销、事件营销、整合营销传播理论、USP独特卖点价值诉求主张、品牌形象理

论、品牌插位升位、错位竞争经营法则、对立面营销法则等。营销无定式,但营销的本质就是将相同的产品用不同的方式卖出,把没有差异的东西卖出差异来。低成本高效益的营销才是最贴切中小企业营销需求的突围之道。寻找行业领先者强势中的弱点,并在尽可能狭窄的阵地上发动进攻、攻击弱点;提高用户的转换成本,顾客只有在别无选择的情况下,忠诚度才是最高的。

增加企业产品销量的方法:增加顾客的数量;增加顾客每次消费的金额;增加顾客消费的频率;逆转顾客的风险,让你的宣传比你对手的更具吸引力。聚焦企业最擅长做的事,聚焦企业的 VIP 客户,聚焦企业的高利润市场。

10)企业文化是孕育企业核心竞争力的土壤

企业文化包括企业物质文化、企业精神文化和企业形象系统,其中,企业精神文化是核心,包括价值观、经营理念和行为规范。从某种程度上讲企业管理就是价值观的引导和管理。企业家的经营理念和价值使命决定了企业的格局。一个企业家必须对所从事的行业有足够的"专注"程度以及"狂热"程度,只有这样当企业面临困难和危机时才能坚持下来。经营过程中要注重培养、挖掘、发挥广大员工在企业生产、管理、营销等方面创新的积极性,在企业管理中充分运用激励机制和约束机制,把员工的积极性调动起来。让员工对企业产生一种归属感和认同感,能够减少企业内部的摩擦和内耗,在企业内部形成和谐宽松的人际关系,培养团队精神,建立起充满活力、朝气、有凝聚力的学习型组织。一个开放的、尊重个人的积极向上的企业文化是现代中小企业发展最需要的。企业文化中的导向、凝聚、激励、规范等功能能间接地提升企业核心竞争力。

综合上述:中小企业可以通过将上述核心竞争力的构建途径和表现方式进行组合,形成类似"品牌优势 + 难以模仿的技术研发能力 + 获取稀缺资源"的组合核心竞争力,从而获得持续的竞争优势。任何一家企业没有强大到不被挑战,任何一家企业没有弱小到不足以去竞争。优秀可以生存,卓越才能发展,唯有核心竞争力的构建才能使中小企业在商海中脱颖而出。

课堂训练

"卖油郎"的转行

1988 年,28 岁的魏应行,带着家族重托,揣着股东股本从台湾来到大陆,寻找合适的投资项目,他先后在北京、济南建立了制油、制蛋酥卷的工厂。虽然通过精彩的广告和良好的品质,在大陆有一定的知名度,但是这两者均由于价格过高,当时老百姓的收入又有限,购买力非常低,而很难打开市场。到1992年,魏应行所带全部股本几乎都赔了进去。

一次,魏应行去外地出差,当年返回北京要坐18小时火车,他拿出从台湾带来的方便面,香味四散,大陆同行都说这方便面怎么这么香,分给大家吃,都说很好吃。魏应行想,既然大家这么喜欢,为什么不能生产方便面?就在这一念之间,创造了顶新方便面王国。经过调查,发现国内市场上的方便面,要不几角钱一包,质量很差,一泡就软了,而且包装简陋,又不注重宣传,十几年如一日的一个模样。要不就是进口方便面,价格都在5元、10元钱一包,普通老百姓消费不起,多在宾馆和机场销售。市场两极分化,而中间的空白区域却没有企业做。顶新认为,在高价位及低价位中间,应该有一个中价位市场,因此,锁定二至五元的中间价位作为主打市场。1992年8月21日,第一袋方便面上市了。顶新的方便面品质精良、汤料香浓,碗装面和袋装面一应俱全,而且给它取了一个有亲和力的名字——"康师傅"。"师傅"在华人中有亲切感、责任感和专业成就的印象。"康师傅"方便面一经推出,一条生产线3个月的订单24小时内全部签完。自此,"康师傅"方便面香飘大陆各地。

资料来源:http://news.dyfc.net/news/show.asp? id=109097

分析:如何看待康师傅方便面的核心竞争力?

学习任务3 获取企业竞争优势

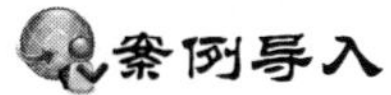

喜之郎的经营之道

果冻行业霸主喜之郎,自1994年创业以来,一直奉行定位大师杰克·特劳特的"品牌聚焦法则、类别法则、不得延伸法则"。在果冻行业内精耕细作,年销售额近20亿元,成为品牌窄化战略中获得成功的典范。喜之郎=果冻,果冻=喜之郎,人们想到喜之郎必然只想到果冻;人们想到果冻,自然联想到喜之郎。这种品牌与品类的对等关系,营造出强大的品牌壁垒,令其他品牌遥不可及,并难以攻击,这样,喜之郎果冻获得60%以上的市场份额亦不足为奇。多年来喜之郎一直坚持品牌窄化战略,坚持一贯的诉求,所形成的品牌认同——健康的,快乐的,亲情的,儿童的,美味的——核心品牌价值,是该企业的核心专长。这种因实施品牌窄化战略所打造出的品牌核心竞争力,使得竞争对手在未来较长一段时间内很难超越。

资料来源:中国时尚品牌网 http://content. chinasspp. com/News/Detail/2005-01-20/11851. htm

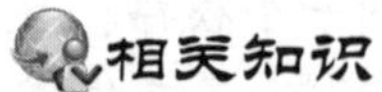

6.3.1 获得竞争优势的途径

知己知彼,百战不殆;不知彼而知己,一胜一负;不知彼不知己,每战必殆。

《孙子兵法·谋攻篇》企业的领袖要想在竞争中获胜,并保持长盛不衰,无非是做到"知己知彼"而已。具体而言,就是在参与竞争的同时,对自身的力量有充分的了解,同时对产业环境和对手的情况也基本清楚。只要做到"知己知彼",就能够在激烈的市场竞争中制定出合适的战略,获得并保持竞争优势。但是,"知己知彼"说起来容易,真正要做到则难上加难。古今中外,没有人不认同"知己知彼"的重要性,然而要落到实处则寥若晨星。原因无它,无非就是缺乏必要的工具和缜密的分析方法。《孙子》的伟大,在于他说出了真理;而《孙子》的局限,则在于他的真理缺乏明晰的边界界定和操作方法。在管理学领域,不乏这种真理式的论断,但是,能把相关的论断转化为可操作性方案的却不多见。所以,人人都知道战略的重要性,都懂得"上兵伐谋",但一碰到实际,往往只能达到"伐兵""攻城"的水平。波特的贡献,就是在战略研究中提出了做到"知己知彼"的分析方法。他是从企业内部和企业外部两个方面入手的。

企业内部情况:从某种程度上说,管理的本质就是协调。企业内部是由各种不同的活动构成的,这些活动要能够衔接,使得企业作为一个整体运行,必然会涉及各活动之间的协调。只有各种活动能够前后协调一致,企业的运作才更加有效率。事实上,在波特看来,这些不同活动之间的协调成本,是企业成本构成中很重要的一部分,也是最容易被人们忽视的一部分。此外,很少有企业只生产一种产品,这些产品多数是一些相关产品或互补产品。所以,产品之间也存在协调问题。

企业每一项活动的成本,直接影响到企业的整体成本,关系到企业竞争优势的保持状况。例如,技术研发作为企业的一项辅助活动,对企业产品质量和竞争优势的确立发挥着巨大作用。波特在《战略与互联网》一文中认为,现代信息技术的发展,大大改变了企业竞争的性质和结果。如果企业在竞争中能够运用信息技术占据先机,就能给企业带来暂时的竞争优势。之所以说这种竞争优势是暂时的,是因为某一单项的技术,很容易被其他企业模仿。与技术的改进对企业竞争优势的影响一样,企业的其他活动也会在某个时刻发挥关键的影响,至于具体什么条件下哪一项活动会起到关键的作用,则要视产业发展阶段、技术进步情况而定。

6.3.2 获取竞争优势的突破点

1)关联性

实际上,波特认为,真正能够给企业带来持久竞争优势的是企业各项活动的协调或"关联",换句话说,企业创造出独特的"关联",比单纯某一项活动的创新更为关键。但是,有些企业仅仅看到企业的某两项或多项活动之间表面的一致性,而没有深入分析其内在的差别,这种建立在表层关联基础上的企业活动整合,不仅不能使企业形成竞争优势,反而会增加企业的协调成本,或者会降低企业产品的特色,进而损害企业已有的竞争优势。

企业的关联有多种:生产关联、营销关联、技术开发关联、基础设施关联等等。这种种关联带来的对企业各项活动的整合,如果选择适当,就能够使企业的所得超过所失,为企业带来竞争对手难以复制的竞争优势。有时候,企业的各项活动并不能自动加以整合,只有企业上下共同付出巨大努力才能实现,此时企业就应当考虑设立跨多个部门的协调机构,波特称其为"横向组织"。这种横向组织专门负责不同部门之间的协调整合事务。这类协调机构的负责人必须级别足够高,并且具有相当的权威,否则会非常容易陷入部门利益争斗的漩涡而不能自拔。

企业不仅可以利用现有的关联来创造竞争优势,当技术或其他方面存在关联的可能性时,企业可以对这种收益进行评估,并据此作出是否向某一方面发展的决策。这在企业经营中称为相关多元化战略。现代社会很少有企业只提供单一产品和服务,严格来讲,绝大多数大企业都是相关多元化企业,它们的产品大都或多或少具有相关性。

仅仅以产品的关联性为例,波特分析了相关产品的经营利弊。通常一个企业生产的产品组合中会包括许多互补品,在互补品的销售实践中主要有三种战略:控制互补品、捆绑式经营和交叉补贴。假定互补品为二种,那么,控制互补品是二者都卖但可拆分,捆绑式经营是二者同时出售不单卖,交叉补贴是卖甲品促销乙品。

控制互补品经营中能够获得的竞争优势,包括改善产品的价值,增加歧异性,提高客户的转移成本等。但是,这种经营方式对协调的要求比较高,因为两种互补品分属的产业可能差别较大,整合协调的困难较突出。捆绑式经营可以利用一种产品的优势带动另一种产品的销售,具有经济性,有利于扩大规模和增加销售,降低单位成本。在客户对产品的熟练程度较差时,这种经营方式可以减少客户的学习成本。但是,捆绑式经营方式也容易降低产品的歧异性,并且可能会因为其中一种产品影响其他产品的销售和信誉。交叉补贴最简单的例子就是买剃须刀片送刀架,这种营销策略有较为严格的前提条件,最主要的是基本产品(亏本产品)与盈利产品有相当密切的关联,能够有效促进盈利产品的销售,否则就会带来亏损。这种具体的关联分析,一环套一环,能够如抽丝剥茧般理出产品组合的战略思路。企业外部环境:在波特的理论中,企业的外部环境主要指产业环境,产业环境既包括产业结构分析、产业细分,又包括产业发展变化和产业集群。

2)产业结构

产业结构是企业直接面临的息息相关的环境,对企业的竞争优势直接发生影响。产业结构各要素之间是相互作用的,在某一特定时刻可能是某一种要素在发挥主导作用,但是任何产业结构要素要发挥作用,必须通过其他要素才能实现,单独的某一项要素很难给产业和企业带来竞争优势。即使能够带来竞争优势,这种竞争优势也是暂时的,很难持久。

3)竞争对手

在产业结构中,竞争对手具有重要作用。现有竞争对手,尤其是好的竞争对手,能够与本企业共同维持良好的产业竞争秩序,有利于竞争优势的获取。辨析竞争对手的“好”与“坏”,对确定战略十分重要。再加上实力强大的供应商、挑剔的客户等,多个方面共同作用带来的竞争优势,是其他企业短期内难以复制的。

4)产业细分

企业获取竞争优势,还有一个前提就是要对所属产业进行细分。产业细分能够使企业将有限的资源投入到一个集中的目标上,有利于创造和保持更大的竞争优势。产业细分有多种标准,比如产品、客户、销售渠道、地理区域等。产业细分的方法没有优劣之别,只有适应与否。企业对产业进行细分,必须根据企业的现有资源进行,这样才能够在竞争中充分发挥自身的优势。一个企业可以对产业同时进行多种细分,然后根据多种细分的结果制作产业细分矩阵,用产业细分矩阵指导企业的战略决策。

一般而言,矩阵制作中运用的标准越多,制定的细分矩阵越详细。正如波特所言:"细分矩阵本身并不是目的,它只是一种分析工具。"通过将竞争对手标志在产业细分矩阵上,企业可以发现新的细分市场,而这类细分市场如果是一个新兴细分市场,并且企业有相应的资源进行这方面的投资,那么,"抢先进入"战略很可能给企业带来竞争优势。当然,是否抢先进入,还应考虑企业自身的情况,尤其是新的细分市场要求的企业各类活动同企业现有活动之间能否整合。如果新的细分市场同企业原有活动差别较大,进军新的细分市场带来的收益就有可能不足以弥补协调成本。

此外,经济活动并不是静止不变的,随着产业的发展,新的产业细分也会不断涌现,这要求企业不断运用产业细分矩阵,对产业进行新的细分。比竞争对手更早地辨识新的细分产业,意味着企业比竞争对手多了一个获得竞争优势的机会。任何产业都会经历新兴阶段、成熟阶段、衰退阶段。对企业而言,所属产业的发展阶段是进行长期战略决策的重要因素,对企业竞争优势的确立和保持具有长期影响。

课堂游戏

交通阻塞

道具:比参加人数多一个塑胶地垫

说明:

1. 将塑胶地垫呈一字型在地上铺开,让学员全部站在地垫上,留中间一个地垫不站人;

2. 学员分成两边相对而站,通过中间的空格进行移动;

3. 移动的方式是只能前进一格或跳一格,不能后退;

4. 完成两边人的互换,并且大家维持同一个方向。

规则:学员只能前进不能后退,只要有人后退就要重来

波特认为,"从战略制定的观点看,新兴产业的基本特征是没有游戏规则,新兴产业的竞争问题是全部规则都必须建立,使企业可以遵循并在这些原则下发展繁荣。缺乏规则既是风险又是机会的来源。"新兴产业面临着共同的结构特征,技术、成本乃至企业发展战略都存在着极大的不确定性。在这种没有规则的环境中,企业必须时刻保持警惕,关注竞争对手的行动,对技术发展的新趋势高度敏感,不能

有任何放松。正如波特所言,新兴产业既有风险,又蕴藏着巨大的机遇,在这样的环境中,企业可以根据自己的优势,塑造新兴产业结构,参与新的产业标准的建立,同时增加本企业产品的歧异性,加大客户的转移壁垒,增强客户的忠诚度。

如果说新兴产业的最大特征是不确定性,那么逐渐成熟或已经成熟的产业特征则是日趋激烈的竞争。在新兴产业中,企业可以通过创新,同时获得成本优势和特色优势。但是,当产业逐渐成熟的时候,企业必须在上述两种基本战略中做出抉择。此时,企业要想进入该产业,首先会面临着较高的进入壁垒。其次,该产业之间的竞争已经不再单单集中在产品的性能方面,而是越来越转向产品的销售和服务方面,企业的内部整合因素也逐渐对竞争的结果发挥着越来越重要的作用。处在成熟产业中的企业,对国际化有着更大的动力,因为产业内部往往会发生"绞杀"式的残酷竞争,甚至会出现价格战。这时,在国际上寻找更为便宜的原材料和更为廉价的劳动力,往往会成为在竞争中获胜的一个出路。

一个产业处于新兴阶段和成熟阶段的时间长短由产业的性质所决定。由于技术进步、需求变动等因素,总有一些产业的社会需求处于不断下降的状态,波特把这类产业称之为衰退产业。当企业断定某一产业处于或即将进入衰退阶段时,通常面临着三种选择:尽早退出该产业、获取该产业的领导地位或采取收割战略。如果企业要选择退出,必须要在竞争对手察觉该产业前景暗淡之前退出,否则企业的退出就会面临较大的损失。在退出战略中,企业对产业预期的准确度是战略成败的关键。获取该产业的领导地位是指通过进一步增加投资,显示自己在该产业继续经营的决心和巨大的实力,迫使竞争对手及早选择退出战略,从而在该产业中扮演领导者的角色,获取相应的收益。这种战略成败的关键在于竞争对手对该产业的预期及对该企业实力的评估,如果竞争对手并不认为该产业将进入衰退,则会以增加投资来应对,这只能增加产业竞争的激烈程度,损害产业内企业的整体利润率水平。收割战略是指逐步减少对该产业的投资,减少产品的售后服务,削减相应的优惠措施,仅仅着眼于最大限度地从该产业获取收益。收割战略对应的产品如果对售后服务比较敏感,那么企业采取收割战略的效果就会大打折扣。

国家和地区的社会环境中的"产业集群"是企业面临的重要外部环境。"产业集群是在某特定领域中,一群在地理上邻近、有交互关联性的企业和相关法人机构,并以彼此的共通性和互补性相联结。"产业集群内聚集着大量的不同产业,这些产业互相关联,互为供应商和客户,共同创建和使用大量公共产品,一起创造稀缺的高级生产要素如专业人才。产业集群以如下几种方式影响着企业的竞争优势:首先,产业集群能够提高企业或产业的生产效率。企业处于一个产业集群中,意味着企业更加接近原材料产地、信息源、零部件供应商,能够与良好的互补品生产商配合,这对企业确立竞争优势是至关重要的。其次,产业集群能够增加创新能力。产业集群内必然有很多企业处于相同产业之中,这些相距不远的企业之间的竞争,使每一家企业的进步都很快被模仿,这会给企业造成持续的创新压力,企业只有通过不断创新,才能在激烈的竞争中保持优势。再次,产业集群刺激新企业的诞生。产业集群内存在大量的科研机构,这些机构一方面孕育新技术、新发明,一方面也较容易从企业获取研发所需的资金。技术的进步有利于企业向相关产业发展,采用多元化战略。这种多元化企业的诞生,又会反过来促进产业集群的进一步完善。

课堂训练

如果你是公司的决策者,将会如何做呢?

A公司为国内蓄电池设备领域公认的老大,其产品序列几乎囊括了蓄电池生产制造和检验过程中所需要的所有设备,特别是在充放电设备领域,因其明显的技术优势,致使国内其他绝大多数企业无法与其竞争。

可就在A企业意气风发的谋求上市之际,一些原本技术能力较低的公司的产品序列突然丰富起来,在充放电设备领域可以与自己展开竞争,不仅价格更低,而且在设备功能上、设备可靠性上与自己的产品逐渐趋同,甚至产品序列中出现了自己尚无力为之的高难度产品。这无疑是有着雄心壮志的A公司所必须正视的,那么应该用什么方法应对呢?

在前方业务员纷纷告急的情况下,如果您是A公司高层应该采取什么措施应对呢?

1. 以不变应万变,维持原价格不变,突出品牌优势,以高端产品面目出现,不参与价格竞争。

这样做的好处是,A公司的品牌深入人心,那几家企业不过是靠价格去搜罗一些边缘客户,且几家企业难以产生合力,不会对公司的强势地位造成影响,只要A公司不主动降价应对,那几家企业自然乐的不做价格竞争,因此大家可以心照不宣的维持相对高价,对于A公司而言,不过是让出了一部分市场(这个市场是另外多家企业共同拥有的,每家都不会很大),但却保证了公司利润的最大化。

而可能的坏处是,姑息养奸,为这些企业树立自己的品牌留下了相对充裕的时间。

2. 当机立断,将竞争对手剿灭在萌芽状态,在手握品牌优势的前提下,通过主动降价,封死竞争企业的生存空间。

这样做的好处是,继续维持自己在充放电设备的垄断地位,不给这些竞争企业新的生存空间,以绝后患。

而显而易见的坏处是,不可避免的要进行价格战,最后就算是打赢了,对手大不了退出这一市场,没有什么损失,因为这个市场原来就是不他们的,而A公司为了这一胜利,则要牺牲很多的利润,甚至必须长久的牺牲下去,以避免死灰复燃。

站在A公司决策者的角度,来考虑问题,将如何去破解迷局,如何安排行动?

学习自测

一、选择题

1. 首先将“战略”引入到企业管理中的经济学家是(　　)。
   A. 巴纳德　B. 钱德勒　C. 安索夫　D. 明茨博格
2. 企业战略的特征有(　　)。
   A. 全局性　B. 长期性　C. 竞争性　D. 风险性
3. 企业战略的构成要素(　　)。
   A. 公司远景　B. 目标与目的　C. 资源　D. 业务
4. 属于战略性质分类的企业战略有(　　)。
   A. 发展型战略　B. 稳定型战略　C. 复合型战略　D. 差异型战略
5. 属于竞争方式分类的企业战略有(　　)。
   A. 发展型战略　B. 稳定型战略
   C. 总成本领先战略　D. 差异化战略
6. 属于外部环境分析因素包括(　　)。
   A. 政治因素　B. 法律因素
   C. 技术因素　D. 人文社会因素

二、判断题(对的打“√”,错的打“×”)

1. 企业战略是着眼于当前的发展所制定的一系列实用计划。(　　)
2. 企业战略只需要研究内部因素,与外界因素无关(　　)
3. 提出“产业结构分析模型”的是哈佛商学院著名教授迈克尔·波顿(　　)
4. 价值链法不是迈克尔·波顿教授提出的(　　)

5. 抽资转向战略属于紧缩型战略(　　)

案例分析

索尼的衰败

索尼,过去曾是全球最大、最有战略号召力的随身听制造商,但如今这个称呼对索尼来说(Sony),已成了10年前的往事。没有任何一家公司有权利永远生存下去,都需要通过不懈的奋斗来争取。这一原则同样适用于索尼,现在看完全想依靠一块光鲜亮丽的品牌而维持自己的生意是不现实的,也是不可能的,不进行创新,亮丽的品牌也会失去光泽。

在索尼公司2005年财年业绩报告中,索尼尴尬的成绩被人们比喻为“遭遇了冲击波”:与2004年同期相比,其第4季的销售额下降了12%,净亏损从去年同期的55亿日元增长至1 111亿日元(约合9.26亿美元),比一些分析师的预估高出3倍,是8年来最大的季度净亏损。如今,作为制造业贵族的索尼正身陷泥潭。

而在等离子彩电市场等尖端技术方面,先锋、日立的技术已经逐渐超越了索尼,先锋和索尼在日本国内的销售比达到了4:1。在液晶彩电领域,韩国三星已经在索尼的传统领地——北美地区将索尼封住,索尼开始节节败退。诺基亚、摩托罗拉共同把持了手机市场,在中国三星一直占据高端市场,三星手机和液晶显示器等电子类产品的市场进了全球手机五强之列,而索尼的手机则处于萎靡窒息状态。

2005年春季,索尼电子业务出现1 161亿日元巨额营业赤字,加上市场对索尼的前途感觉模糊,引发了日本股市的巨幅震荡。索尼公司眼前的现实是:在公司推出一代飞跃性产品时,尤其是发展中国家的客户,甚至距离数字时代的开始都还有很长距离。索尼2004年卖出的随身听中有30%仍然是古老的卡式录音机。

基于未来收益的大举扩张和迫于现实压力的重组占据了公司发展战略的大部分精力。索尼的思路已经偏移,它的未来真正让人担心:如果不能像历史上那样成为技术标准的制定者,索尼的往昔辉煌,怕是再也回不来了。

创新是一个企业生存发展的永恒主题。索尼的历史,就是一部电子产品的创新史。索尼一直被理论界认为是独特的战略赢得了独特的胜利,尤其是在日本的公司大多把注意力集中在效率面的竞争而还没有向战略转移的时候,索尼的经验更加难能可贵。这种独特的战略就是:针对不同顾客生产不同的电子产品然后高价销售,并用独特的方法进行市场营销,强调产品技术的原创性。

索尼50年来的胜利其实就是这种战略的胜利,但是,在50年后索尼各条战线遇到了麻烦。是战略理论出现了问题,还是索尼出现了问题? 实际上是索尼对待战略的方式出现了问题。

索尼的战略已经遇到了挑战,它的战略已经开始模糊,这是因为在很多领域内它与其他很多公司已经没有什么两样,并且有很多公司已经超过索尼,索尼是该重新进行战略定位的时候了。任何的修修补补都没有用。

2005 年 8 月,索尼公司董事长出井伸之宣布,该公司将进行一项大规模的企业再造策略,此项策略兼具"进攻和防守"的特性,目的在于通过整合其全球的制造能量,降低固定成本,提升获利能力,同时降低对美国娱乐事业部门的依赖。但急于重组的索尼没有时间检省公司本身所负的责任,比如那种奇特的企业文化。

传统上,索尼以拥有傲慢、严格要求的管理人员、自豪并富有干劲的工程师、让想象力自由自在驰骋的发明家而著称。结果导致各部门相互竞争,看谁能生产出最聪明的产品。对该类产品趋之若鹜的劲头今天看来几乎有些不近人情:产品开发人员以发现新功能并让工程师们难以制造而自豪。

傲慢的管理人员则经常参加研发部门的产品计划会议,并且"煽风点火""你们不是在研究欲望,而是在创造欲望。"看起来,产品的决策过程所体现的更倾向于一家风险投资公司的风格。

一些内部人士说,以前索尼特有的这种企业文化——重视想法和热情的价值,而不是资历、学历和经验——最终酿成苦果。而且,精密制造业的各种产品正在越来越密切地结合在一起,这种做法很可能是使其产品失去兼容性的祸首;另一方面的压力来自松下、三星等对手疯狂的竞争令市场变得难以把握,但索尼对此却浑然不觉。

1995 年,出井伸之接替大贺典雄成为索尼首席执行官时,没有人看得清索尼应该如何超越自己,出井伸之认为,他的任务就是要在网络时代彻底重建公司。

出井伸之试图把索尼在家电产品方面的领先优势带入数字时代——所有的家电能够统一在一个数字标准之下,相互连通,协同效用,不仅如此,他还谋略控制传输的网络(电视光缆及宽带接入),以及传播的内容(电影、音乐及网络游戏)。索尼甚至进入购买这些服务的新型货币领域,他们通过自己的银行给东京常坐火车的人提供智能卡支付服务。

多元化发展意味着在所有领域遭遇竞争:手机方面是诺基亚、摩托罗拉和西门子;笔记本电脑领域,索尼最畅销的 VAIO 型电脑逐渐败给 NEC 和富士通,暂居第三位,其全年的销量不足富士通的一半,而且,三星的产品已经异军突起,它们更薄、更轻、更精美;数码相机市场上,老牌企业佳能及时调整了经营战略,销售额直线上升,紧逼索尼;即使在一直是索尼稳定收益源的彩电领域,索尼也已露出颓败之势。

资料来源:盘和林《哈佛:战略管理决策分析及精典案例》

问题:

1. 索尼近年来为什么会出现如此衰败局面?有何启示?

2. 你认为索尼应如何摆脱目前的衰败?

实训项目

实训名称 企业核心竞争力分析

实训目的 构建企业核心竞争力

实训条件 案例分析室

实训要求

1. 每班6~7人一组;

2. 选择学校附近的一家企业,了解其经营状况,分析其生存和发展的原因,确定其核心竞争力;

3. 每组代表发言,提出不同企业的核心竞争力。

教师任务

1. 帮助学生进行企业调研;

2. 引导学生分析;

3. 公开讲评不同企业的核心竞争力内涵。

实训评价 组长给每位组员打分,教师给组长打分。

企业生产运作与管理

学习目标

1. 熟悉企业生产运作的流程；
2. 识别不同企业生产岗位的职位素养要求；
3. 提升作为一名优秀企业生产运作和管理者的职业价值。

能力目标

1. 明确作为一名优秀生产管理者的使命；
2. 能够制订生产计划；
3. 能够对生产作业进行控制；
4. 理解生动作业运营者的能力。

学习任务1 构建企业生产运营系统

案例导入

宝钢集团的生产运营

宝钢集团有限公司是以宝山钢铁(集团)公司为主体,联合重组上海冶金控股(集团)公司和上海梅山(集团)公司,于1998年11月17日成立的特大型钢铁联合企业。宝钢是中国最具竞争力的钢铁企业,年产钢能力2 000万吨左右,赢利水平居世界领先地位,产品畅销国内外市场。生产运作是对生产与运作活动的预期目标进行管理。实际上是一个“投入—转换—产出的过程”。生产运作管理实质:有增值转化过程的有效管理、资源的高效集成(技术上可行、经济上合理)和满足产品/服务的特定需求。

宝钢成本管理的实践新经济时代。学习、吸收并创造性地运用世界先进的企业管理方法是企业学习能力的重要方面,是企业在激烈的国际竞争中制胜的重要保证。宝钢在长期的企业运营中非常注重组织学习能力的培养,学习正在成为整个公司的自觉行为,学习能力成为宝钢重要的竞争优势之一。作为中国钢铁行业的领军企业,在长期的学习及创造性的运用中,宝钢的成本管理及财务管理已达到国际同行业的先进水平。从宝钢维修成本分析精细化管理,“精细化管理”是来源于发达国家的一种管理概念,是指在产品生产过程中对产品实施精细化设计、精细化制造、精细化物流、精细化销售的规范化的生产模式,“零缺陷”已经成为精细化管理的代名词,已被国内知名企业广泛应用。

成本管理、精细引路。实施维修成本管理对象的使用分析就是要求我们进一步细化成本管理工作;维修成本的精细化分析是为了不断查找设备状态管理的薄弱点。对成本管理对象的使用进行分析,可以更直接、更具体地发现当前设备管理的薄弱点,使我们对日常管理工作实施的改善措施更具针对性。其最终目的是控制设备状态,降低维修成本,使设备管理不断接近目标。

成本水平的高低,直接关系到企业的生存。因此,降低成本就成为成本管理的重要任务。成本费用水平降低的多少,可以作为评价成本管理工作好坏的标准,也是进行成本管理工作考核的依据。

现代设备管理是以研究设备为对象,追求设备寿命周期费用最经济和设备效能最高为目标。它是一门把技术、经济和管理等综合起来对设备进行全面研究的新兴学科。其中设备维修方式可以衡量企业设备管理水平。

宝钢的设备维修方式从预防维修逐步走向状态维修,这是因为设备状态维修可以实现经济效益和社会效益上的提高。主要表现在以下两个方面:

①在实现设备状态维修之后,可以通过适时的维修来避免重要设备故障,同时又避免了不必要的维修作业,依此在有限维修经费中寻求优化分配使用。特别是在做到能对设备的寿命进行正确估计后,就可以更有效地储存和安排设备备件,这可节省大量的备品经费。

②通过设备的状态分析,对于预防类似事故、改进产品质量、提高设备监督管理水平具有重要的指导意义。

资料来源 http://wenku. baidu. com/view/7395fbacdd3383c4bb4cd2ff. html.

相关知识

7.1.1 生产运作系统的含义

从系统观点来考察生产运作,可以将企业中从事生产运作活动的子系统称之为生产运作系统。应强调的是,企业生产运作系统有狭义和广义之分。

狭义的生产运作系统,有时也称为制造系统,是指直接进行产品的生产加工或实现劳务的过程,其工作直接决定着产品或劳务产出的类型、数量、质量和生产运作费用。

广义的生产运作系统除上述内容外,一般认为还应包括企业中的研究开发、生产运作的供应与保证、生产运作计划与控制等于系统。

研究开发系统是进行生产运作前的各项技术性准备工作以及产品的研究与开发过程,在很大程度上预先决定了产品或劳务产出的效果。

生产运作的供应与保证系统的作用在于提供足以保证生产运作不间断进行所需的物料、能源、机器等各种要素,并使它们处于良好的状态,因此,将直接影响着基本生产运作的正常运行。

生产运作计划与控制系统,又称为生产运作管理系统,是对整个生产运作系统各方面的工作进行计划、组织、控制和协调,其作用类似于企业的大脑和神经系统。

本课程所指生产运作系统是广义的生产运作系统。

7.1.2　生产运作系统的职能

从本质上讲,生产运作系统是一个投入—产出系统,其职能就是将一系列投入转换为社会和用户所需要的产出。

生产运作系统体现为物质与能量的转换过程,即对投入的人、财、物、信息等各种资源进行加工转换以提供社会和用户所需要的产品或劳务的过程。生产运作系统由投入、生产运作(转换)过程、产出和反馈4个基本环节构成。

投入要素可分为两类。一类是加工对象,如原材料、零部件等,它们最终构成产品实体的一部分。另一类是虽不构成产品实体,但对生产运作系统运行起决定作用的人力资源、设备、土地、能源、信息资源等。生产运作过程是直接进行加工、生产或服务,实现物质与能量的转换的过程,处于生产运作系统的核心地位。生产运作系统的产出主要是社会和用户需要的产品或劳务,但同时还存在一些“副产品”,有些副产品是有用的,如知识,而有些副产品则是有害的,如噪音、边角废料等,企业应努力减少有害副产品的产出。一般常从用户在品种款式、质量、数量、价格、服务和交货期等方面要求的满足程度出发,衡量生产运作系统产出的好坏。生产运作系统的反馈环节执行的是控制职能,即收集生产运作系统运行的输出信息,并与输入的计划、标准等信息进行比较,发现差异,分析差异及其原因,从而采取针对性的措施来消除差异。

7.1.3　生产运作系统的构成要素

生产运作系统包含两类要素:硬件要素和软件要素。

1)生产运作系统的硬件要素

生产运作系统的硬件要素——构成生产运作系统主体框架的那些要素。主要包括:①生产技术;②生产设施;③生产能力;④生产系统的集成。

硬件要素是形成生产运作系统框架的物质基础,建立这些要素需要的投资多,一旦建立起来并形成一定的组合关系之后,要改变它或进行调整是相当困难的。

2)生产运作系统的软件要素

生产运作系统的软件要素——在生产运作系统中支持和控制系统运行的要

素。主要包括:①人员组织;②生产计划;③生产库存;④质量管理。

生产运作系统的软件要素的改变和调整较为容易。因此,采用何种软件要素,决策风险不像硬件要素那样大。但在实施过程中,软件要素容易受其他因素的影响,因此,对这类要素的掌握和控制比较复杂。

学习任务2 制定企业生产计划

案例导入

溢达集团原有订单管理流程

香港溢达纺织服装集团(简称溢达集团)作为国际名牌衬衫的主要供应商之一,经过20多年的发展,已经成为既拥有自身的品牌又与多个国际知名品牌有着长期稳定供需关系的跨国集团,而且成功的流程改进与流程再造已成为业内关注的焦点。

溢达集团按照以前的订单管理流程,一张订单确认后,需要在溢达集团内部流经销售部、技术开发部TDC(Technology Development Center)、布厂PPC(Production Planning and Control)、制衣厂PPC(Production Planning and Control)等4个环节,才能进入生产阶段。

当溢达集团收到订单后,销售部要先在信息系统中输入有关的订单信息并分别通过e-mail通知TDC、布厂、制衣厂的生产计划控制部安排初期板衫、布、物料以及大货的生产事宜。然后,各单位的生产计划控制部在信息系统中输入有关的订单信息,生成板衫制造单、布料制造单、物料订购单和服装制造单,下发相关生产部门安排生产。同时,各单位就订单信息处理和生产过程中的工作进行双向沟通。另外,TDC、布厂、制衣厂的生产计划控制部还分别就相互关联的业务进行如下沟通:

1. TDC—制衣厂:板衫与大货生产过程中不同点的协调;

2. TDC—布厂:布料的质量、交期以及数量问题的解决;

3. 布厂—制衣厂:布料的质量、交期以及数量问题的解决。

再造通过对原有流程谨慎全面地分析,集团实施了"3X计划"对订单管理流程进行再造。"3X 计划"是通过对整个集团原有的包括销售部门、技术开发部 TDC(Technology Development Center)以及制衣厂 PPC(Production Planning and Control)在内的订单管理流程的整合,组成一个新的 OMD(OrderManagement Department 订单管理部),以此实现订单管理的"一站式"服务。

1. 新的 OMD 部门是由以前的销售部以及制衣厂、TDC、布厂的生产计划控制部的跟单同时整合而成。

2. OMD 可以将订单信息一次性输入信息系统,自动生成布料和辅料的订购单以及服装的生产制造单,并传输到各个布厂、物料厂、TDC 和制衣厂,然后密切跟踪订单的生产状况。

3. "一站式"订单管理流程大大简化了订单的管理,避免了同职能部门的重复设立,整合了资源,将人为原因所导致的信息扭曲、丢失降低到最小限度,明显提高了运营效率,使得销售人员可以为客户提供更加优质的服务。

4. 为了避免流程再造可能引发的利益重新分配的冲突,溢达集团在实施"3X 计划"前和过程中作了充分工作。首先,方案的批准经过了周全的分析调研。实施前,集团成立专门的项目小组,分别负责项目的各项工作,并就项目实施的意义以及过程可能发生的问题与包括职员在内所有相关部门进行近 5 个月的充分讨论,并根据讨论结果不断完善项目实施计划。在实施过程中,集团更是清醒地认识到了"一哄而上势必导致一哄而下"的规律,本着稳扎稳打的原则,按照客户和工厂对"3X 计划"进行了试运行,暂定一年的试运行仍在进行中,其预期效果已经逐渐的显现出来。

资料来源:http://www.ciotimes.com/application/bpm/bpm200903310922.html.

相关知识

7.2.1 生产计划的地位

生产计划是指在企业生产策略的指导下,根据需求预测和优化决策对企业生产系统产出的品种、数量、速度、时间、劳动力和设备的配置以及库存水平等问题预先进行的考虑和安排。具体来说,就是将企业生产任务同各生产要素进行反复的综合平衡,从时间和空间上对生产任务作出总体安排,并进一步对生产任务进行层层分解,落实到车间、班组,以保证计划任务的实现。生产计划与其他职能计划的关系如图 7.1 所示。

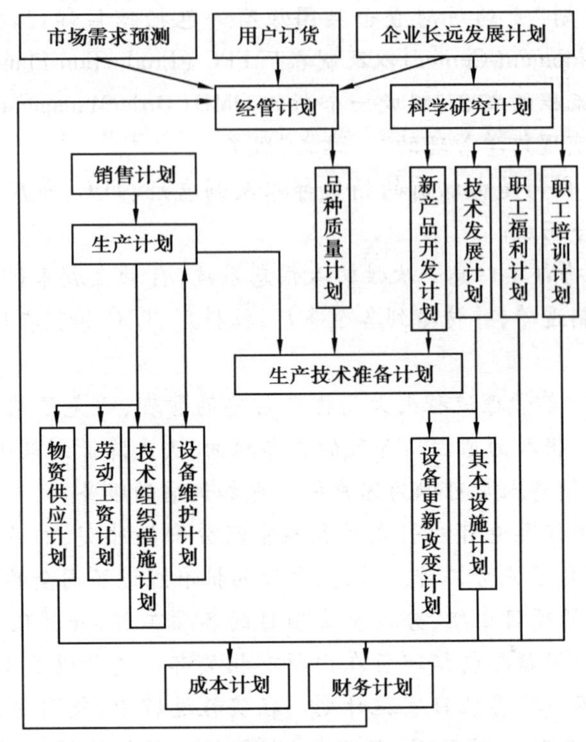

图 7.1　企业各种职工计划之间的关系

从图 7.1 可知,生产计划的主要依据是销售计划。销售计划反映了市场需求,决定了生产企业生产什么、生产多少和何地生产。而生产计划是企业生产活动的龙头,是编制物资供应计划、劳动工资计划和技术组织措施计划的重要依据。各种职能计划又是编制成本计划和财务计划的依据。成本计划和财务计划是编制经营计划的重要依据。

7.2.2　生产计划的构成

制造业生产计划的构成可按不同的标准进行分类。按计划的对象,可分为综合生产计划、主生产计划和物料需求计划;按计划的执行部门,可分为厂级生产计划、车间生产计划和班组生产计划;按计划的时间单位长短,可分为年度生产计划和生产作业计划。一般来说,综合生产计划、主生产计划和厂级生产计划属于年度生产计划,物料需求计划、车间生产计划和班组生产计划属于作业计划。本书对综合生产计划、主生产计划和物料需求计划的主要内容进行介绍。

1)综合生产计划

综合生产计划(Aggregate Production Planning,APP)是对企业未来较长一段时间内预计资源耗量和市场需求量之间的平衡所作的概括性设想,是企业所拥有的生产能力和需求预测对未来较长一段时间内的产出内容,产出量等问题所作的决策性描述。其样式如表7.1所示。

表7.1　某自行车厂的综合计划

月　份	1月	2月	3月	……
24型产量/辆	20 000	24 000	30 000	……
26型产量/辆	16 000	16 000	16 000	……
总工时/小时	100 000	100 000	110 000	……

综合生产计划主要包括以下指标:

(1)品种

按照产品的需求特征、加工特性、所需人员和设备的相似性等,将产品分为几大系列,根据产品系列来制订综合生产计划。

(2)时间

综合生产计划的计划期通常是一年(有些生产周期较长的产品,如大型机床等,可能是2年、3年或5年),因此有些企业也把综合生产计划称为年度生产计划和年度生产大纲。在该计划期内,使用的计划时间单位是月、双月或季。在滚动计划中,按照近细远粗的原则进行编制,还有可能是近期3个月的执行计划时间,单位是月,而其他未来几个月的粗生产计划单位是季。

(3)人员

综合生产计划是可用几种不同方式来考虑人员安排问题。例如将人员按照产品系列分成相应的组,分别考虑所需人员水平;或将人员根据产品的工艺特点和所需的技能水平进行分配。综合生产计划还需要考虑需求变化引起的所需人员数量的变动,决定是采取加班方式还是聘用更多人员等。

2)主生产计划

主生产计划(Master Production Schedule, MPS)是确定各最终产品在每一个具体时间段内的生产数量。这里的最终产品主要是对于企业来说最终完成、要出厂的成品,它可以是直接用于消费的消费品,也可以是供其他企业使用的部件或配件。主生产计划通常以周为单位,在有些情况下,也可能以旬或月为单位。根据表

7.1 的综合生产计划所制订的 1 月份和 2 月份的主生产计划如表 7.2 所示。

表 7.2　某自行车厂的主生产计划(24 型)

月份	1 月				2 月			
周次	1	2	3	4	5	6	7	8
A 型产量/辆	0	2 400	0	2 400	0	2 400	0	2 400
B 型产量/辆	3 000	3 000	3 000	3 000	4 000	4 000	4 000	4 000
C 型产量/辆	1 600	0	1 600	0	1 600	0	1 600	0
月产量/辆	20 000				24 000			

3)物料需求计划

在主生产计划确定之后,为了使之得到顺利实施后,下一步要做的工作是确保规定的最终产品所需的全部物料(原材料、零件、部件等)以及其他资源在需要的时候能及时供应。所谓物料需求计划(Material Requirement Planning, MRP),就是制订企业生产所需的原材料、零件和部件的生产采购计划,包括采购什么、生产什么、用什么物料、必须在什么时候订货或开始生产、每次订货量是多少、生产量是多少,等等。物料需求计划解决的是主生产计划规定的最终产品在生产过程中相关物料的需求问题,而不是这些物料的独立的、随机的需求问题。这种相关需求的计划和管理比独立需求复杂得多,对一个企业来说也十分重要。这是因为只要在物料需求计划中漏掉或延误一个零件,就会导致整个产品的生产不能按期完成。

综合生产计划、主生产计划以及物料需求计划之间的关系流程如图 7.2 所示。

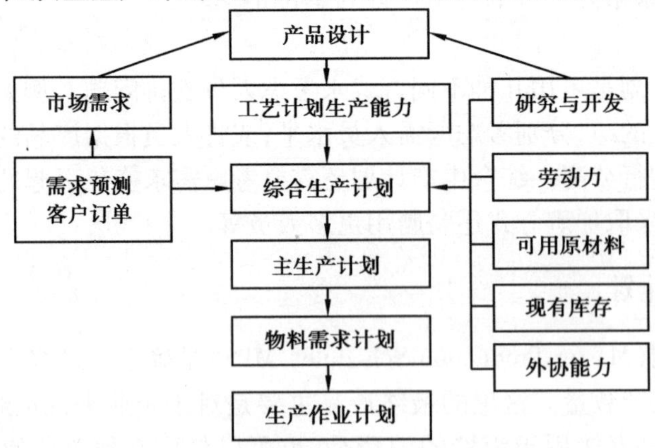

图 7.2　各种生产计划之间的关系

生产计划还可以按其粗细程度不同分为计划层计划、执行层计划和操作层计划，各层次之间的特征如表7.3所列。

表7.3　各层次计划的特征比较

特征＼计划层次	计划层	执行层	操作层
计划形式与种类	生产计划大纲 产品出产计划	零部件投入计划、原材料(外购件)需求计划等	生产作业计划、关键机床加工计划等
计划对象	产品、工装配件	零件(外购件、外协件)毛坯、原材料	工序
基础数据	生产周期 产品库存	产品结构、制造提前期、零件、原材料、毛坯存品库存	加工路线、加工时间、在制品
编制部门	经营计划处	生产处	车间计划处
计划期限	1年	1月、1季	双日、周、旬
时间单位	季、月	旬、周、日	工作日、小时、分
空间范围	全厂	车间及有关部门	工段、班组、工作地

7.2.3　生产计划的指标体系

生产计划的中心内容是确定生产指标，主要指标包括产品品种、质量、产量和出产值。企业生产计划的主要指标从不同的侧面反映了企业对生产产品的要求。

1)产品品种指标

产品品种指标是指企业在计划期内应当出产的产品品种、规格的数量。品种指标能够在一定程度上反映企业适应市场的能力，一般来说，品种越多，越能满足不同的需求。但是，过多的品种会分散企业的生产能力，难以形成规模优势。因此，企业应综合考虑，合理确定产品品种，加快产品的更新换代，努力开发新产品。

2)产品质量指标

产品质量指标是指企业在计划期内生产的产品应该达到的质量标准，包括内在质量与外在质量两个方面。内在质量指产品的性能、使用寿命、工作精度、安全性、可靠性和可维修性等因素;外在质量是指产品的颜色、式样、包装等因素。我国产品的质量标准分为国家标准、部门标准和企业标准 3 个层次。产品的质量标准是衡量一个企业的产品满足社会需要程度的重要标志,是企业赢得市场竞争的关键因素。

3)产品产量指标

产品产量指标是指企业在计划期内当生产合格的工业品实验物数量或应当提供的合格的工业性劳务数量。产品的产量指标常用实物指标或假定实物指标表示。例如,钢铁用"吨",发量电用"千瓦·时"等表示。产品产量指标是表明企业生产成果的一个重要指标,它直接来源于企业的销售量指标,也是企业制定其他物量指标和消耗量指标的重要依据。

4)产品产值指标

产品产值指标是指用货币形式表示的企业生产产品的数量,它解决了企业生产多种产品时,不同产品产量之间不能相加的问题。产值指标有商品产值、总产值和净产值 3 种表现形式。

(1)商品产值

商品产值是指企业在计划期内生产的可供销售的产品或工业劳务的产值。其内容包括用自备原材料生产的可供销售的产品和半成品的价值,用订货者来料生产的产品的加工价值,对外完成的工业性劳务价值。

(2)总产值

总产值是指用货币形式表现的企业在计划期内应该完成的产品和劳务总量。它反映企业在计划期内生产的总规模和总水平,其内容包括商品产值,订货者来料的价值,在制品、半成品、自制工具的期末实差额价值,它是计算企业生产发展速度和劳动生产率的依据。

(3)净产值

净产值是表明企业在计划期内新创造的价值。净产值的计算方法有两种:一是生产法,即从工业总产值中扣除物质消耗价值的办法;二是分配法,这种方法从国民收入初次分配的角度出发,将构成净产值的各要素直接相加求得净产值,这些要素主要包括工资、职工福利基金、税金、利润及其他属于国民收入初次分配的支出。

在实践中,商品产值和净产值一般用现行价格计算,总产值则要求用不变价格计算。

5) 出产期

出产期是为了保证按期交货所确定的产品出产期限。正确地决定出产期很重要，因为出产期太紧，不能保证按期交货，会给用户带来损失，也给企业的信誉带来损失；出产期太松，不利于争取顾客，还会造成生产能力浪费。

7.2.4 生产能力

1) 生产能力的概念与种类

生产能力是指一个设施的最大产出率。这里的设施可以是一道工序、一台设备，也可以是整个企业。这里所论的生产能力主要是指一个企业的生产能力。

企业的生产能力是指企业在一定时期内，在合理的、正常的技术组织条件下，所能生产的一定种类产品的最大数量。它是反映企业所拥有的加工能力的一定技术参数，也反映企业的生产规模。

实际运用中的生产能力是有多种不同的表达方式，包括设计能力、查定能力和计划能力等。

(1) 设计能力

设计能力是企业建厂时在基建任务书和技术文件中所规定的生产能力，它是按照工厂设计文件规定的产品方案、技术工艺和设备，通过计算得到的最大年产量。企业投产后往往要经过一段熟悉和掌握生产技术的过程，甚至需要改进某些设计不合理的地方，才能达到设计生产能力。设计能力也不是不可突破的，当操作人员熟悉了生产工艺，掌握了内在规律以后，通过适当的改造是可以使实际生产能力超过设计生产能力的。

(2) 查定能力

对于老企业，可能由于产品方向有所改变，产品结构的重新设计，或者工艺方法有所改进等各种原因，当初的设计能力已不能反映实际情况，这时需要对企业的生产能力进行重新核准，称此结果为查定能力。查定能力是企业的实际生产能力，对企业的各类计划有指导作用，是企业计划工作的基本参数。

(3) 计划能力

企业在年度计划中规定本年度要达到的实际生产能力称为生产能力。计划能力包括两大部分：一个企业已有的生产能力，是近期内的查定能力；二是企业在本年度内新形成的能力。后者可以是以前的基建或技改项目在本年度形成的能力，也可以是企业通过管理手段而增加的能力。计划能力基本上决定了企业的当期生产规模大小,计划生产量应该与计划能力相匹配。企业在编制计划时要考虑市场需求量,能力与需求不大可能完全一致,利用生产能力的不确定性,在一定范围内可以对生产能力进行短期调整,以满足市场需求。

2)生产能力的计量单位

由于企业种类的广泛性,不同企业的产品和生产过程差别很大,在制订生产能力计划以前,必须确定本企业的生产能力计量单位。常见的生产能力计量单位有以下几种。

(1)以产出量为计量单位

调制型和合成型生产类型的制造企业生产能力以产出量表示十分确切了。例如钢铁厂、水泥厂都以产品吨位作为生产能力,家电生产厂是以产品台数作为生产能力。这类企业的产出数量越大,生产能力也越大。

(2)以原材料处理量为计量单位

对于使用单一原材料生产多种产品的企业,以工厂年处理原材料的数量作为生产能力的计量单位是比较合理的。例如,炼油厂以一年加工处理原油的吨位作为它的生产能力。这类企业一般属于分解型企业。

(3)以投入量为计量单位

有些企业如果以产出量计量它的生产能力,则会使人感到不确切,不易把握。例如,发电厂年发电量几十亿千瓦时,巨大的天文数字不易比较判断,还不如用装机容量来计量更方便。这种情况在服务业中更为普遍。又如,航空公司以飞机座位数量为计量单位,而不以运送的客流量为计量单位,医院以病床数为计量单位而不是以诊疗的病人数为计量单位;零售商店以营业面积,或者标准柜台数为计量单位,而不能用接受服务的顾客数为计量单位;电话局以交换机容量为计量单位,而不用接通电话的次数为计量单位。这类企业的生产能力有一个显著特点,就是能力不能存储,服务业往往属于这种类型。

3)生产能力核定

不同类型的企业,生产能力核定方式不同。相比之下,制造企业的生产能力核定稍微复杂一些,主要原因是这类企业产品的加工环节多,参与加工的设备数量大,设备能力又不是连续变动的,而是呈阶梯式发展的,所以各环节的加工能力是不一致的。核定工作通常以底层开始,自下而上进行,先核定单台设备的能力,然后逐步核定班组(生产线)、车间、工厂的生产能力。

制造企业的生产能力核定主要有以下两种情况。

一是成批生产类型的企业,生产单位的组织通常采用工艺专业化原则。产品的投料与产出有较长的间隔期和明显的周期性。它们的生产能力核定与工艺专业化原则划分车间和班组有密切关系,有自己的特点。

二是在大量生产企业,总装与主要零件生产都采用流水线生产方式,因此企业生产能力是按每条流水线进行核定的。先核定各条零件制造流水线的能力,再确定车间的生产能力,最后通过平衡,求出全厂的生产能力。

学习任务3 控制企业生产运作

案例导入

丰田生产方式

自20世纪以来,丰田生产方式TPS(Toyota Production System)取得了极大成功。但随着时代发展特别是应用环境的改变,许多人对于这种诞生于日本特定文化背景下的生产方式产生疑问。

"不带任何成见地到现场实地观察生产情况",是"丰田模式"强调的准则之一。

丰田生产方式诞生于20世纪50年代,这种生产系统的灵感来源于创始人大野耐一的超市购物经历:每条生产线根据下一条生产线的选择来安排生产,正像超市货架上的商品一样,每一条线成为前一条线的顾客,每一条线又成为后一条线的超市,这种由后一条线需求驱动的"牵引系统"与传统的由前一条线的产出来驱动的"推进系统"形成鲜明对比。简而言之,就是仅仅在需要的时候,才按所需的数量,生产所需的产品。这也就是"准时生产"(Just in time)。

"准时生产"避免了浪费,消除了库存,有效降低了财务费用和仓储费用。但他强调,减少浪费不是目标而是结果。标准作业,质量统一,品质优良才是结果。在生产皇冠轿车的第二工厂,德田指着生产线上方的信息板表示,由于现在员工数量不足,生产线只能实行单班生产。皇冠现在单班日产155台,远未达到工厂的生产能力。德田解释,随着熟练工人的增多,到今年9月,第二工厂将有条件安排双班生产。届时,市场上大面积的皇冠缺货现象也将有所改观。

虽然员工数量依旧不足,但与成立之初相比,随着公司规模的膨胀和产品线的不断丰富,员工数量已大为增加。2003 年底,第一工厂员工 2 311 人,截至今年 6 月,天津一汽丰田两个工厂员工已达到 4 711 人。不到两年时间,员工数量增加了一倍多。不可否认,根植于资源匮乏的日本的丰田生产方式,在消除浪费、提高生产效率上已被丰田"拧干了毛巾上的最后一滴水"。

资料来源:http://www.chinaacc.com/new/635_652_/2009_8_13_le.shtml.

相关知识

7.3.1 企业生产控制

企业生产控制指为保证生产计划目标实现对企业的生产活动全过程的检查、监督、分析偏差和合理调节的系列活动。

广义:指从生产准备开始到进行生产、直到成品出产入库为止的全过程的全面控制。包括计划安排、生产进度控制、库存控制、质量控制、成本控制。

狭义:指对生产进度控制,又称生产作业控制。我们可以把企业看成这样一个动态过程,企业首先获得原材料、零部件、劳动力等投入,经过企业系统的转换和运营,生产出有形的产品或无形的劳务。在这个过程中,为了达到企业预定的目标,就必须对企业的经营管理活动进行控制。

7.3.2 企业生产控制的基本程序

包括 3 个阶段:测量比较、控制决策、实施执行,但也可把制定标准作为基本程序之一。4 个程序如下:

1)确定控制标准

可用实物量也可用货币量表示。制定标准的方法有以下 4 种:

①类比法:参照本企业的历史水平或同行业的先进水平制订。简单易行,比较客观。

②分解法:把企业层的指标按部门和产品层层分解为一个个小指标,作为每个生产单元的控制目标。这种方法在成本控制中起重要作用。

③定额法:对某些消耗规定标准,包括劳动消耗和材料消耗定额。

④标准化法:根据权威机构制订的标准作为自己的控制标准。如国际标准、国家标准、部颁标准和行业标准。

2)根据标准检验实际执行情况

测定生产实际成果并与控制标准作对比,发现偏差(偏差 = 目标值 - 实际值,正偏差表示目标值大于实际值,负偏差表示实际值大于目标值)。对于产量、利润、劳动生产率,正偏差表示没有达标;对于成本、工时消耗等目标,正偏差表示优于控制标准。

3)控制决策

根据产生偏差的原因,提出纠正偏差的措施。包括分析原因、拟定措施、对措施效果做预期分析3个步骤。

4)实施执行

这是控制程序的最后一步,执行情况直接影响控制效果。

7.3.3 生产控制的类型

1)事后控制

把本期生产结果与期初计划相比较,找出差距提出措施,在下一期的生产活动中实施控制。这属于反馈控制,重点是下一期生产活动。优点是方法简便、工作量小、费用低。缺点是“事后”,本期损失无法挽回。所以要提高控制质量需做到3点:资料完整、客观分析、措施可行。

2)事中控制

通过作业现场获取信息,实时监控,发现偏差,及时采取措施。控制重点是当前的生产过程。在全面质量管理中广泛应用。优点:“实时”控制,保证本期计划如期完成。缺点:控制费用较高。提高控制质量要做到以下几点:完整准确而实时的统计资料、高效的信息处理系统、决策迅速执行有力。

3)事前控制

在本期活动开始前,根据上期生产的实际成果及对影响本期生产的各种因素所作的预测,制订方案调整输入参数确保最后完成计划,属于前馈控制。控制的重点是在事前的计划与执行中有关影响因素的预测上。

7.3.4 企业生产控制的方法

1)对供应商的控制

毫无疑问,供应商既为本企业提供了所需的原材料或零部件,根据波特自由竞争模型,他们又是本企业的竞争力量之一。供应商供货及时与否、质量的好坏、价格的高低,都对本组织最终产品产生重大影响。因此,对供应商的控制可以说是从组织运营的源头抓起能够起到防微杜渐的作用。

双赢是我们建立良好供应商关系的前提,科学的供应商开发流程是供应商管理的基础,合理的供应商考核体系是供应商管理的保障,只要我们本着友好的态度和运用科学的管理方式,我们一定可以和供应商建立起良好的供求关系,从而达到双赢的效果。

2)库存控制

(1)库存及库存控制的概念

从企业生产、经营活动的全过程而言,库存是指企业用于生产或服务所使用的,以及用于销售的储备物资,库存的形态主要包括:原材料、辅助材料,在制品,产成品和外购件等四大类。

库存,既是生产、服务系统合理存在的基础,又为合理组织生产、服务过程所必须。以较低的库存成本,保证较高的供货率,不仅在理论上是成立的,在实践方面也是完全可以达到的。

库存控制又称库存管理,是对制造业或服务业生产、经营全过程的各种物品、产成品以及其他资源进行管理和控制,使其储备保持在经济合理的水平上。

(2)库存的作用

设置库存的根本目的,是要保证在需要的时间,需要的地点,为需要的物料提供需要的数量。同时,库存还能起到以下作用;防止缺货、提高服务水平;节省开支、降低成本;保证生产、销售过程顺利进行;提高生产均衡性、调节季节性需求等。

库存量过大所产生的问题:增加仓库面积和库存保管费用,从而提高了产品成本;占用大量的流动资金,造成资金呆滞,既加重了货款利息等负担,又会影响资金的时间价值和机会收益;造成产成品和原材料的有形损耗和无形损耗;造成企业资源的大量闲置,影响其合理配置和优化;掩盖了企业生产、经营全过程的各种矛盾和问题,不利于企业提高管理水平。

库存量过小所产生的问题:造成服务水平的下降,影响销售利润和企业信誉;造成生产系统原材料或其他物料供应不足,影响生产过程的正常进行;使订货间隔期缩短,订货次数增加,使订货(生产)成本提高;影响生产过程的均衡性和装配时的成套性。

延伸阅读

库存控制的 ABC 分类

ABC 分类法是库存控制的基本方法之一。并广泛应用于库存控制、生产控制、质量控制及其他许多管理问题。它是管理控制基本原理中最有用、最有效的方法。

ABC 分类法的基本概念:

A 类物品(高值):价值占库存总值 70% ~80% 的相对少数物品。通常为物品的 15% ~20% 。

B 类物品(中值):总值占库存总值的 15% ~20%。物品数居中,通常占物品的 30% ~40%。

C 类物品(低值):库存总值几乎可以不计,只占 5% ~10%。是物品的大多数,通常占 60% ~70%。

ABC 分类法的应用法则:

- 控制的程度

对 A 类物品,尽可能地严加控制,包括最最完备、准确的记录,最高层监督的经常评审,从供应商按订单频繁交货,对车间紧密跟踪去压缩提前期,等等。

对 B 类物品,作正常控制,包括良好的记录与常规的关注。

对 C 类物品,尽可能使用最简便的控制,诸如定期目视检查库存实物、简化的记录或只有最简的标志法表明补充存货已经订货了,采用大库存量与订货量以避免缺货还有安排车间日程计划时给以低优先级就可以。

- 库存记录

A 类物品要求最准确、完整与明细的记录,要频繁地甚至实时的更新记录。对事务文件、报废、收货与发货的严密控制是必不可少的。B 类物品只需正常的记录处理,成批更新,等等。C 类物品,不用记录(或只用最简单的),成批更新,简化的以大量计数,等等。

● 优先级

在一切活动中给予 A 类物品以最高级以压缩其提前期与库存。

B 类只要求正常的处理，仅在关键时给以最高级。

给 C 类以最低的优先级。

● 订货过程

对 A 类物品提供仔细、准确的订货量、订货点与 MRP（物料需求计划）数据。对计算机数据需用人工核对，再加上频繁地评审以压缩库存。

对 B 类物品，每季度或当发生主要变化时评审一次 EOQ（经济批量或经济订货量）与订货点，MRP 的输出按例行公事处理。

对 C 类物品不作 EOQ 或订货点处理。订货往往不用 MRP 作计划。手头订货还相当多时就订上一年的供应量。使用目测评审，堆放，等等。

3）质量控制

质量控制理论的发展可以概括为 5 个阶段。

第一阶段，20 世纪 30 年代以前为质量检验阶段，仅能对产品的质量实行事后把关。但质量并不是检验出来的，所以，质量检验并不能提高产品质量，只能剔除次品和废品。

第二阶段，1924 年提出休哈特理论，质量控制从检验阶段发展到统计过程控制阶段，利用休哈特工序质量控制图进行质量控制。休哈特认为，产品质量不是检验出来的，而是生产制造出来的，质量控制的重点应放在制造阶段，从而将质量控制从事后把关提前到制造阶段。

第三阶段，1961 年菲根堡姆提出全面质量管理理论（TQM），将质量控制扩展到产品寿命循环的全过程，强调全体员工都参与质量控制。

全面质量管理，即 Total Quality Management，是一种由顾客的需要和期望驱动的管理哲学。TQM 以质量为中心，建立在全员参与基础上的一种管理方法，其目的在于长期获得顾客满意、获得组织成员和社会的利益。具体来说，TQM 蕴涵着如下含义：

①强烈地关注顾客。从现在和未来的角度来看，顾客已成为企业的衣食父母。“以顾客为中心”的管理模式正逐渐受到企业的高度重视。全面质量管理注重顾客价值，其主导思想就是“顾客的满意和认同是长期赢得市场和创造价值的关键”。为此，全面质量管理要求必须把以顾客为中心的思想贯穿到企业业务流程的管理中，即从市场调查、产品设计、试制、生产、检验、仓储、销售、到售后服务的各个环节都应该牢固树立“顾客第一”的思想，不但要生产物美价廉的产品，而且要为

顾客做好服务工作,最终让顾客放心满意。

②坚持不断地改进。TQM 是一种永远不能满足的承诺,“非常好”还是不够,质量总能得到改进,“没有最好,只有更好”。在这种观念的指导下,企业持续不断地改进产品或服务的质量和可靠性,确保企业获取对手难以模仿的竞争优势。

③改进组织中每项工作的质量。TQM 采用广义的质量定义。它不仅与最终产品有关,并且还与组织如何交货、如何迅速地响应顾客的投诉、如何为客户提供更好的售后服务等都有关系。

④精确地度量。TQM 采用统计度量组织作业中人的每一个关键变量,然后与标准和基准进行比较以发现问题,追踪问题的根源,从而达到消除问题、提高品质的目的。

⑤向员工授权。TQM 吸收生产线上的工人加入改进过程,广泛地采用团队形式作为授权的载体,依靠团队发现和解决问题。

第四阶段,20 世纪 70 年代,田口玄一博士提出“田口质量理论”。田口博士认为,产品质量首先是设计出来的,其次才是制造出来的。因此,质量控制的重点应放在设计阶段,从而将质量控制从制造阶段进一步提前到设计阶段。

第五阶段,20 世纪 80 年代,利用计算机进行质量管理(CAQ),出现了在 CIMS 环境下的质量信息系统(QIS)。借助于先进的信息技术,质量控制与管理又上了一个新台阶,因为信息技术可以实现以往所无法实现的很多质量控制与管理功能。

延伸阅读

ISO 9000 与 TQM 的对比

①ISO 9000 与 TQM 的相同点。首先两者的管理理论和统计理论基础一致。两者均认为产品质量形成于产品全过程,都要求质量体系贯穿于质量形成的全过程;在实现方法上,两者都使用了 PDCA 质量环运行模式。其次,两者都要求对质量实施系统化的管理,都强调“一把手”对质量的管理。再次,两者的最终目的一致,都是为了提高产品质量,满足顾客的需要,都强调任何一个过程都是可以不断改进、不断完善的。

②ISO 9000 与 TQM 的不同点。首先,期间目标不一致。TQM 质量计划管理活动的目标是改变现状。其作业只限于一次,目标实现后,管理活动也就结束了,下一次计划管理活动,虽然是在上一次计划管理活动的结果的基础上进行的,但绝不是重复与上次相同的作业。而 ISO 9000 质量管理活动的目标是维持标准现状。

其目标值为定值。其管理活动是重复相同的方法和作业,使实际工作结果与标准值的偏差量尽量减少。其次,工作中心不同。TQM是以人为中心,ISO 9000是以标准为中心。再次,两者执行标准及检查方式不同。实施TQM企业所制定的标准是企业结合其自身特点制定的自我约束的管理体制;其检查方主要是企业内部人员,检查方法是考核和评价。ISO 9000系列标准是国际公认的质量管理体系标准,它是供世界各国共同遵守的准则。贯彻该标准强调的是由公正的第三方对质量体系进行认证,并接受认证机构的监督和检查。

TQM是一个企业"达到长期成功的管理途径",但成功地推行TQM必须达到一定的条件。对大多数企业来说,直接引入TQM有一定的难度。而ISO 9000则是质量管理的基本要求,它只要求企业稳定组织结构,确定质量体系的要素和模式就可以贯彻实施。贯彻ISO 9000系列标准和推行TQM之间不存在截然不同的界限,我们把两者结合起来,才是现代企业质量管理深化发展的方向。

企业开展TQM,必须从基础工作抓起,认真结合企业的实际情况和需要,贯彻实施ISO 9000族标准。应该说,"认证"是企业实施标准的自然结果。而先行请人"捉刀",认证后再逐步实施,是本末倒置的表现。并且,企业在贯彻ISO 9000标准、取得质量认证证书后,一定不要忽视甚至丢弃TQM。

学习自测

一、选择题

1. 运营管理的目的是建立一个高效率的生产制造系统,为企业制造(　　)的产品。

A. 有效益　　B. 质量高　　C. 有竞争力　　D. 有需求

2. 生产管理是关于企业生产系统的(　　)、运行与改进工作的总称。

A. 计划　　B. 组织　　C. 控制　　D. 设计

3. 产品竞争力是指企业生产的产品或提供的服务适合(　　)的能力,该能力可以决定企业在市场上的位置。

A. 外部环境　　B. 内部条件　　C. 宏观政策　　D. 市场需要

4. 按产品专业化组成的生产单位其主要缺点之一是对产品变化的(　　)比较差。

A. 生产能力　　B. 应变能力　　C. 竞争能力　　D. 查定能力

5. 构成企业生产过程的最基本单位是(　　)。

A. 班组 B. 工作地 C. 工序 D. 工步

6. 生产能力是指在计划期内，企业参与生产的全部( )，在既定的组织技术条件下，所能生产的产品数量或者能够处理的原材料数量。

A. 厂房 B. 机械设备 C. 固定资产 D. 流动资产

7. 企业在年度计划中规定本年度要达到的实际生产能力称为( )。

A. 设计能力 B. 查定能力 C. 计划能力 D. 竞争能力

8. 流水线作业指示图表是根据流水线的( )和工序时间定额来制定的。

A. 类型 B. 工作量 C. 节拍 D. 长度

9. 在大量流水加工生产中，确定各车间生产任务的方法有( )和定货点法。

A. 提前期法 B. 生产周期法 C. 在制品定额法 D. 以期定量法

10. 在生产任务稳定的条件下，日产量不变，则批量与生产间隔期成( )关系。

A. 反比 B. 正比 C. 相等 D. 不等

二、简答题

1. 生产计划有哪些指标，这些指标之间有什么关系？

2. 利用到工业企业实习或参观的机会，调查某个企业生产计划管理的具体的内容和采用的计划、控制方法。

案例分析

某光学仪器制造厂的生产会

上海××厂是一家新型的综合性的光学仪器制造企业，属多品种、小批量生产类型。全厂现有职工×××人，技术力量雄厚、设备齐全，能够生产多种大型、精密的光、机、电结合的光学仪器。其主要产品有光学计量仪器、显微镜仪器、物理光学仪器等6大类，80多个品种。建厂30余年来，该厂走过的是一条蓬勃发展的路，共生产各种光学仪器24万多台，创造利税××××万元，并多次获得市仪表局、市政府、机械工业部、国家计量局的表彰和奖励，成为同行业中的佼佼者。

然而，最近两天杨厂长在确定下年度生产计划方案上，却有些举棋不定了。体制改革前国家统购统销时，企业制定生产计划比较容易。计划科只要按上级下达的指令性计划安排生产即可，不需要考虑销售问题。体制改革以来，企业由生产型转向生产经营型，制定计划要考虑的因素大大增加了。多年来，该企业一直沿用一套长期以来形成的、以产品为导向的制定计划的方法，已经越来越不适应现实需要，必须加以改革。近两年来，这个厂产值呈低幅度上升，利润却下降了。前年工业总产值2 584万元，利润778.2万元；去年总产值2 600万元、利润630.7万元。利润下降，固然有原材料涨价、生产成本提高等多方面因素影响，但计划制定的正确与否却是个关键问题。怎样使明年的生产计划更趋于科学、合理，这正是杨厂长所思索的问题。

前天下午，厂部召开了下年生产计划方案讨论会。这次会议和以往不同，除了充分准备外，还扩大了与会人员的范围，因为此次年度计划的制定，难度较大、内外条件复杂、不定因素多、平衡难。而计划制定的正确与否直接关系到企业明年的经济效益，关系到企业能否稳定地向前发展，因此必须认真对待和严密论证。

计划科朱科长说："从外部形势看，目前销售市场变化迅速。出口创汇难度大，行业竞争加剧，企业负担加重；从内部看，生产能力跟不上，新产品开发难，批量试制上场慢。鉴于这些因素，根据市场销售情况和厂里现有的生产能力。同时考虑到各车间的生产周期性、各工种负荷均衡性、原材料供应的保证程度和技术准备等，在进行综合平衡的基础上，我们编了A、B、C3个明年生产计划方案供大家讨论。"朱科长说着，向与会人员提供了几则资料。

在展示了这些资料之后，朱科长继续说道："我们制定出3个计划方案主要是为了便于大家就此广泛展开讨论、集思广益，以便最终确定出适合企业情况的最佳生产方案。3个方案的侧重点各不相同：C方案侧重于效益、B方案侧重于销售、A方案介于二者之间，是个折中方案。至于我们计划科的观点，下面由本科计划员王明来讲一下。"

计划员小王说道："我们计划科认为采用C方案作为明年的生产计划比较合适。大家从A、B、C3方案项目列表中可以看到，C方案虽然产量、产值都不是最高，但所耗工时最少，效益最好。企业生产的中心任务是提高经济效益。只有通过不断提高经济效益，才能增加积累、发展生产，才能谈到改善职工的生活条件，才能为社会创造更多的物质财富。所以经济效益是第一位的，我们在安排各种具体产品时，充分考虑了这一点。比如，销售科建议生产计量仪器中的非接触式球径仪(3C)30台，但我们在A、C两个方案中均没作安排。其原因主要是考虑到效益问题。这种产品已经几年不生产了，技术资料不全、设备工装也不配套，重新厂马，许多技术问题一时难以解决。而且生产这种产品准备工时很长，是生产工时的2~3倍，工作量大，工艺复杂，效益相对其他品种而言较低，每台售价8 000元，利润却只有25%左右。如果安排这种产品，势必影响计划完成，耽误交货期。考虑到弊大于利，所以没作安排。

再比如，万能工具显微镜19JA的安排也是这样。销售科建议生产100台，但在方案中均安排60台。而19JE产品,销售科建议生产10台,但A、C方案分别多安排20、30台。为什么这样安排?其原因在于19JE是在19JA的基础上改型换代的,属于新开发产品。多安排19JE目的在于向用户推广新产品,让新产品逐渐占领市场,老产品逐渐退出来。不断进行产品的更新换代,是企业长期占领市场、获取长期高效益的关键!推广新产品关系到企业的市场竞争能力和企业今后的长期发展。基于这种考虑,我们在安排计划时作了有意识的调整,降低了19JA的产量,提高了19JE的产量。

总之,对于一些产值高、利润大的产品和一些有利于提高企业长期经济效益的产品,我们尽量多作了安排。其他一些和销售科提出的建议数有出入的品种,我们也都是从这一基点出发进行安排的。当然,我们在具体安排时,在考虑利润的同时,也考虑了销售的可能性,并且和企业的生产能力进行了平衡。多安排的品种数量是建立在市场销售还有很大潜力可挖的基础上的。少安排的或不安排的品种数量是因为其生产成本高、消耗工时多、利润少。我们认为,通过加强销售工作,采取适当的促销手段,配合得力的推销人员,开辟潜在市场,按C方案生产,销售不成问题。"

销售科科长老肖紧接着阐述了销售科的意见。他说:"3个方案各有利弊。如单纯从效益和工时着眼,C方案显然可取。但是我们认为决定企业年度生产计划,不能把着眼点仅仅放在效益上,应该首先考虑销售的可能性。当今市场竞争激烈,变化多端,产品的销售状况很难预测。由于新产品不断涌现,今天畅销的产品,明天也许变成滞销品。用户的需求多样化、复杂化,因此制定生产计划不仅仅要考虑企业能否获利、获利多大,还仍须考虑销售是否有保证。如果没有销售作保证,利润就是一句空话!以销定产、满足用户需要,为社会提供适销对路产品,是我们企业进行生产的主要目的。我们是社会主义企业,不能唯利是图。制定计划不能仅仅局限于一个企业小范围上获利最大,要考虑到全社会的效益。于国、于民有用的产品就应该生产,这才是根本!而且C方案也缺乏严密性。例如,新产品19JE,从推广新产品角度看,多安排当然有理,但必须有销售的可能性。目前,用户对19JE这种新产品还不够了解,习惯于使用19JA。据市场调查,明年19JA的需求将更大。所以应以19JA为主。至于向用户推广新产品,以适应将来的发展,这需要一个介绍和引导的过程,不能一下子就增加30台19JE。因为其单价为3万元,30台则为90万元。这意味着要冒90万元的风险。万一这种新产品推销不出去,必然造成积压,从而浪费大量资金。考虑到企业的经济效益,这笔账不能不算!所以C方案不足取,我们认为采取B方案,作为明年生产计划比较合适。这样可以保证产销平衡,企业不至于冒太大的风险。"

产品开发部张主任接着发言讲道:"我认为B、C方案都有其道理,但也都存在着不足。C方案单纯讲效益,对销售考虑不足,计划自身带有冒险性;B方案单纯强调销售的保证程度,有些保守,缺乏开拓市场、争取用户的进取精神。所以我认为A方案比较合适。A方案产量低,产值、利润、品种、工时都居中,根据我厂面临的内、外部形势,明年将是我厂生产情况最严峻的一年,因此我们制定计划一定要慎重、稳妥。近两年产值增长幅度很小,平均只有5.9%,利润则呈明显下降趋势,就目前掌握的情况分析,明年如不采取强有力的措施,利润将进一步下降。目前从企业内部看,生产能力与产值的增长越来越不能同步。由于近几年来在设计、工艺、加工手段等方面所采取的技术措施跟不上生产发展的步伐,使生产能力不足的问题日益严重。现在产值一上升,能力缺口就增大,实际生产能力不仅得不到补充,甚至有下降趋势,所以为稳定生产,谋求长期发展,我们必须从明年开始深入挖掘企业内部潜力,在对现有生产能力填平补齐的基础上,力争使生产能力再提高一步。在恢复、发展生产能力的同时,大搞开源节流,推行现代管理方法,降低成本,提高利润,尽量使产值和利润的增长趋于同步。A方案产值、利润居中,而产量和工时都比较低,便于我们进行生产能力的填平补齐和其他各项工作。因此我认为下年生产计划采用A方案比较妥当。

杨厂长听了3位同志的发言,深深地陷入了沉思。3个方案各有千秋,到底采取哪个方案,他一时举棋不定,看看难以在会上取得一致的意见,便宣布休会了,因为他需要独自冷静地想一想……

资料来源:http://xdqygl.bigc.edu.cn/newsview.asp? id=471

请根据上述个案回答下列问题:

1. 结合案例分析,企业在制订生产计划时的主要依据是什么?

2. 制订一个合理的生产计划需要考虑哪些基本原则,涉及哪些部门?

3. 你认为哪个方案更合理?请说明理由。

实训项目

实训简介

该游戏是生产与配销单一品牌啤酒(情人啤酒)的产销模拟系统中进行的。参加游戏的学员各自扮演不同的角色:零售商、批发商和制造商。他们只需每周做一个决定,那便是订购多少啤酒,唯一的目标是尽量扮演好自己的角色,使利润最大。三者间的联系知识由卡车司机通过一张纸上的核对数字(订货单、发货单)来沟通信息。

实训目的

此游戏是在出货时间延迟、资讯不足的产销模拟系统中进行的。在该游戏中,由于消费者需求的小幅变动,而通过整个系统的加乘作用将产生很大的危机,即首先是大量缺货,整个系统订单都不断增加,库存逐渐枯竭,欠货也不断增加,随后好不容易达到订货单大批交货,但新收到订货数量却开始骤降。

通过该游戏使学员们认识到以下几点:

1. 时间滞延、资讯不足对产销系统的影响。

2. 信息沟通、人际沟通的必要性。

3. 扩大思考的范围,了解不同角色之间的互动关系,认识到自己若想成功,必须其他人能成功。

4. 突破一定的习惯思维方式,以结构性或系统性的思考才能找到问题并有改善的可能。

5. 避免组织学习的障碍:

a. 局限思考;

b. 归罪于外;

c. 缺乏整体思考的主动积极;

d. 专注于个别事件;

e. 煮青蛙效应;

f. 从经验学习的错觉;

g. 管理团体的问题。

实训角色设置

游戏中教官担任司机,消费者角色,并负责适时发布一定的信息。其中,零售商由 12 组学员扮演,每组 2 人;批发商由 3 组学员扮演,每组 3 人;制造商由 1 组学员扮演,为 3 人。他们间结构如图 7.3 所示。

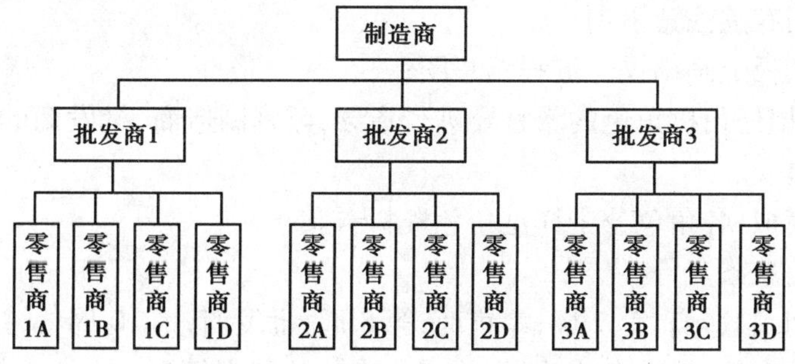

图 7.3　啤酒游戏角色结构示意图

(备注:分组方案为全班分为 2 队,每 1 队 15 人。每 1 队中制造商 1 组,每组 3 人;批发商 2 组,每组 2 人;零售商 8 组,每组 1 人。每 1 批发商下有 4 组零售商。)

实训时间安排

角色分工:3 ~5 分钟

分发道具:3 ~5 分钟

明确角色任务:10 ~15 分钟

进行模拟:90 ~110 分钟

(第 1 ~10 回合最高时限 5 分钟,第 11 ~30 回合最高时限 3 分钟)

利润统计:15 ~20 分钟

分析探讨:小组反思,20 ~30 分钟

各组讨论发言,20 ~30 分钟

合计:180 分钟

实训道具

每个零售商:零售商角色资料卡 1 张,零售商订货单 30 张

每个批发商:批发商角色资料卡 1 张,各零售商订发货统计表 1 张批发商订货单 30 张,批发商发货单 30 ×4 =120 张

每个制造商:制造商角色资料卡 1 张,各批发商订发货统计表 1 张,制造商发货单 30 ×3 =90 张

订发货单均可用自备纸条代替

订单汇总板 8 个(每 1 个批发商要配 1 个,每 1 个制造商要配 1 个)

实训程序

1. 角色分工

2. 分发道具

3. 明确各角色任务

各角色资料卡阅读;

教官说明有关注意事项;

教官在黑板上画出操作流程示意图;

前两周,担任司机角色的教官要进行指导,监督制造商、批发商的工作情况,以免出现计算错误。

4. 进行模拟:各角色分工详见角色资料卡。

5. 发放信息条。

发放时间:制造商,第 7 周;零售商,第 8 周;批发商,第 10 周

6. 游戏结束后,统计各自存货、欠货、销量及利润情况,上交各自表格及统计数据。

实训分析探讨

企业质量管理

学习目标

1. 了解产品质量的概念；

2. 熟悉质量管理的方法；

能力目标

1. 能够运用产品质量控制的基本方法；

2. 能够利用质量管理控制方法改进企业质量管理标准；

3. 能构建企业质量管理体系。

学习任务1 构建企业质量管理体系

案例导入

不断追求卓越的宝钢质量管理

1. 先进的思想基础

宝钢在建设和生产的实践中，大胆引进了日本新日铁公司的生产、技术、设备、物资、能源、运输和组织等7种管理方式，在学习、消化的基础上，继承和发扬我国传统管理中的经验，把引进、继承和创新结合起来，进而形成了具有宝钢特色的现代化管理模式。

2. 坚实的物质人力基础

宝钢在引进技术、装备的同时，实施技术创新。

以装备为例，装备建设从成套引进到分交、合作设计、合作制造直至以国内为主设计制造，使设备的国产化率由一期的12%提高到三期的82%以上。

宝钢有效利用国内外智力，在一、二、三期的建设和生产中，通过频繁的人员往来，使宝钢能充分利用国内外智力的支援、支持，迅速掌握当代先进技术和管理。这种不同文化的相互交流、融合，形成了宝钢独特的厚实的文化底蕴。

3. 精干高效的管理体制

宝钢在管理上实行“集中一贯”的管理体制，确定了“集中管理，统一经营，一贯负责，主要管理权集中在公司”的原则。

坚持机构不重复，业务不重叠，生产、计划、质量、设备、采购等各项专业管理都由公司职能部门承担。

二级厂不设科室，无对外经营权，各生产厂只承担带好队伍、搞好生产、跟踪国内外先进技术3项职能。大力推进社会化专业协作，所有辅助作业、生产劳务、生活后勤等均通过专业化社会协作解决。

1998年通过了ISO 14001管理体系认证，使各项管理逐步法制化。

2003年开始对公司的管理文件进行全面整合，涉及标准化与各项规范、行为准则与评价体系等，成为公司完整的一体化文件管理体系，保证了管理有序，定期评审,发现问题跟踪改进,建立起了科学、有序的自我完善机制。

宝钢始终把锤炼队伍放在第一位,在宝钢创业之初,围绕一期工程的建设、生产准备和投产等工作,我们在职工队伍中进行了"光荣感、责任感、紧迫感"的教育,提出了"确保 85.9 投产万无一失"的口号,形成了"高质量、高速度、高效率、建设世界一流钢铁企业"的文化理念,这成为当时宝钢职工和各路建设大军的强大精神动力。

资料来源:http://www.aswiser.com/Lean_show.asp?ArticleID=3303

相关知识

8.1.1 质量与质量管理

我国企业的产品质量与发达国家相比并不算高,在国际市场竞争中我国企业的产品往往只能以低价取胜,而不能以高质取胜。因此,提高我国产品质量刻不容缓,质量问题是一个重大的战略问题,优质能给企业带来兴旺和发展,又能给国家带来繁荣和富强;劣质会导致企业垮台,国家遭殃。

1)提高产品质量的意义

(1)提高产品质量是不断提高人民生活水平的重要保证

质量影响着亿万人民的工作和生活,关系着千千万万个家庭的舒适和安乐。美国的质量管理专家朱兰博士说过,人类社会的发展,使现代社会的人们生活在"质量大堤"的后面,"质量大堤"的安危决定着人类和社会安全。武器的质量关系到一个国家的防卫实力;药物、食品、家用电器的质量关系到人们的健康、安全和生活舒适;还有飞机、汽车、电梯、桥梁……所有的质量无不与人们的生活紧密相关。

(2)产品质量的好坏关系到企业的竞争能力、信誉和兴衰存亡

质量是企业的生命,企业之间的竞争其实质是产品质量的竞争。质量好的企业在竞争中就会不断发展,质量差的企业就会被淘汰,企业只有把质量放在第一位,一丝不苟,精益求精,才能在竞争中取胜。1995 年 1 月 25 日江铃汽车公司将 7 台 NHR 轻卡驾驶室和 50 扇门框当众砸毁,原因是驾驶室局部锈蚀,门框冲压不过关。为确保整车质量,江铃公司向自己的次品开刀,坚决杜绝不合格产品出厂。虽然砸次品给自己造成一定经济损失,但赢得的却是用户的信赖。砸掉的是次品,砸出的却是一流的质量和信誉。公司自上而下,无不视产品质量为企业的第一生命。

(3)提高产品质量是降低社会资源的消耗,增加社会财富的一条基本途径

产品质量高、性能好、效率高、使用寿命长,就等于产量的成倍增长,资源的节约。如果是假冒伪劣产品,一经查出只能销毁,造成社会资源的浪费。

(4)提高产品质量是加速发展国民经济,提高经济效益的必由之路

我们全部经济工作的出发点和归宿点都是为了提高经济效益,而经济效益的核心是质量问题。我国建国以来的历史证实,片面追求速度、产值、产量的结果是消耗升高,效益下降,欲速不达。提高经济效益,从根本上讲主要是提高质量、降低消耗,没有质量就没有数量,同样没有质量就没有经济效益,质量既是数量的基础,又是经济效益的基础。一个国家国民经济水平的提高幅度,一般是用数量的增长来表示的。但如果没有质量保证作基础,这个数量的增长是没有实际效果的。由此可见,提高产品质量是我国社会主义建设经济效益的关键。同时产品质量也是一个国家、一个民族的科学技术水平、管理水平和其他各项工作的综合反映。因而,我们必须把提高产品质量作为我国的一项长期战略任务来抓。

2)质量的概念

(1)狭义的质量概念——产品质量

人们通常所说的质量,往往是指物品的好坏,即产品质量。产品质量也就是指产品本身的使用价值,即产品适合一定用途,满足人们的一定需要所具备的自然属性或特性。这些特征表现为产品的外观、手感、音响、色彩等外部特征,也包括结构、材质、物理、化学性能等内在特征。

产品质量的好坏,不能单凭直觉来判断,而必须有一套科学的标准。为衡量产品质量而产生的技术尺度就是质量标准。它的主要内容有:①产品名称;②产品用途;③规格和使用范围;④对该产品各种专门的技术要求;⑤检验工具;⑥检验方法或测试手段。对有些产品还需制定包装和运输等方面的要求。符合质量标准的产品就是合格品,不符合质量标准的产品就是不合格品。质量标准有国际标准、国家标准、部颁标准和企业标准。

(2)广义的质量概念——全面质量

广义的质量概念是指产品质量、工程(工序)质量和工作质量的总和,亦称全面质量。它是比产品质量具有更深刻、更全面的含义。

①产品质量除了狭义的质量概念以外,产品质量还包括用户对产品的意见。生产的产品不仅要质量好,价格也要合理,要尽量争取更多的用户。为此必须应用技术经济分析方法,生产出用户满意的产品。任何一种产品都有它的特殊性,因此有它不同的质量特性,概括起来有以下 4 个方面:

a. 适用性。指产品适合用户使用的性能,包括材质方面的物理性能、化学成分;结构方面要便于拆装、维修和互换;操作方面要方便、灵活和轻巧。产品销售出去,首先要能使用,同时产品的适用范围还要广泛。

b. 可靠性。即产品在规定时间内,规定条件下,完成规定工作任务的能力大小或可能性。一般是指产品精度的稳定性、性能的持久性、零件的耐用性、安全的可靠性、寿命的长久性等。

c. 经济性。指产品制造和使用过程中成本低、效益高、经济合理。例如制造过程中,产品结构合理,重量轻,用料省,人、财、物消耗少,单位成本和总成本都低。在使用过程中,运转中动力燃料、原材料消耗少,维护保养省时、省事、省钱等。

d. 外观的满意性。指产品要美观大方,满足人们在外形上对产品的需要。外观主要指光洁度、颜色、造型等。除此之外,特殊产品还有其特殊质量特性的要求。如电子产品更强调其准确性和显示清楚;机械产品还强调其耐用性或寿命性、高效性;化工产品则要求防止环境污染;纺织产品又要求款式新颖,穿着舒适;食品产品应具有适口性和营养性等。

②工程(工序)质量。在产品制造过程中,影响产品质量或使产品质量发生波动的有许多因素。操作者、原材料、机械设备、工艺和环境等统称质量因素。这 5 个因素对产品质量发生综合作用的过程称为"工程"。工程质量就是指这个综合作用过程的质量。更明确地说,在产品生产的整个过程中,都有一个质量好坏的问题,这就是工程质量。产品质量取决于工程质量,也就是取决于质量形成过程中各质量因素的变化。因此可以断定,工程质量好,则产品质量一定好;更重要的是,只要掌握了以上 5 种质量因素,使其基本固定,则产品质量也就不会产生大的变化,这是全面质量管理的关键所在。管理好工程质量,就能做到以预防为主,就能把质量管理的重点从事后检验转移到事前控制上来,这样就可以把以往那种消极的检查和剔除废品的做法,改变为事前预防废品的产生。

③工作质量。工作质量是指企业的管理、技术和组织等工作对实现产品质量标准和提高产品质量的保证程度。工作质量不同与产品质量,它不直接反映产品本身质量,而是反映生产中保证质量标准的工作质量水平。产品质量指标一般可用质量特性来表示,也可用优等品率、一等品率等指标来反映整个合格品中的产品质量水平。而工作质量指标则是以产品合格率、废品率、返修率等指标来表示。产品质量与企业的每一项工作都有密切联系,只有提高企业的各种工作质量,才能提高产品质量。

3) 质量管理

质量管理就是达到或实现产品质量的所有职能和活动的管理。它包括质量政策的制定,质量目标或水平的确定,以及企业内部和外部有关质量保证和质量控制的组织和措施。

质量管理既有微观的方面,也有宏观的方面。对企业来说,质量管理主要包括两方面的内容,即质量保证和质量控制。质量保证是企业对用户来说的,就是要对用户实行质量保证。其内容是:为了维护用户利益,使用户满意,并取得质量信誉的一系列有组织、有计划的活动。质量保证是现代企业质量管理的核心。

质量控制则是对企业内部来说的,是指为保证某一产品生产过程或服务的质量所采取的作业技术和有关活动。更具体地说质量控制是测量实际的质量结果与标准对比,并对其差异采取措施的调节管理过程。

所以说质量控制是质量保证的基础。如果从宏观角度来研究质量管理,则内容还包括:维护消费者的利益和群众对质量的监督;国家和各级主管部门通过法规、条例等手段对企业质量管理工作的领导和干预;市场机制对产品质量的调节和控制;标准化管理;国家对出口产品的检验和监督;产品生产许可证制度;优质名牌产品的命名和奖励制度等。

4)质量管理发展的阶段

自从有了手工业生产,就出现了质量管理的萌芽,但是作为科学管理方法,它还只有几十年的历史,质量管理经历了一个由低级到高级,由片面到全面的发展过程。大体可分为3个阶段:

(1)质量检验阶段

大约从20世纪初到40年代,在美国质量检验开始作为专门的工序,从直接生产工序中划分出来,企业中出现了检验组织和专职检验人员,把不合格的产品剔出来不准出厂。这一阶段的最大特点是事后把关,虽然产品质量有了保证,但检验出的废品造成的损失已无可挽回,是一种消极的质量管理。这一阶段存在的问题是设计人员、生产人员、检验人员之间缺乏协调配合,管理的作用非常薄弱。

(2)统计质量控制阶段

从20世纪四五十年代开始,质量管理除了严格把关以外,在产品的生产制造过程中利用数理统计的原理,控制影响产品质量的各种因素,做到预防为主。它是对生产过程随时进行观察,当生产出现不正常的情况,有产生废品的趋势时,能发出警告,寻找生产不正常的原因,并及时采取措施,预防不合格品的出现。因此它在质量管理的发展上是一个很大的转折,使质量管理从事后把关转入事前预防;从消极管理转向积极管理;既能提高质量,又能减少废品损失,降低成本,效果十分显著。但是由于片面强调数理统计方法,忽视了组织管理工作在质量管理中的作用,再加上这种方法仅对产品制造过程进行控制，而对影响产品质量的其他因素却无能为力，因此还不够完善。

(3)全面质量管理阶段

20 世纪 50 年代后期，随着科技和高精尖产品的发展，对质量控制提出更高要求，许多企业认识到，光靠统计质量控制已不能满足要求，要对设计、制造、生产准备以及产品使用等所有环节都进行质量管理。20 世纪 60 年代初美国通用电气公司的菲根·鲍姆博士首先提出了全面质量管理(Total Quality Control，简称 TQC)的概念，把质量管理的范围扩展到了所有对产品有影响的因素，把预防不合格品的措施渗透到了所有与质量有关的环节，把经营管理、生产技术和统计方法三者有机地结合起来，形成一套比较完整的管理体系，以确保产品的高质量。

8.1.2　质量管理体系

质量管理体系(Quality Management System，QMS)ISO 9001:2005 标准定义为“在质量方面指挥和控制组织的管理体系”，通常包括制定质量方针、目标以及质量策划、质量控制、质量保证和质量改进等活动。实现质量管理的方针目标，有效地开展各项质量管理活动，必须建立相应的管理体系，这个体系就叫质量管理体系。

质量管理是企业内部建立的、为保证产品质量或质量目标所必需的、系统的质量活动。它根据企业特点选用若干体系要素加以组合，加强从设计研制、生产、检验、销售、使用全过程的质量管理活动，并给予制度化、标准化，成为企业内部质量工作的要求和活动程序。

在现代企业管理中，质量管理体系最新版本的标准是 ISO 9001:2008，是企业普遍采用的质量管理体系。

ISO 9001:2008 标准是由 ISO(国际标准化组织)TC176 制定的质量管理系列标准之一。

1)质量管理体系的内涵

(1)质量管理体系应具有符合性

欲有效开展质量管理，必须设计、建立、实施和保持质量管理体系。组织的最高管理者对依据 ISO 9001 国际标准设计、建立、实施和保持质量管理体系的决策负责，对建立合理的组织结构和提供适宜的资源负责；管理者代表和质量职能部门对形成文件的程序的制定和实施、过程的建立和运行负直接责任。

(2)质量管理体系应具有唯一性

质量管理体系的设计和建立,应结合组织的质量目标、产品类别、过程特点和实践经验。因此,不同组织的质量管理体系有不同的特点。

(3)质量管理体系应具有系统性

质量管理体系是相互关联和作用的组合体,包括:①组织结构——合理的组织机构和明确的职责、权限及其协调的关系;②程序——规定到位的形成文件的程序和作业指导书是过程运行和进行活动的依据;③过程——质量管理体系的有效实施,是通过其所需过程的有效运行来实现的;④资源——必需、充分且适宜的资源包括人员、资金、设施、设备、料件、能源、技术和方法。

(4)质量管理体系应具有全面有效性

质量管理体系的运行应是全面有效的,既能满足组织内部质量管理的要求,又能满足组织与顾客的合同要求,还能满足第二方认定、第三方认证和注册的要求。

(5)质量管理体系应具有预防性

质量管理体系应能采用适当的预防措施,有一定的防止重要质量问题发生的能力。

(6)质量管理体系应具有动态性

最高管理者定期批准进行内部质量管理体系审核,定期进行管理评审,以改进质量管理体系;还要支持质量职能部门(含车间)采用纠正措施和预防措施改进过程,从而完善体系。

(7)质量管理体系应持续受控

质量管理体系所需过程及其活动应持续受控。

(8)质量管理体系应最佳化

组织应综合考虑利益、成本和风险,通过质量管理体系持续有效运行使其最佳化。

2)质量管理体系的特点

①它代表现代企业或政府机构思考如何真正发挥质量的作用和如何最优地作出质量决策的一种观点。

②它是深入细致的质量文件的基础。

③质量体系是使公司内更为广泛的质量活动能够得以切实管理的基础。

④质量体系是有计划、有步骤地把整个公司主要质量活动按重要性顺序进行改善的基础。

8.1.3 质量管理体系的实施

1)标准化工作

标准化工作是人们在生产经营管理中,为了社会各方面的利益,对技术、经济和管理等活动中需要统一协调的各类现象,制定统一的准则,并组织贯彻实施的全部活动过程。标准包括技术标准和管理标准两方面的内容。我国的技术标准,按管理权限可分为企业标准、部颁标准和国家标准,为了便于国际交往还制定了国际标准。标准要具有权威性、科学性、群众性、连贯性和明确性。标准化工作的基本任务是收集和保管各种技术和管理的标准资料,推行和贯彻统一标准,保证产品在技术和管理上的衔接与协作配合,要明确执行标准的目的是生产出能满足用户要求的优良产品,并使标准配套。

2)计量工作

质量管理要用数据来说话,准确的数据是建立在准确的计量工作基础上的。加强计量工作,主要抓好以下环节:

①正确合理使用计量器具;

②定期检查和维修计量器具;

③及时修理和报废不合格的计量器具;

④建立健全计量管理制度;

⑤改革计量检测方法,实现检测手段现代化。

3)质量信息工作

质量信息工作就是对质量的各种信息、数据、记录和资料等进行收集、整理、分类、归纳和立档,去粗取精,去伪存真,精心研究,及时反馈。质量信息来源有:

①生产前和生产中有关工作质量、工程质量和成品、半成品、原材料等方面的质量信息。

②产品实际使用过程中反映的情况。

③国内外同行中的产品质量信息。

④国内外科技信息。

⑤市场调查和预测获得的信息。质量信息要做到准确、及时、全面、系统。

4)质量责任制

质量管理责任制是对企业每个部门、每个人都明确规定在质量工作上的具体任务、责任、要求和权限,以便做到质量工作事事有人管,人人有专责,办事有标准,工作有检查,检查有考核。实践证明,只有建立健全质量责任制,才能使质量管理的职能真正落到实处。

5)质量教育工作

推行全面质量管理,首先要提高人的素质,要把质量教育作为“第一道工序”来抓。质量教育工作包括两方面内容:

①进行“质量第一”的思想教育,解决质量管理的认识问题。

②加强对职工质量管理业务培训,使职工了解质量管理的全过程,掌握其理论和方法。

8.1.4 质量管理体系建立的步骤

建立、完善质量体系一般要经历质量体系的策划与设计,质量体系文件的编制,质量体系的试运行,质量体系审核和评审 4 个阶段,每个阶段又可分为若干具体步骤。

1)质量体系的策划与设计

该阶段主要是做好各种准备工作,包括教育培训,统一认识;组织落实,拟定计划;确定质量方针,制订质量目标;现状调查和分析;调整组织结构,配备资源等方面。

(1)教育培训,统一认识

质量体系建立和完善的过程,是始于教育,终于教育的过程,也是提高认识和统一认识的过程,教育培训要分层次,循序渐进地进行。

第一层次为决策层,包括党、政、技(术)领导。主要培训任务:

①通过介绍质量管理和质量保证的发展和本单位的经验教训,说明建立、完善质量体系的迫切性和重要性;

②通过 ISO 9000 标准的总体介绍,提高按国家(国际)标准建立质量体系的认识;

③通过质量体系要素讲解(重点应讲解“管理职责”等总体要素),明确决策层

领导在质量体系建设中的关键地位和主导作用。

第二层次为管理层，重点是管理、技术和生产部门的负责人，以及与建立质量体系有关的工作人员。

这二层次的人员是建设、完善质量体系的骨干力量，起着承上启下的作用，要使他们全面接受 ISO 9000 族标准有关内容的培训，在方法上可采取讲解与研讨结合。

第三层次为执行层，即与产品质量形成全过程有关的作业人员。对这一层次人员主要培训与本岗位质量活动有关的内容，包括在质量活动中应承担的任务，完成任务应赋予的权限，以及造成质量过失应承担的责任等。

(2)组织落实，拟定计划

尽管质量体系建设涉及一个组织的所有部门和全体职工，但对多数单位来说，成立一个精干的工作班子是需要的，根据一些单位的做法，这个工作班子也可分3个层次。

第一层次：成立以最高管理者(厂长、总经理等)为组长，质量主管领导为副组长的质量本系建设领导小组(或委员会)。其主要任务包括：

①体系建设的总体规划；

②制订质量方针和目标；

③按职能部门进行质量职能的分解。

第二层次，成立由各职能部门领导(或代表)参加的工作班子。这个工作班子一般由质量部门和计划部门的领导共同牵头，其主要任务是按照体系建设的总体规划具体组织实施。

第三层次：成立要素工作小组。根据各职能部门的分工明确，质量体系要素的责任单位，例如，“设计控制”一般应由设计部门负责，“采购”要素由物资采购部门负责。组织和责任落实后，按不同层次分别制定工作计划，在制定工作计划时应注意：

①目标要明确。要完成什么任务，要解决哪些主要问题，要达到什么目的？

②要控制进程。建立质量体系的主要阶段要规定完成任务的时间表、主要负责人和参与人员以及他们的职责分工及相互协作关系。

③要突出重点。重点主要是体系中的薄弱环节及关键的少数。这少数可能是某个或某几个要素，也可能是要素中的一些活动。

(3)确定质量方针，制定质量目标

质量方针体现了一个组织对质量的追求，对顾客的承诺，是职工质量行为的准则和质量工作的方向。制定质量方针的要求是：

①与总方针相协调;

②应包含质量目标;

③结合组织的特点;

④确保各级人员都能理解和坚持执行。

(4)现状调查和分析

现状调查和分析的目的是为了合理地选择体系要素,内容包括:

①体系情况分析。即分析本组织的质量体系情况,以便根据所处的质量体系情况选择质量体系要素的要求。

②产品特点分析。即分析产品的技术密集程度、使用对象、产品安全特性等,以确定要素的采用程度。

③组织结构分析。组织的管理机构设置是否适应质量体系的需要。应建立与质量体系相适应的组织结构并确立各机构间的隶属关系、联系方法。

④生产设备和检测设备能否适应质量体系的有关要求。

⑤技术人员、管理人员和操作人员的组成、结构及水平状况的分析。

⑥管理基础工作情况分析。即标准化、计量、质量责任制、质量教育和质量信息等工作的分析。

对以上内容可采取与标准中规定的质量体系要素要求进行对比性分析。

(5)调整组织结构,配备资源

因为在一个组织中除质量管理外,还有其他各种管理。由于历史沿革,多数组织机构并不是按质量形成客观规律来设置相应的职能部门的,所以在完成落实质量体系要素并展开对应的质量活动以后,必须将活动中相应的工作职责和权限分配到各职能部门。一方面是客观展开的质量活动,一方面是人为的现有的职能部门,两者之间的关系处理,一般地讲,一个质量职能部门可以负责或参与多个质量活动,但不要让一项质量活动由多个职能部门来负责。目前我国企业现有职能部门对质量管理活动所承担的职责、所起的作用普遍不够理想,总的来说应该加强。在活动展开的过程中,必须涉及相应的硬件、软件和人员配备,根据需要应进行适当的调配和充实。

全面质量管理代表人物

在全面质量管理的发展过程中,各个代表国家根据自己的经济模式不断开发出具有自身特色的全面质量管理模式。此外,一些质量管理大师也为全面质量管理的发展和完善做出了不可磨灭的贡献,这些代表人物主要有戴明、约瑟夫·朱兰、菲利普·克罗斯比,以及日本的石川馨、新卿重夫等。

◆戴明

戴明博士生于1960年,他在休哈特的统计过程方面取得了辉煌的成就,近年所提出的质量管理的14个要点已经成为全面质量管理的核心内容。戴明博士最早提出了PDCA循环的概念,所以又称其为“戴明循环”,PDCA循环对全面质量管理的发展有着十分重要的意义,PDCA循环是能使任何一项活动有效进行的一种合乎逻辑的工作程序,特别是在企业的质量管理中得到了广泛的应用。在PDCA循环中,“策划(P)—实施(D)—检查(C)—处理(A)”的管理循环是现场质量保证体系运行的基本方式,它反映了不断提高质量所应遵循的科学程序。

◆约瑟夫·朱兰

在全面质量管理的发展过程中,除了戴明博士,另一个不可忽视的人物是约瑟夫·朱兰。约瑟夫·朱兰博士出生于1904年,在工作实践中逐步成长为一位著名的质量大师,他所提出的质量三部曲和质量螺旋是对全面质量管理的最大贡献。质量三部曲指的是质量策划、质量改进和质量控制,通过识别顾客的要求,开发出让顾客满意的产品,并使产品的特征最优化,同时优化产品的生产过程。这样不但能够满足客户的需求,也能满足企业的需求。所谓质量螺旋,就是要求我们首先去识别顾客的需求,开发出适合顾客需求的产品,然后生产和销售这样的产品,使顾客获得满意。顾客得到满意之后又会产生新的需求,企业可以根据顾客的新需求进行新一轮的循环。

◆菲利普·克罗斯比

菲利普·克罗斯比博士出生于1926年,他的主要著作《质量是免费的》和《质量没有眼泪》,在整个世界范围内,特别是对西方经济发达国家的经济发展起到了非常大的促进作用,是质量管理的经典著作之一。

菲利普·克罗斯比博士最早在全面质量管理中提出了质量成本的定义。质量成本是产品总成本的一部分,它包括确保满意质量所发生的费用,以及未达到满意质量的有形损失与无形损失,如预防成本、评估成本和故障成本等。

日本在全面质量管理的发展过程中充当着一个非常重要的角色,整个日本企业由于实施QC小组活动而在世界范围内取得了令人瞩目的生产和科研成果。在日本轰轰烈烈的QC推广活动中,最为醒目的代表人物为石川馨、新卿重夫。

◆石川馨

石川馨出生于1915年,他率先将统计技术和计算机技术应用到了质量管理过程当中。后来,他又总结和发明了质量管理的7种工具,这几种管理工具实际上就是统计技术和计算机分析技术在质量控制活动中的具体应用形式。

◆新卿重夫

新卿重夫出生于1909年,他主要提出了零缺陷质量管理的概念。新卿重夫博士对质量管理的另一个重大贡献就是一分钟更换模具体系。一分钟更换模具体系要求在更换产品生产的时候,以最快的速度更换模具从而不影响整个生产的进行。这一体系实际上就是JIT适时生产的前身。

此外,新卿重夫还提出了源头检验体系,将质量管理的范围从企业本身延伸到了供应商。他认为,一个产品的质量并不仅仅取决于生产企业本身,还取决于外协厂家,如原材料、附件、配件的提供厂商等。

资料来源:http://www.chinavalue.net/wiki/showcontent.aspx? titleid=24508

学习任务2 制定企业质量计划

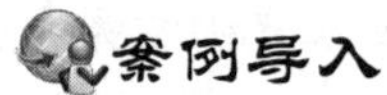

某汽车座椅厂质量计划编写

1.适用范围

本计划规定了××××××乘客座椅应达到的质量要求。

本计划适用于×××××乘客座椅。

2.引用标准

GB/T 13059—1991《客车乘客座椅尺寸规格》

GB/T 15083—1994《客车座椅系统强度要求及试验方法》

3.质量目标

3.1 乘客座椅设计应满足乘坐时的最佳体压分布;

3.2 采用无级气动调节机构;

3.3 肘靠具有锁止机构,向上翻起可与靠背平齐,便于乘客进出;

3.4 背面安装扶手、兜袋,可选装餐桌等;

3.5 座椅各部分尺寸应符合GB/T 13059中规定的座椅尺寸规格要求。

3.6 座椅性能应符合 GB/T 15083 中规定的座椅系统强度要求。

4. 职责

4.1 开发部负责组织技术人员开发、设计座椅；

4.2 开发部试制组负责产品试制；

4.3 开发部负责试制产品的检验；

4.4 物资部负责协助开发部选定分承包方并进行采购；

4.5 开发部负责选择并确定外购、外协件；

4.6 开发部对首批外购、外协件进行检验；

4.7 生产部配合开发部进行小批量试生产；

4.8 质量部负责小批量试生产的工序质量的监控及检验。

5. 设计控制

由于乘客座椅是客车上一个很重要的组成部分，并且对其功能及舒适性、安全性有很高的要求，因此，开发部必须针对乘客对新一代客车座椅的特殊要求进行高质量的开发设计。座椅设计的各阶段应按照《设计评审、验证和确认细则》进行评审、验证和确认，并送到国家客车质量监督检验中心进行检测。

6. 特殊采购要求

6.1 肘靠具有锁止机构，向上翻起可与靠背平齐，材料为自结皮；

6.2 靠背角调节器为无级气动调节机构；

6.3 靠背、坐垫软垫为热发泡聚氨酯泡沫塑料；

6.4 靠背应为整体发泡；

7. 供方评定控制

开发部应到有特殊要求的外购、外协件的相应分供方处进行考察。在产品试制结束后，准备正式投产前，质量部应按照《采购控制程序》对供方进行评定。

8. 产品标志和可追溯性控制

每张座椅在装配时应打上个人标记。

9. 过程控制

在小批量试生产时，技术人员应跟踪现场服务并指导生产，及时发现设计或工艺上可能存在的不足之处，解决一些突发问题。

10. 工序控制

由经验丰富的操作者进行零部件的装配。

11. 进货检验

产品试制时，外购、外协件由开发部直接检验；正式投产时的进货检验，应按《产品监视和测量控制程序》执行；新的零部件由开发部随同采购目录下发检验标准；

12. 过程检验

产品试制时，由开发部直接检验；正式投产时技术人员应协助专职检验员对乘客座椅的各个加工过程加强巡回检验，严格完工检验。具体按照《采购控制程序》执行。

13. 最终检验

对于首批产品，专职总检和总装工段的检验员应对每张座椅实行全检。

14. 质量记录保存时间

各种质量记录的保存时间应不少于3年。

15. 其他

以上未提及的事项按质量体系程序文件执行。

资料来源：http://www.6sq.net/thread-150814-1-1.html

相关知识

8.2.1 质量体系计划的编制内容和要求

从质量体系的建设角度讲，应强调几个问题：

①体系文件一般应在第一阶段工作完成后才正式制订，必要时也可交叉进行。如果前期工作不做，直接编制体系文件就容易产生系统性、整体性不强，以及脱离实际等弊病。

②除质量手册需组织统一制订外，其他体系文件应按分工由归口职能部门分别制订，先提出草案，再组织审核，这样做有利于今后文件的执行。

③质量体系计划的编制应结合本单位的质量职能分配进行。按所选择的质量体系要求，逐个展开为各项质量活动（包括直接质量活动和间接质量活动），将质量职能分配落实到各职能部门。质量活动项目和分配可采用矩阵图的形式表述，质量职能矩阵图也可作为附件附于质量手册之后。

④为了使所编制的质量体系计划做到协调、统一，在编制前应制订"质量体系计划明细表"，将现行的质量手册（如果已编制）、企业标准、规章制度、管理办法以及记录表等收集在一起，与质量体系要素进行比较，从而确定新编、增编或修订质量体系计划项目。

⑤为了提高质量体系计划的编制效率，减少返工，在文件编制过程中要加强文

件的层次间、文件与文件间的协调。尽管如此,一套质量好的质量体系计划也要经过自上而下和自下而上的多次反复修订。

⑥编制质量体系计划的关键是讲求实效,不走形式。既要从总体上和原则上满足 ISO 9000 族标准,又要在方法上和具体做法上符合本单位的实际。

8.2.2 质量体系的试运行

质量体系计划编制完成后,质量体系将进入试运行阶段。其目的,是通过试运行,考验质量体系计划的有效性和协调性,并对暴露出的问题,采取改进措施和纠正措施,以达到进一步完善质量体系计划的目的。在质量体系试运行过程中,要重点抓好以下工作:

①有针对性地宣传质量体系计划。使全体职工认识到新建立或完善的质量体系是对过去质量体系的变革,是为了向国际标准接轨,要适应这种变革就必须认真学习、贯彻质量体系计划。

②实践是检验真理的唯一标准。体系文件通过试运行必然会出现一些问题,全体职工应将从实践中出现的问题和改进意见如实反映给有关部门,以便采取纠正措施。

③将体系试运行中暴露出的问题,如体系设计不周、项目不全等进行协调、改进。

④加强信息管理,不仅是体系试运行本身的需要,也是保证试运行成功的关键。所有与质量活动有关的人员都应按体系文件要求,做好质量信息的收集、分析、传递、反馈、处理和归档等工作。

8.2.3 质量体系的审核与评审

质量体系审核在体系建立的初始阶段往往更加重要。在这一阶段,质量体系审核的重点,主要是验证和确认体系文件的适用性和有效性。

1)审核与评审的主要内容

其主要内容一般包括:

①规定的质量方针和质量目标是否可行;

②体系文件是否覆盖了所有主要质量活动,各文件之间的接口是否清楚;

③组织结构能否满足质量体系运行的需要,各部门、各岗位的质量职责是否

明确；

④质量体系要素的选择是否合理；

⑤规定的质量记录是否能起到见证作用；

⑥所有职工是否养成了按体系文件操作或工作的习惯，执行情况如何。

2)该阶段体系审核的特点

①体系正常运行时的体系审核，重点在符合性，在试运行阶段，通常是将符合性与适用性结合起来进行；

②为使问题尽可能地在试运行阶段暴露无遗，除组织审核组进行正式审核外，还应有广大职工的参与，鼓励他们通过试运行的实践，发现和提出问题；

③在试运行的每一阶段结束后，一般应正式安排一次审核，以便及时对发现的问题进行纠正，对一些重大问题也可根据需要，适时地组织审核；

④在试运行中要对所有要素审核覆盖一遍；

⑤充分考虑对产品的保证作用；

⑥在内部审核的基础上，由最高管理者组织一次体系评审。

应当强调，质量体系是在不断改进中行以完善的，质量体系进入正常运行后，仍然要采取内部审核，管理评审等各种手段以使质量体系能够保持和不断完善。

8.2.4 质量管理体系认证程序

1)质量体系认证的申请

(1)申请人提交申请书

申请人提交一份正式的应由其授权代表签署的申请书，申请书或其附件应包括：

①申请方简况，如组织的性质、名称、地址、法律地位，以及有关人力和技术资源。

②申请认证所覆盖的产品或服务范围。

③法人营业执照复印件，必要时提供资质证明、生产许可证复印件。

④咨询机构和咨询人员名单。

⑤最近一次国家产品质量监督检查情况。

⑥有关质量体系及活动的一般信息。

⑦申请人同意遵守认证要求，提供评价所需要的信息。

⑧对拟认证体系所适用的标准及其他引用文件说明。

(2)认证中心根据申请人的需要提供有关公开文件

(3)认证中心作出受理

认证中心在收到申请方申请材料之日起，经合同评审以后30天内作出受理、不受理或改进后受理的决定，并通知委托方(受审核方)。以确保：

①认证的各项要求规定明确，形成文件并得到理解；

②认证中心与申请方之间在理解上的差异得到解决；

③对于申请方申请的认证范围，运作场所及一些特殊要求，如申请方使用的语言等，认证机构有能力实施认证；

④必要时认证中心要求受审核方补充材料和说明。

(4)双方签订"质量体系认证合同"

当某一特定的认证计划或认证要求需要做出解释时，由认证中心代表负责按认可机构承认的文件进行解释，并向有关方面发布。

(5)认证中心承诺保密并妥善保管，将收到的信息用于现场审核评定的准备

2)现场审核前的准备

①在现场审核前，申请方的ISO 9000标准建立的文件化质量体系，运行时间应达到3个月，至少提前2个月向认证中心提交质量手册及所需相关文件。

②认证中心准备组建审核组，指定专职审核员或审核组长作为正式审核的一部分进行质量手册审查、审查以后填写《质量手册审查表》通知受审核方，并保存记录。

③认证中心应准备在文件审查通过以后，与受审核方协商确定审核日期并考虑必要的管理安排。在初次审核前，受审核方应至少提供一次内部质量审核和管理评审的实施记录。

④认证中心任命一个合格的审核组，确定审核组长，组成审核组，代表认证中心实施现场审核。

a.审核组成员由国家注册审核员担任。

b.必要时聘请专业的技术专家协助审核。

c.审核组成员、专家姓名。

由认证中心提前通知受审核方并提醒受审核方对所指派审核员和专家是否有异议。如以上人员与受审核方可能发生利益冲突时，受审方有权要求更换人员，但必须征得认证中心的同意。

⑤认证中心正式任命审核组，编制审核计划，审核计划和日期应得到受审核

方的同意,必要时在编制审核计划之前安排初访受审核方,察看现场,了解特殊要求。

3)现场审核

审核依据受审核方选定的认证标准,在合同确定的产品范围内审核受审核方的质量体系,主要程序为:

①召开首次会议

a.介绍审核组成员及分工。

b.明确审核目的,依据文件和范围。

c.说明审核方式,确认审核计划及需要澄清的问题。

②实施现场审核。收集证据对不符合项写出不符合报告单。对不符合项类型评价的原则是:

a.严重不符合项主要指:质量体系与约定的质量体系标准或文件的要求不符;造成系统性区域性严重失效的不符合或可造成严重后果的不符合,可直接导致产品质量不合格。

b.轻微的(或一般的)不符合项主要指:孤立的人为错误;文件偶尔未被遵守造成后果不严重,对系统不会产生重要影响的不符合等。

③审核组编写审核报告做出审核结论

其审核结论有3种情况:

a.没有或仅有少量的一般不符合,可建议通过认证。

b.存在多个严重不符合,短期内不可能改正,则建议不予通过认证。

c.存在个别严重不符合,短期内可能改正,则建议推迟通过认证。

④向受审核方通报审核情况、结论。

⑤召开末次会议,宣读审核报告,受审方对审核结果进行确认。

⑥认证中心跟踪受审方对不符合项采取纠正措施的效果。

4)认证批准

①认证中心对审核结论进行审定、批准自现场审核后一个月内最迟不超过两个月通知受审核方,并纳入认证后的监督管理。

②认证中心负责认证合格后注册登记颁发由认证中心总经理批准的认证证书,并在指定的出版物上公布质量体系认证注册单位名录。

公布和公告的范围包括:认证合格企业名单及相应信息(产品范围、质量保证模式标准、批准日期、证书编号等)。

③对不能批准认证的企业,认证中心要给予正式通知,说明未能通过的理由,企业再次提出申请,至少需经6个月后才能受理。

5)认证范围的扩大、缩小和认证标准的变更

①获证企业若需扩大或缩小体系认证范围时,由获证方提出书面申请,提出以扩大或缩小认证范围相应的质量手册,由合同管理部审查接受后,需扩大认证范围的签订扩大认证范围合同,需缩小认证范围的,办理原合同更改手续。现场审核时将负责审核扩大认证范围相关要素和部门、生产车间,具体实施按《质量体系认证(审核)实施与控制程序》进行。审核通过后,给予更换认证证书,证书内更改覆盖范围,注明换证日期,但证书有效期不变。

②获证企业需变更体系认证标准时(主要指认证标准由GB/T 19002—1994idtISO 9002:1994改为GB/T 19001—1994idtISO 9001或GB/T 19003—1994idtISO 9003:1994改为GB/T 19002—1994idtISO 9002:1994)须由获证方提出书面申请,并提供与认证标准相适应的质量手册。现场审核员审核认证标准变更的要素及相关部门,具体实施按《质量体系认证(审核)实施与控制程序》进行,审核通过后给予更换认证证书,更改认证标准,注明换证日期,但证书有效期不变。

课堂训练

销售科长应该怎么做?

审核员在工厂销售科看到顾客来信反映上个月采购的产品包装盒内的说明书给错了。销售科长说:"我们查了一下发现是印刷厂给印错了,为此我们立即把仓库里尚未发出的那批产品说明全部进行了更换。并且我们对供应科的采购员也进行了批评,还扣发了他当月的奖金。"审核员问:"那么对于上批产品发出的去向是否进行了跟踪,并把说明书进行了更换?"销售科长说:"没有,因为我们的用户都是老用户,他们对于产品很熟悉,一般不会出问题的。

资料来源:http://www.3dportal.cn/discuz/thread-884510-1-1.html

若你是销售科长,遇到此类问题你会怎么做呢?

8.2.5 质量管理体系的维护

"持续改进"是质量管理体系的精神,是指增强满足要求的能力的循环活动,它要求组织不断寻求改进的机会,以改善产品的特性和提高用于生产或交付产品的过程的有效性和效率(见图8.1)。改进措施可以是日常的改进活动,也可以是较重大的改进项目。

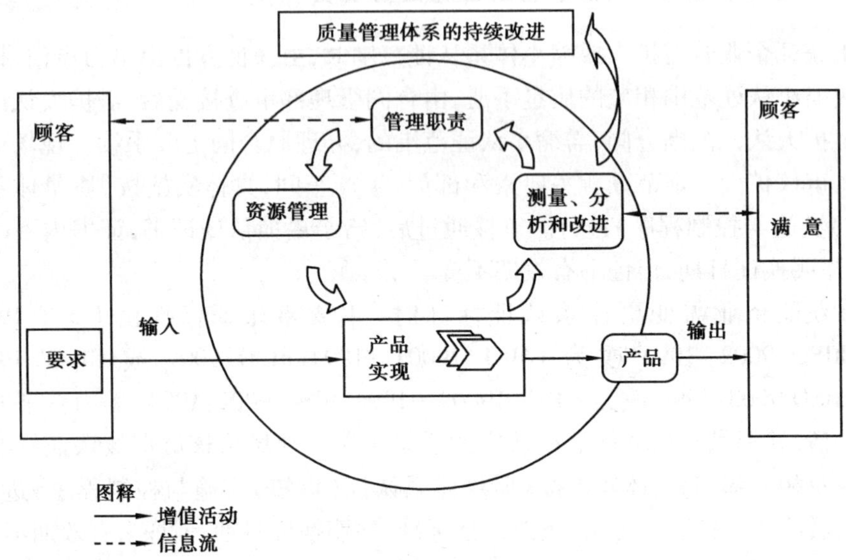

图8.1 质量管理体系的持续改进

组织应对以下5项活动进行策划和管理,以持续改进质量管理体系的有效性。

①评审质量方针:组织可通过更新和实施新的质量方针来激励员工不断努力,营造一个不断改进的气氛与环境。

②评审质量目标,明确改进方向。

③对现有过程的状况(包括已发生的和潜在的不合格),进行数据分析和内部审核分析,确定改进的方案,不断寻求改进的机会。

④实施纠正和预防措施以及其他适用的措施,实现持续改进。

⑤组织管理评审。

体系的维护始终是遵循"PDCA"运行模式的。

1)PDCA 循环的含义

PDCA质量管理循环保证体系是由美国质量管理专家戴明提出的,所以又称"戴明环"。它是由英语Plan(计划)、Do(实施)、Check(检查)、Action(处理)4个词的第一个字母组成的。PDCA循环保证体系反映了做质量管理工作必须经过的4个阶段,也体现了全面质量管理的思想方法和工作程序。

2) PDCA 循环包括的 4 个阶段和 8 个工作步骤

①计划阶段(P):

a. 分析现状,找出质量问题。

b. 分析产生问题的原因。

c. 从各种原因中找出影响质量的主要原因。

d. 制定计划,制定措施。

②实施阶段(D):

e. 执行计划,落实措施。

③检查阶段(C):

f. 检查计划执行情况和措施实行效果。

④处理阶段(A):

g. 把有效措施纳入各种标准或规程中加以巩固,无效的不再实施。

h. 将遗留问题转入下一个循环继续解决。

3) PDCA 循环运转时,有以下特点

①大环套小环,一环扣一环;小环保大环,推动大循环。整个企业,各科室、车间、工段、班组和个人都有自己的 PDCA 管理循环,所有的循环圈都在转动,并且相互协调,互相促进。上一级循环是下一级循环的依据,下一级循环是上一级循环的组成部分和具体保证(见图 8.2)。

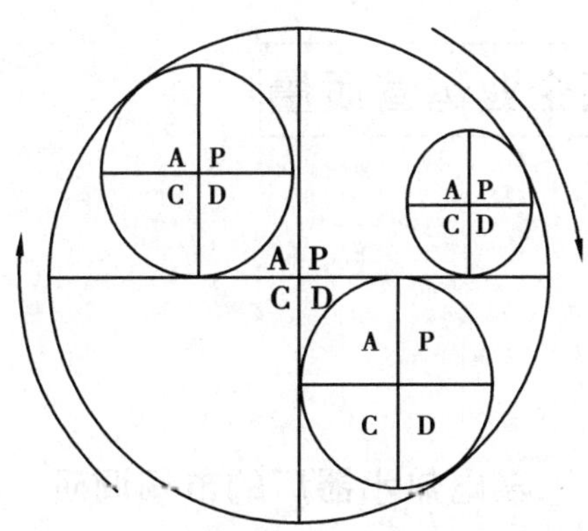

图 8.2　PDCA 循环

②管理循环如同爬楼梯一样螺旋式上升,每转动一圈,就上升一步,就实现一个新的目标,不停转动就不断提高。如此反复不断地循环,质量问题不断得到解决,管理水平、工作质量和产品质量就步步提高(见图8.3)。

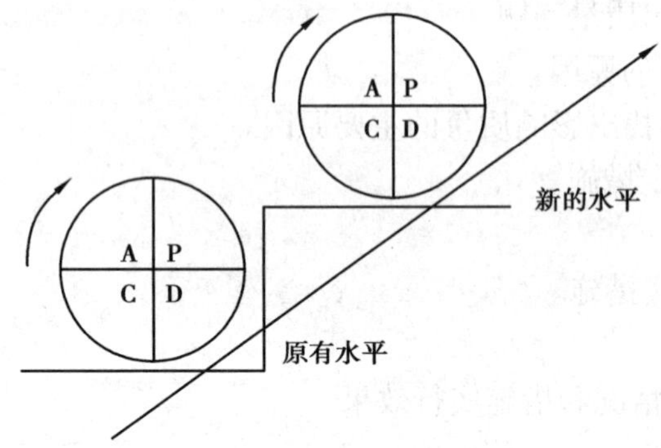

图8.3 PDCA循环

③管理循环是综合性循环,4个阶段划分是相对的,不能机械地把它们分开,而要紧密衔接,而且各阶段之间存在一定的交叉。实际工作中,往往是边计划边执行,边执行边检查,边检查边处理,边处理边调整计划。质量管理工作正是在这样的循环往复中达到预定目标的。

④管理循环关键在于"A"阶段,只有把成功的经验和失败的教训都纳入各项标准、规程和制度中,才能使今后的工作少走弯路,不断提高。

学习任务3 控制企业运营质量

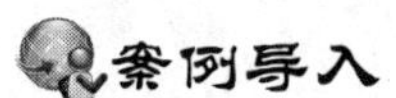

某电热水器厂的市场调研

在某电热水器厂市场部审核员了解对于顾客满意程度的调查情况。市场部经理很高兴地说:"我们两个月前刚刚进行了一次广泛的顾客满意程度调查,在销售我公司产品的商店发放"满意程度调查表",由于我们人手不够,还请了一些学生来帮忙。"审核员问:"发放了多少份调查表,回收情况怎样?"经理:"大概发放了六七百份,基本上都回收了。"边说边叫小王把调查表拿来。小王拿来一大摞已回收的调查表。

审核员查看了调查表的内容,上面罗列了很多问题请顾客回答,例如"您对我公司产品质量是否满意?"、"您对我公司产品售后服务是否满意?"、"您对我公司产品有何改进的建议?",等等。

在翻看调查表时,审核员发现有3份调查表中,顾客反映产品外观电镀层有脱落现象,虽然不是关键部位,但是很影响美观;另外还有顾客反映热水出水口有发生漏水的现象。

审核员问:"对于这些调查表是否进行了统计分析?这些问题你们如何处理的?"经理:"最近由于工作忙,又赶上旺季,因此还没来得及处理。"

市场部的质量目标规定:"对于顾客反映的问题,根据情况,最晚应在两周内给予答复。"

资料来源:http://www.3dportal.cn/discuz/thread-884510-1-1.html

思考:看到这个结果你有什么感想呢?

相关知识

8.3.1　产品质量波动

任何企业生产的产品,不可能每个质量特性都丝毫不差。即使是技术很高的工人用相同的原材料,按照同样的工艺规程,在同一台机器上生产一批产品,也不能做到丝毫不差,这些产品质量只能做到基本相同。这种产品质量特性的差别,称为质量波动。造成质量波动的5大因素是:人、机器、材料、方法和环境。

产品质量波动的原因大体上有两大类:

1)偶然性波动

它是由于原材料的材质稍有一些差别,或机器在工作时有轻微的振动,或工具正常的磨损,或车间温度、湿度、电压有微弱的变化等导致产品质量的差异。这些因素不易被发现,在技术上难以消除,经济上无多大损失。

它们引起的质量差异不会产生废品,甚至不会影响产品的同一性和互换性,因此应视为正常。

2)系统性波动

它是由于不同规格、材质相差很大的原材料混杂在一起,或是机器发生故障,或是工具磨损太厉害,或是车间的温度、湿度、电压显著的变化,或是由于工人不遵守工艺规程等造成的。上述原因对质量影响很大,可造成次品或废品。这些系统性波动的质量差异是不正常的,应加以消除。

研究质量波动的目的就是通过收集数据、整理数据,找出波动的规律,把偶然性波动控制在最低限度,消除系统性原因造成的异常波动。

8.3.2 现代企业产品质量控制方法

在质量管理中,常用统计方法有7种,被称为质量管理的"7种工具"。分别介绍如下:

1)分层法

分层法又叫分类法、分组法。这种方法就是把收集来的数据,根据一定的目的,按其性质、来源、影响因素等加以分类,进行研究,使杂乱的数据系统化、条理化,从而找出质量问题的症结,采取相应的措施加以解决。在质量管理中,数据分层的标志多种多样,一般可先按时间、操作人员、使用的设备、使用的原材料、操作方法、测量工作、工序等进行分类,然后再进一步细分。分层法常常和其他方法结合起来使用,如分层法与排列图法、与直方图法结合使用。分层法在使用过程中要注意几点:

①确定分层的类别和调查的对象;
②设计收集数据的表格;
③收集和记录数据;
④整理资料并绘制相应图表;
⑤比较分析和最终的推论。

课堂训练

某空调维修部,帮助客户安装后经常发生制冷液泄漏。通过现场调查,得知泄漏的原因有两个:一是管子装接时,操作人员不同(有甲、乙、丙3个维修人员按各自不同技术水平操作);二是管子和接头的生产厂家不同(有A、B两家工厂提供配件)。于是收集数据作分层法分析(见表 8.1、表 8.2),试说明表 8.1、表 8.2 的分层类别,并分析应如何防止渗漏?

表 8.1

操作人员	泄漏/次	不泄漏/次	发生率/%
甲	6	13	0.32
乙	3	9	0.25
丙	10	9	0.53
合　计	19	31	0.38

表 8.2

配件厂家	泄漏/次	不泄漏/次	发生率/%
A	9	14	0.39
B	10	17	0.37
合　计	19	31	0.38

2)调查表法

调查表又称统计分析表或检查表(如表 8.3),它是利用统计图表登记有关数据,并据以粗略分析影响产品质量的原因。一般来说,调查表和分层表一起用效果更好。根据不同的调查对象、调查目的、调查范围,可将调查表设计成多种形式。通常有:缺陷位置调查表、不合格项目调查表、质量特性值分布调查表和不良品产生原因统计表等。调查表法在使用过程中要注意几点:

①用在对现状的调整,以备今后作分析;

②对需调查的事件或情况,明确各项名称;

③确定资料收集人、时间、场所、范围;

④数据汇总统计;

⑤必要时对人员的能力进行培训。

课堂示例

表 8.3 调查表

项　目	铸造质量不良		收集人	×××	日期	2000.09.18	
地　点	质检科		记录人	×××	班次	全部	
废品数 / 不良分类	2000 年 1 月—6 月						
	1 月	2 月	3 月	4 月	5 月	6 月	合　计
欠　铸	224	258	356	353	332	223	1 746
冷　隔	240	256	283	272	245	241	1 537
小砂眼	151	165	178	168	144	107	913
粘　砂	75	80	90	94	82	72	493
其　他	14	18	27	23	16	32	130
合　计	704	777	934	910	819	675	4 819

3) 排列图法

排列图法又称主次因素图法或巴雷特图法(如图 8.4)。它是用来找出影响产品质量主要问题的一种图解方法,是用从高到低顺序排列(即从最主要到最次要依次排列)的一组矩形表示各原因出现频率高低的一种图表。其原理是 80% 的问题仅来源于 20% 的主要原因。

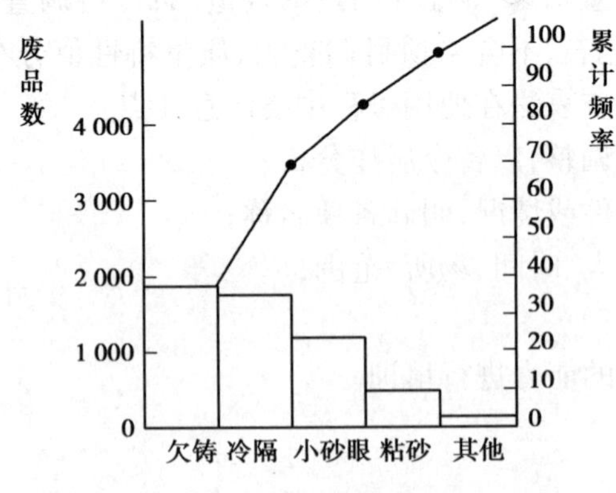

图 8.4　排列图举例

排列图法在使用中要注意以下几点：

①明确问题和现象；

②寻找不良的情况统计数据；

③频率计算和累计；

④对频率从高到低顺序排列。

课堂示例

表8.4

<table>
<tr><th colspan="3">项　目</th><th>废品数/件</th><th>频率/%</th><th>累计频率/%</th></tr>
<tr><td colspan="3">欠　铸</td><td>1 746</td><td>36.23</td><td>36.23</td></tr>
<tr><td colspan="3">冷　隔</td><td>1537</td><td>31.89</td><td>68.12</td></tr>
<tr><td colspan="3">小砂眼</td><td>913</td><td>18.95</td><td>87.07</td></tr>
<tr><td colspan="3">粘　砂</td><td>493</td><td>10.23</td><td>97.3</td></tr>
<tr><td colspan="3">其　他</td><td>130</td><td>2.7</td><td>100</td></tr>
<tr><td>合计</td><td>4 819</td><td>100</td><td colspan="3"></td></tr>
</table>

4）因果分析图法

使用排列图找出影响产品质量的主要因素后，可用因果分析图（见图8.5）找出主要因素产生的根源。因果分析图因其形状而被称为树枝图或鱼刺图，它是用来清晰有效地整理和分析质量特性波动和影响要素之间的因果关系，从小到大、从粗到细、寻根溯源，用于找到问题症结所在的方法。因果分析图法在使用中要注意以下几点：

①充分组织人员全面观察，全方面寻找因果关系；

②针对初步原因展开深层的挖掘；

③记下制图部门和人员、制图日期、参加人员。

课堂示例

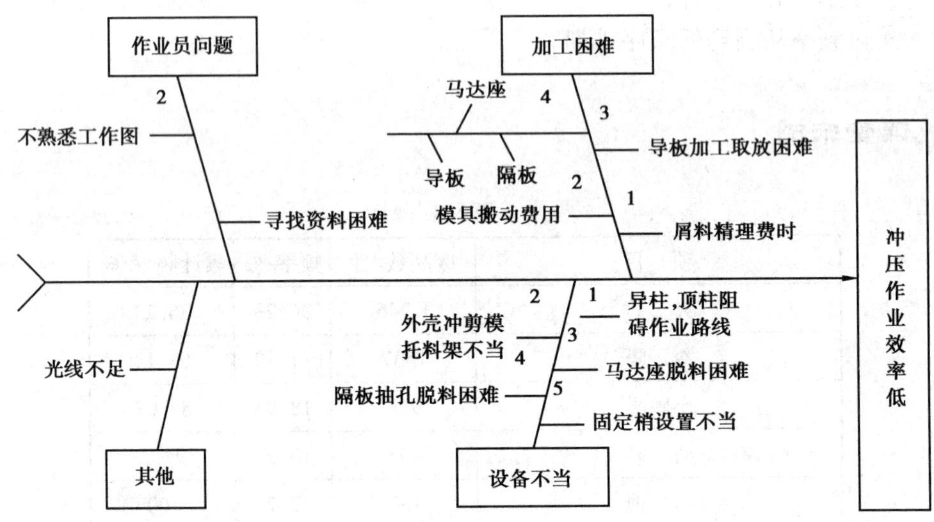

图 8.5　因果图举例

5）直方图法

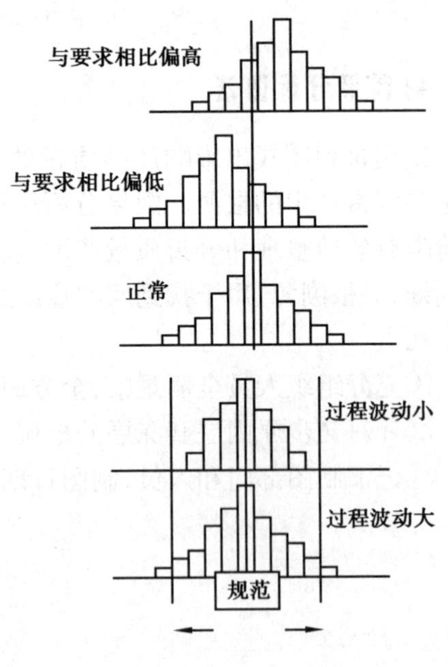

图 8.6　直方图

直方图又称质量分布图（见图 8.6），它是用来整理质量数据，从中找出质量运动规律，预测工序质量好坏和估算工序不合格品率的一种常用工具。直方图在使用中要注意以下几点：

①确定过程特性和计量标准值；

②收集数据，必须是计量值数据；

③数据针对一个范围时期收集至少 50～100 个；

④确定级差、分组数、分组组界、组间距。

⑤做次数分配表。

6) 控制图法

控制图(也叫管理图)是用于分析和判断工序是否处于稳定状态所使用的带有控制界限的一种图形。它的作用是通过图形来显示生产随时间变化的过程中质量波动的情况,分析和判断是偶然性原因还是系统性原因所造成的波动,从而提醒人们及时做出正确的对策,消除系统因素的影响,保持工序处于稳定状态,预防废品产生。

控制图基本形式如图 8.7 所示,图上一般有一个直角坐标,纵坐标为特性值,横坐标为样本号或时间。坐标中有 3 条线,中间的一条线叫中心线,常用实线表示并标上符号 CL,上面的一条线叫上控制线,用虚线表示,标上符号 UCL;下面的一条线叫下控制线,用虚线表示,标上符号 LCL。这三条线是通过搜集过去一段生产稳定状态下的数据计算出来的。

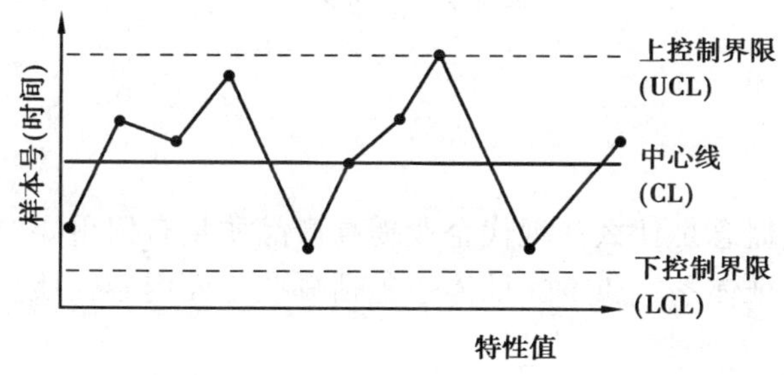

图 8.7　控制图

7) 散布图法

散布图又称相关图是将两种因素的数据列出,并用“点”填在坐标纸上,观察两种因素之间关系的图(见图 8.8)。这种关系分析就称为相关分析。简言之,散布图即表示两个变量之间变化关系的图。相关的两个变量之间的关系有一种是完全确定的函数关系,例如同一档次的里程与运价、周转量与运价,同一线段的运量与周转量等,只要知道其中一个数据就可以准确地计算出另一个数据,还有一种是非确定性的关系,它们之间的关系不能用确定的函数来表示,不能由一个变量的数值精确地求出另一个变量的值。例如人的身高与体重,父亲的身高与儿子的身高,驾驶员的工龄与安全行驶里程,修理工的工龄与技术等级,工资与技术水平,等等,上述相关的因素之间有密切的联系但是不能由一个数值准确地求出另一个数值。它们之间的关系只能借助于数理统计方法来描述,这就是散布图。

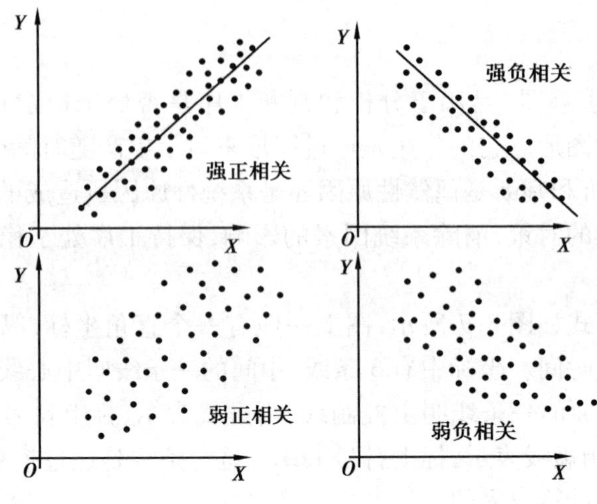

图 8.8　散布图

学习自测

1. 广义的质量概念是什么？现代企业提高产品质量有何重要意义？

2. 何谓质量保证体系？质量保证体系包括哪些方面内容？质量保证体系是如何循环运转的？

3. 质量管理常用的控制方法有哪些？它们各自的作用如何？

4. 什么是质量认证？它有什么特点？质量认证的一般程序有哪些？

案例分析

海尔集团的质量管理理念

海尔集团的前身是1984年由两个濒临倒闭的集体小厂合并成立的青岛电冰箱总厂，一个只有800人、亏损147万元的集体企业，时任青岛市家用电器公司副经理的张瑞敏出任厂长。经过20年的艰苦奋斗海尔集团已发展成为国内外著名企业，在1999年中国最有价值品牌评估中，“海尔”品牌以265亿元的价值，稳居全国家电业之首。取得如此骄人的成绩与海尔集团独特的质量管理理念是分不开的。

1. 树立全新的质量管理观念

“有缺陷的产品就等于废品”是海尔集团首先抓的观念。20世纪80年代，中国的企业虽然将产品分为一等品、二等品、三等品、等外品之类，但无论属于哪一“等”，总归要让它出厂。张瑞敏想让员工明白，如果让带有缺陷的产品出厂，这个产品就不会有生命力，就永远无法问津名牌，全面质量管理的精髓就是创名牌。

张瑞敏在全体员工当中确立“全面质量管理”思想的一个契机是1985年的砸冰箱事件。全厂员工亲眼目睹了张瑞敏流泪砸冰箱的情景，开始明白了海尔集团的前途与有没有严格的质量管理是密不可分的，一定要重视产品质量。冰箱总厂的老职工胡秀凤说：“忘不了那沉重的铁锤，高高举起又狠狠落下，76台质量不合格的冰箱顷刻间成了一堆废铁。它砸碎的是我们陈旧的质量意识，唤醒了我们去努力提高自身素质的意识。有了质量，我们才有现在的一切。”

的确，张瑞敏这一锤，砸醒了海尔集团全体员工：谁生产了不合格的产品，谁就是不合格的员工。这种观念一旦树立，员工生产责任心迅速增强，职工在每一个生产环节都精心操作，“精细化，零缺陷”变成全体员工的心愿和行动，从而使企业奠定了扎实的质量管理基础。

2. 质量零缺陷

质量管理的目的是把错误减至最少，这种传统的观念本身就是一个错误。应该努力的目标是达到“零缺陷”，也就是第一次就把事情完全做好。如果第一次就能把事情做好，那些浪费在补救工作上的金钱、时间和精力就可以避免，生产成本也会大大降低。张瑞敏将质量管理的重点由事后检查转向事中控制；同时，他不认同“人难免会犯错误”这种根深蒂固的看法，主张任何缺陷都不能接受，不论缺陷大小。这是质量管理的一个全新境界，只有顾客的完全满意，产品的完美无缺，才是企业应全力追求的标准。

建立零缺陷的质量管理平台，首先要求零缺陷的设计；其次是零缺陷的质量保证系统和零缺陷的模块化制造网络。能做到让设计在使用过程中用不坏，在工艺过程中干不坏，才能称为零缺陷的设计，就像机器人按照输入的程序操作一样，不能有丝毫误差。海尔在全国共有13个工业园，每个工业园和制造单位都有各自的模块功能，这些模块的零缺陷要靠每个人“绝不从我手中放过一个缺陷”、“第一次就作对”的意识来实现。国际标准质量保证系统的平台是企业倍速发展的有力保证，海尔早在10年前就提出并实施了ISO 9001的2000年版本中“顾客满意度”条款的有关要求。

为提高产品质量，海尔宁可停产也不降低标准，对零部件严格执行国际标准。张瑞敏提出“下道工序是用户”、依靠“三检制”（自检、互检、专检）对生产过程进行质量控制。同时，强化职工的自主管理意识，成立群众性的质量控制小组，对症下药，随时解决已出现或可能出现的问题。海尔实行了严格的质量否决权，以正确处理产量和质量的关系,根据每道工序的质量责任大小,编制质量责任价值券,上下工序之间出现质量问题均可当场撕券,奖优罚劣。员工们明白了只有在高质量的前提下提高产量才是唯一正确的选择。

"带缺陷的产品是废品,优秀的产品是优秀的人才干出来的"是海尔文化中的质量理念。这种价值观在企业中被认同,使每个员工从个人素质角度认识到提高质量的重量性,让质量意识深入人心。在海尔生产线上可以看到,每件产品都有一张质量跟踪单,小到一个标贴工序都要填写,一旦出现质量责任,可以追究到个人,这样从制度上防止了员工因麻痹大意而导致的质量事故。

海尔冰箱公司在供应商的选择上制定了近乎苛刻的条件,以保证每个部件的质量水平,如他们规定重要零部件的供应商必须是国内或国际同行业前三名的企业,每月对供应商的产品质量、价格、服务水平进行综合评比,以促使供应商无论在新产品开发还是在产品质量控制、生产管理上都产生一种无形的压力,保证了零部件质量的稳定与提高。不仅如此,海尔为提高员工的质量意识,还采取了形式多样的竞赛活动,如质量擂台赛等。不久前,冰箱事业部再推新举措——"现场质量代价"行动。生产现场出现的每一个废品,都要落实责任人承担,并且都换算成"现金"。由于通过直观的"价格",大大提高了员工的质量意识,收到显著效果。

3. 标准国际化

随着海尔的不断壮大,海尔的产品已由冰箱发展到洗衣机、空调、微波炉、冷柜等系列家电,但海尔在内部实行了五级 HR 质量认证制度,实行严格的质量控制,根据这一制度决定是否允许新加入海尔的公司使用海尔的商标。"要在国际市场竞争中取胜,第一是质量,第二是质量,第三还是质量"是海尔在国际化道路上为自己制定的指针。在家电质量方面要参加国际比赛,必须取得 3 项资格:一是产品国际认证——取得德国 VDE、GS、TUV,美国 UL,加拿大 CSA 等认证;二是质量保证体系——取得 ISO 9001 认证;三是检测水平必须达到国际认可,如美国 UL 用户测试数据认可,加拿大 EEV 等能效测试。这三项资格海尔都拿到了。

1992 年 4 月 14 日,青岛电冰箱总厂通过 ISO 9001 认证,成为中国家电行业第一家通过此项认证的厂家。1994 年 10 月,在著名国际认证组织——挪威船级社(DNV)两名专家严格审查后,海尔的电冰箱生产系统通过了 ISO 9001—94E 版的复审。随后,海尔冷柜系统、空调器系统和海尔洗衣机系统也顺利通过了这一认证,如愿以偿拿到了进军国际市场的通行证,成为世界级供应商。同时拥有通过国际质量体系认证的 4 种主导产品,这在中国家电企业中是绝无仅有的。

资料来源:http://cacp.ilib.cn/AR-4206758-TH161.html

问题:

1. 海尔集团提出的“有缺陷的产品就等于废品”的质量观念你同意吗？试发表你的观点。

2. 海尔集团不认同“人难免会犯错误”的观点，请谈谈你对此观点的看法。

3. 张瑞敏为什么不把不合格的冰箱廉价卖给客户或内部职工，而把它们当众砸毁？似乎只有采取这一行为才能唤起职工的质量意识？如果你是企业厂长你会怎样做？

实训项目

实训名称 调查某企业质量管理情况

实训目的 过调查某一个企业质量管理情况，使学生提高质量管理对企业重要性认识，了解质量管理的程序，掌握质量管理的方法，更好地掌握和巩固所学的知识。

实训条件 案例分析室

实训要求

1. 请企业管理者或质量管理人员的讲解质量管理的意义和理念。

2. 学生了解该企业的质量管理水平和现在所处阶段。

3. 学生了解该企业的质量管理的组织机构的设置、质量保证体系。

4. 学生了解该企业的质量管理的基础工作，包括标准化工作、计量工作（计量器具、计量检测等）、质量信息工作、质量责任制、质量教育工作等。

5. 学生了解该企业采用的质量管理控制方法。

6. 学生了解该企业的 ISO 9000 质量体系认证的情况。

教师任务

1. 帮助学生选择一家被调查企业；

2. 帮助学生进行分析；

3. 公开讲评。

实训评价 组长给每位组员打分，教师给组长打分。

企业文化积淀

学习目标

1. 了解企业文化的一般概念和相关知识；
2. 认识企业文化对管理的作用；
3. 理解企业文化的深刻内涵及功能。

能力目标

1. 能进行日常文化活动；
2. 能运用一定的方法构建企业文化；
3. 能运用企业文化提高绩效。

学习任务1 提炼企业文化要素

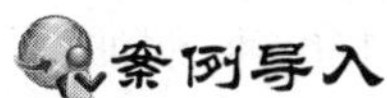

案例导入

松下精神

日本松下电器公司在全球具有较高的声誉,在企业文化方面更是有独特的方面,每天上午8时,松下的全体员工都会同时诵读“松下七精神”,这就是:①产业报国精神,②光明正大精神,③友好一致精神,④奋斗向上精神,⑤礼节谦让精神,⑥适应同化精神,⑦感激报恩精神。与此同时,松下电器公司把自主经营、量力经营、专业化经营、靠人才、全员式经营、适时、求实等哲学,也列为整个“松下精神”的一个有机组成部分。由这种较强企业文化形式可以推动企业高效的向前发展。

资料来源:http://www.wiseivr.com

相关知识

文化一词来源于古拉丁文“cultura”,本意是“耕作”、“培养”、“教习”、“开化”的意思。在中国最早把“文”和“化”两个字联系起来的是《易经》,“观乎天文,以察时变;观乎人文,以化成天下。”意思是指圣人在考察人类社会的文明时,用诗书礼乐来教化天下,以构造修身齐家治国平天下的理论体系和制度,使社会变得文明而有秩序。

一般而言,文化有广义和狭义两种理解。广义的文化是指人类在社会历史实践过程中所创造的物质财富和精神财富的总和。其中,物质文化可称为“器的文化”或“硬文化”,精神文化可称为“软文化”。狭义的文化是指社会的意识形态,以及与之相适应的礼仪制度、组织机构、行为方式等物化的精神。

文化是被企业成员广泛认同、普遍接受的价值观念、思维方式、行为准则等群体意识的总称。企业通过培养、塑造这种文化,来影响成员的工作态度和引导工作中的行为方式,从而实现组织目标。因此,根据外在环境的变化适时变革企业文化常被视为企业成功的基础。

9.1.1 企业文化的概念

企业文化是一个组织由其价值观、信念、仪式、符号、处事方式等组成的其特有的文化形象。

企业文化这个词的出现始于20世纪50年代初。关于企业文化的定义,国内外学者有许多不同的认识和表达。据统计,关于企业文化的表述有150种,例如:

①特雷斯·迪尔和阿伦·肯尼迪认为,企业文化是价值观、英雄人物、习俗仪式、文化网络、企业环境。

②美国学者约翰·科特和詹姆斯·赫斯克特认为,企业文化是指一个企业中各个部门,至少是企业高层管理者们所共同拥有的那些企业价值观念和经营实践……是指企业中一个分部的各个职能部门或地处不同地理环境的部门所拥有的那种共同的文化现象。

③威廉·大内在《Z理论——美国企业界怎样迎接日本的挑战》一书中,认为"传统和气氛构成了一个公司的文化。同时,文化意味着一家公司的价值观,诸如进取、守成或是灵活,这些价值观构成了公司员工活动、意识和行为规范。管理人员身体力行,把这些规范灌输给员工并代代相传。"

④沃特曼和彼得斯在《成功之路》一书中,认为"企业将其基本信念、基本价值观灌输给它的员工,形成上下一致的企业文化,促使员工为自己的信仰而工作,就是产生强烈的使命感,激发最大的想象力和创造力。"

⑤劳伦斯·米勒认为,企业文化是一种观念。他说:有一种"简单的观念,能蕴藏无比的威力,能创造一个新社会和达到新的水准。观念可以成为催化剂,使人类的潜能发挥出来。"

⑥沃森认为,一个公司的兴旺衰落均在于我们称之为信念的那种因素,以及这种信念对其员工们的感染力。他提出:"为了生存下去和取得成功,任何一个组织都必须具备一整套健全的信念。"

而企业文化则是企业在生产经营实践中,逐步形成的,为全体员工所认同并遵守的、带有本组织特点的使命、愿景、宗旨、精神、价值观和经营理念,以及这些理念在生产经营实践、管理制度、员工行为方式、企业对外形象方面体现的总和。它与文教、科研、军事等组织的文化性质是不同的。

企业文化是企业的灵魂,是推动企业发展的不竭动力。它包含着非常丰富的内容,其核心是企业的精神和价值观。这里的价值观不是泛指企业管理中的各种文化现象,而是企业或企业中的员工在从事商品生产与经营活动中所持有的价值观念。

课堂训练

A公司新招聘了一批销售人员，营销经理对新进销售员工进行培训后，便安排走上销售岗位，但是销售业绩在一段时间内没有明显提高，营销经理为此很生气，经常对员工发脾气，并指责员工没有尽力完成公司所交的任务。公司为此专门加强了营销业务培训力度，可是当销售人员工慢慢完成销售任务的时候，也开始纷纷跳槽离职。这让营销经理很是苦恼，请问这种现象和企业文化有什么关系？

9.1.2 企业文化的要素

迪尔和肯尼迪把企业文化整个理论系统概述为5个要素，即企业环境、价值观、英雄人物、文化仪式和文化网络。

企业环境是指企业的性质、企业的经营方向、外部环境、企业的社会形象、与外界的联系等方面。它往往决定企业的行为。

价值观是指企业内成员对某个事件或某种行为好与坏、善与恶、正确与错误、是否值得仿效的一致认识。价值观是企业文化的核心，统一的价值观使企业内成员在判断自己行为时具有统一的标准，并以此来选择自己的行为。

英雄人物是指企业文化的核心人物或企业文化的人格化，其作用在于作为一种活的样板，给企业中其他员工提供可供仿效的榜样，对企业文化的形成和强化起着极为重要的作用。

文化仪式是指企业内的各种表彰、奖励活动、聚会以及文娱活动等，它可以把企业中发生的某些事情戏剧化和形象化，来生动地宣传和体现本企业的价值观，使人们通过这些生动活泼的活动来领会企业文化的内涵，使企业文化寓教于乐之中。

文化网络是指非正式的信息传递渠道，主要是传播文化信息。它是由某种非正式的组织和人群，以及某一特定场合所组成，它所传递出的信息往往能反映出职工的愿望和心态。

企业文化的演变

企业文化的理论发源于美国，而企业文化实践主要出自于日本。第二次世界大战后,作为战败的日本,满目疮痍,一片废墟。日本没有自然条件方面的优势,国土狭小,自然资源匮乏。当时既没有政治、军事优势,也没有经济、技术优势,日本企业家深刻认识到,如果要在世界强国之林占有一席之地,日本国民必须而且只有付出更加艰辛的劳动,这不仅需要足够的物质和技术方面的支持,更重要的是需要一种鼓舞人们艰苦奋斗的精神力量。于是,他们一方面抓紧学习引进、消化吸收西方先进的科学技术和管理制度,另一方面又精心研究中国的传统文化,并结合日本的民族特点,融东西文化为一体,形成一套以忠诚、孝顺、智慧为核心的价值观体系。这种价值观经过长期的宣传、教育、灌输、渗透和优秀人物的身体力行,终于形成了以培养员工精神文化素质为中心内容的企业文化,使企业员工焕发出极大的积极性、创造性和智慧,企业的凝聚力得到极大增强,这种力量保持经久不衰,为日本战后的经济起飞提供了强有力的精神支柱。

进入20世纪七八十年代,尽管美国在技术设备、经济实力、人员素质、管理水平等各个方面均超过日本,但其企业的竞争力很难超过日本企业。比如,日本的汽车、照相机、光学仪器从美国手中夺走了世界领先的地位,甚至在钢铁、家用电器、信息、通讯等方面也超过了美国,等等。这给美国企业和美国经济带来了巨大的震动。面对日本企业咄咄逼人的竞争态势和日本经济奇迹般的增长,美国企业界和有关学者纷纷探讨其中的奥秘。是什么力量使日本企业具有如此强大的竞争力量,是什么原因使日本经济持续、高速增长?20世纪70年代末80年代初,美国学术界人士在研究中逐渐意识到:没有强大的企业文化,即价值观和信仰等,再高明的经营战略也无法获得成功。形成日本企业巨大生产力、优异产品质量和强劲竞争力的,不仅是发达的科学技术、先进的机器设备等物质经济因素,而且还包括社会历史、文化传统、心理状态等文化背景因素。正是这诸多因素融合而成的日本企业独具的特色造就了日本人与众不同的企业精神。就连日本的企业家也承认,他们的经营成功,正是把西方先进的科学技术和东方古老的儒家文化嫁接在日本企业这个根上,使其开花结果、发展壮大。这样,从20世纪70年代末开始,企业文化成为勃兴于美国、风靡于世界的一种新的企业管理思潮。

资料来源:http://wenku.baidu.com/view/0433f5ebe009581b6bd9eb73.html

学习任务2 挖掘企业文化内涵

案例导入

三星企业集团目前不仅在韩国，就是在世界范围内也颇有影响。三星现拥有20多个企业，8万多名职工，54亿美元资产，排名世界前30位。三星成功的诀窍是什么？用三星集团董事长李秉哲的话说，就是贯彻了"人才第一"的企业文化。

早在1957年，三星就成为韩国第一个用公开考试来选择人才的企业。李秉哲每年都要亲自与几百名新考进三星的人面谈。公开选拔的特点就是依据智能、人品、健康录用人才，也就是注重一个人的完整性。一旦录用之后，三星就投入大量资本来训练他，培养他，进而发挥他的才能。

三星集团也是韩国第一个设有全面员工训练中心的企业，训练中心悬挂着李秉哲亲笔写的"人才第一"的匾额。

在三星训练中心，首先接受的是爱三星教育，通过教育培养员工爱护三星，为三星忠诚服务的思想，树立"我就是三星"，"三星就是我"的信念。其次是学员根据各自的实际需要接受各种不同的教育和训练，在训练结束之前，还要接受一项"适应生活及提高推销能力"的训练，方法是交给学员每人两件三星产品，用汽车把他们送到乡下，让他们分头去推销，把货卖掉了才能回来。

三星还十分重视吸收社会上各方的有用人才，目前在三星公司，除了包括诸多经济界、学术界精英外，还包括其他各类人才，以致社会舆论称三星为"人才汇集中心"。

在三星公司，量用人才、注重实绩的选才原则得到了有效的贯彻，任何表现差、成绩不佳的主管，不但要追究责任，还要被免职，而规模小经营有方的那些企业的负责人将升职。三星专以工作业绩作为人事任免的唯一标准，奖惩分明，不讲人情的铁腕人事政策，同样体现了三星"人才第一"的精神。

资料来源：www. chinahrd. net

相关知识

企业文化的内涵主要有两个方面:①从本质上说,它包括企业职工的价值观念、道德规范、思想意识和工作态度等;②从外在表现上说,它包括企业的各种文化教育、技术培训、娱乐联谊活动等。

9.2.1 企业文化的内容

根据企业文化的定义,其内容是十分广泛的,但其中最主要的应包括如下几点:

1) 经营哲学

经营哲学也称企业哲学,是一个企业特有的从事生产经营和管理活动的方法论原则。它是指导企业行为的基础。一个企业在激烈的市场竞争环境中,面临着各种矛盾和多种选择,要求企业有一个科学的方法论来指导,有一套逻辑思维的程序来决定自己的行为,这就是经营哲学。例如,日本松下公司"讲求经济效益,重视生存的意志,事事谋求生存和发展",这就是它的战略决策哲学。北京蓝岛商业大厦创办于1994年,它以"诚信为本,情义至上"的经营哲学为指导,"以情显义,以义取利,义利结合",使之在创办3年的时间内营业额就翻了一番,跃居首都商界第4位。

2) 价值观念

所谓价值观念,是人们基于某种功利性或道义性的追求而对人们(个人、组织)本身的存在、行为和行为结果进行评价的基本观点。可以说,人生就是为了价值的追求,价值观念决定着人生的追求行为。价值观不是人们在一时一事上的体现,而是在长期实践活动中形成的关于价值的观念体系。企业的价值观,是指企业职工对企业存在的意义、经营目的、经营宗旨的价值评价和为之追求的整体化、个异化的群体意识,是企业全体职工共同的价值准则。只有在共同的价值准则基础上才能产生企业正确的价值目标。有了正确的价值目标才会有奋力追求价值目标的行为,企业才有希望。因此,企业价值观决定着职工行为的取向,关系企业的生死存亡。只顾企业自身经济效益的价值观,就会偏离社会主义方向,不仅会损害国家和人民的利益,还会影响企业形象;只顾眼前利益的价值观,就会急功近利,搞短期行为,使企业失去后劲,导致灭亡。

3)企业精神

企业精神是指企业基于自身特定的性质、任务、宗旨、时代要求和发展方向,并经过精心培养而形成的企业成员群体的精神风貌。

企业精神要通过企业全体职工有意识的实践活动体现出来。因此,它又是企业职工观念意识和进取心理的外化。

企业精神是企业文化的核心,在整个企业文化中起着支配的地位。企业精神以价值观念为基础,以价值目标为动力,对企业经营哲学、管理制度、道德风尚、团体意识和企业形象起着决定性的作用。可以说,企业精神是企业的灵魂。

企业精神通常用一些既富于哲理,又简洁明快的语言予以表达,便于职工铭记在心,时刻用于激励自己;同时也便于对外宣传,容易在人们脑海里形成印象,从而在社会上形成个性鲜明的企业形象。如王府井百货大楼的"一团火"精神,就是用大楼人的光和热去照亮、温暖每一颗心,其实质就是奉献服务;西单商场的"求实、奋进"精神,体现了以求实为核心的价值观念和真诚守信、开拓奋进的经营作风。

4)企业道德

企业道德是指调整本企业与其他企业之间、企业与顾客之间、企业内部职工之间关系的行为规范的总和。它是从伦理关系的角度,以善与恶、公与私、荣与辱、诚实与虚伪等道德范畴为标准来评价和规范企业。

企业道德与法律规范和制度规范不同,不具有那样的强制性和约束力,但具有积极的示范效应和强烈的感染力,当被人们认可和接受后具有自我约束的力量。因此,它具有更广泛的适应性,是约束企业和职工行为的重要手段。

5)团体意识

团体即组织,团体意识是指组织成员的集体观念。团体意识是企业内部凝聚力形成的重要心理因素。企业团体意识的形成使企业的每个职工把自己的工作和行为都看成是实现企业目标的一个组成部分,使他们对自己作为企业的成员而感到自豪,对企业的成就产生荣誉感,从而把企业看成是自己利益的共同体和归属。因此,他们就会为实现企业的目标而努力奋斗,自觉地克服与实现企业目标不一致的行为。

6)企业形象

企业形象是企业通过外部特征和经营实力表现出来的,被消费者和公众所认同的企业总体印象。由外部特征表现出来的企业形象称表层形象,如招牌、门面、徽标、广告、商标、服饰、营业环境等,这些都给人以直观的感觉,容易形成印象;通过经营实力表现出来的形象称深层形象,它是企业内部要素的集中体现,如人员素质、生产经营能力、管理水平、资本实力、产品质量等。表层形象是以深层形象为基础,没有深层形象这个基础,表层形象就是虚假的,也不能长久地保持。流通企业由于主要是经营商品和提供服务,与顾客接触较多,所以表层形象显得格外重要,但这决不是说深层形象可以放在次要的位置。如北京西单商场以"诚实待人、诚心感人、诚信送人、诚恳让人"来树立全心全意为顾客服务的企业形象,而这种服务是建立在优美的购物环境、可靠的商品质量、实实在在的价格基础上的,即以强大的物质基础和经营实力作为优质服务的保证,达到表层形象和深层形象的结合,从而赢得了广大顾客的信任。

7)企业制度

企业制度是在生产经营实践活动中所形成的,对人的行为带有强制性,并能保障一定权利的各种规定。从企业文化的层次结构看,企业制度属中间层次,它是精神文化的表现形式,是物质文化实现的保证。企业制度作为职工行为规范的模式,使个人的活动得以合理进行,内外人际关系得以协调,员工的共同利益受到保护,从而使企业有序地组织起来为实现企业目标而努力。

9.2.2 企业文化的功能

研究企业文化,其目的是利用企业文化为企业的生存与发展发挥作用。那么,企业文化到底有些什么功能呢?

1)企业文化具有导向功能

所谓导向功能就是通过它对企业的领导者和职工起引导作用。企业文化的导向功能主要体现在以下两个方面。

(1)经营哲学和价值观念的指导

经营哲学决定了企业经营的思维方式和处理问题的法则,这些方式和法则指导经营者进行正确的决策,指导员工采用科学的方法从事生产经营活动。企业共同的价值观念规定了企业的价值取向,使员工对事物的评判形成共识,有着共同的价值目标,企业的领导和员工为着他们所认定的价值目标去行动。美国学者托马斯·彼得斯和小罗伯特·沃特曼在《寻求优势》一书中指出"我们研究的所有优秀公司都很清楚他们的主张是什么,并认真建立和形成了公司的价值准则。事实上,一个公司缺乏明确的价值准则或价值观念不正确,我们则会怀疑它是否有可能获得经营上的成功。"

(2)企业目标的指引

企业目标代表着企业发展的方向,没有正确的目标就等于迷失了方向。完美的企业文化会从实际出发,以科学的态度去制立企业的发展目标,这种目标一定具有可行性和科学性。企业员工就是在这一目标的指导下从事生产经营活动。

2)企业文化的约束功能

企业文化的约束功能主要是通过完善管理制度和道德规范来实现。

(1)有效规章制度的约束

企业制度是企业文化的内容之一。企业制度是企业内部的法规,企业的领导者和企业职工必须遵守和执行,从而形成约束力。

(2)道德规范的约束

道德规范是从伦理关系的角度来约束企业领导者和职工的行为。如果人们违背了道德规范的要求,就会受到舆论的谴责,心理上会感到内疚。如同仁堂药店"济世养生、精益求精、童叟无欺、一视同仁"的道德规范约束着全体员工必须严格按工艺规程操作,严格质量管理,严格执行纪律。

3)企业文化的凝聚功能

企业文化以人为本,尊重人的感情,从而在企业中造成了一种团结友爱、相互信任的和睦气氛,强化了团体意识,使企业职工之间形成强大的凝聚力和向心力。共同的价值观念形成了共同的目标和理想,职工把企业看成是一个命运共同体,把本职工作看成是实现共同目标的重要组成部分,整个企业步调一致,形成统一的整体。

凝聚力是衡量一个企业是否有效运转的关键。在一个凝聚力很强的企业里,所有的员工都能团结一致。

4)企业文化的激励功能

共同的价值观念使每个职工都感到自己存在和行为的价值,自我价值的实现是人的最高精神需求的一种满足,这种满足必将形成强大的激励。在以人为本的企业文化氛围中,领导与职工、职工与职工之间互相关心,互相支持。特别是领导对职工的关心,职工会感到受人尊重,自然会振奋精神,努力工作。另外,企业精神和企业形象对企业职工有着极大的鼓舞作用,特别是企业文化建设取得成功,在社会上产生影响时,企业职工会产生强烈的荣誉感和自豪感,他们会加倍努力,用自己的实际行动去维护企业的荣誉和形象。

5)调适功能

调适就是调整和适应。企业各部门之间、职工之间,由于各种原因难免会产生一些矛盾,解决这些矛盾需要各自进行自我调节;企业与环境、与顾客、与企业、与国家、与社会之间都会存在不协调、不适应之处,这也需要进行调整和适应。企业哲学和企业道德规范使经营者和普通员工能科学地处理这些矛盾,自觉地约束自己。完美的企业形象就是进行这些调节的结果。调适功能实际也是企业能动作用的一种表现。

课堂训练

C 企业是一家民营企业,效益很好,经常加班加点,为了强化员工认同企业的信条,加强企业的文化建设,C 企业制订了一系列的规章和制度,并提出一些的口号,专门培训了员工对企业文化的理解,但是在企业运营中由于为了赶工作任务进度,长期加班加点,员工正常的休息时间经常被占用,并且在月末的绩效考核执行上,也常常因为人情关系和领导照顾等方面的原因,没有落到实处,导致员工的离职率很高。请问制订的规章制度和进行的培训为什么没有达到预期的效果?

9.2.3 企业文化的结构

企业文化结构是指企业文化系统内各要素之间的时空顺序,主次地位与结合方式,企业文化结构就是企业文化的构成、形式、层次、内容、类型等的比例关系和位置关系。它表明各个要素如何链接,形成企业文化的整体模式。即企业物质文化、企业行为文化、企业制度文化、企业精神文化形态。

企业文化的三大结构要素,即企业物质文化要素、企业制度文化要素、企业精神文化要素。

企业文化理论的出现有其历史的必然性:

一是由于生产力的发展，新型办公工具如因特网等的普及应用，企业的日常管理规则也发生了一些变化，劳动工具的变化要求思想观念的更新；

二是劳动中人的智力因素比例增加，脑力劳动者人数相对增长，相应地，企业管理者也不能再把这些高素质的员工视作机器人，而是要给员工以感情尊重、理智尊重；

三是随着生产力的发展，人的需要满足层次攀高，企业必须适应这一新情况，从而制定出适合现代人的管理方法，这一点与“社会人”在管理界的提出有相同的现实基础；

四是竞争加剧，企业为了在竞争中取胜，在提高劳动效率的同时，职工的生产积极性与创造性在劳动中显得越来越重要，企业必须提出符合需要的价值观念，如创新、服务、信誉等；

五是企业规模的扩大、跨国公司的出现，成千上万人，甚至是不同国籍、不同民族的人在一个公司工作，需要统一思想、统一观念、统一行为。

9.2.4 企业文化特质

1)历史性

历史性是一切社会事物的最基本属性之一。企业在一定的时空条件下产生、生存与发展，企业的现象本身就是当时社会政治、经济、文化的折射，企业本身就是创造历史的载体，去讨论先有企业还是先有文化，就像讨论先有蛋还是先有鸡一样。经济基础决定上层建筑，企业的经营与政治活动、文化现象的联系千丝万缕，挥之不去。可以说，企业文化是历史的产物，必定带有历史的烙印，折射出大到一个时代，一个国家的一定时期，或者一个民族、一个地域，小到一个地方区域的经济与文化特征。反过来，企业文化一旦形成，也在改造着企业所处的环境，因为企业毕竟是走在时代前列的社会生活中最活跃的社会组织，信息交融与思想变革首先从企业发生。当代的企业文化的基础，是已经比较成熟的商品经济理论。

2)人本性

企业文化关注的中心，在于对企业中人的因素的管理与激发，虽然如此做的终极目标在于企业价值的顺利实现，但这并不妨碍企业以开发人的潜能为切入点的管理模式为企业带来的巨大张力。当衣、食等最基本的生存需求得到满足，人们有满足交流的需要、给予的需要、被尊重的需要、个人价值实现的需要，等等。一个人一生中最宝贵、历时最长的时间与空间都是用于职业生涯的，所以，企业的成长与发展需求与个人的成长与发展需求在企业文化这个层面达到了完美的契合。企业文化是一种以人为本的文化，着力于以文化因素去挖掘企业的潜力，尊重和重视人的因素在企业发展中的作用。

3）复杂性

世界上没有两片完全相同的树叶。每个企业都在特定的环境中生存与发展，所面临的历史阶段、发展程度，以及本身固有的文化积淀都不相同。成功是不能复制的，企业文化也同样不能拷贝。把别人成功的企业文化照搬照抄教条行事，或者如赵括谈兵一样将优秀的企业文化奉为金科玉律，试图找到放之四海而皆准的真理，最终只会害了企业。

4）动态性

一个企业的企业文化一旦形成，就具有在一定时期之内的相对稳定性。随着企业的发展以及企业生存环境的变化，企业文化也随之发生改变。有一种说法叫做“呈螺旋式上升状”，这其实是一种理想状态下优秀的企业文化的发展态势。僵化的、落后的企业文化也在运动，只是在企业内部没有经过合理的梳理、整合与提炼的文化因素没有形成良性体系，各种文化因素的冲突正在进行量变的积累。一个优秀的企业的文化体系建成之后，就会显示其对外部因素以及新生文化因子强大的吸收力、包容力、消化力，形成动态开放的系统。

5）有机性

企业文化是一个整体有机系统，企业文化的各个构成要素以一定的结构形式排列，各个要素相对独立，各司其职。同时，企业文化又是一个系统工程，是一个严密有序的有机结合体，由企业内互相联系、互相依赖、互相作用的不同层次、不同部分结合而成。企业文化既然以企业价值实现为最终目标，那么就不可能不涉及企业的战略规划；既然以人为本，那么就不可能不涉及人力资源开发；既然是一种管理方法，那么就不可能不涉及企业的管理制度……可以说，企业文化今天之所以被管理界推崇备至，与它的这一性质不无关系。

课堂训练

王军是D企业的人力资源总监，由于D企业的实际情况，行业较为特殊属于研发机构，专业技术员工知识学历偏高，总觉得王军没有资格对他们进行管理，员工的关系总是不咸不淡。为此，王军又主动地请专业技术员工们吃饭，可是由于有些员工在外面也有兼职，导致每次聚会总可能少一两个人没有来，聚会后，部分员工开始向王军打一些小报告，称某某人在外面兼职的过程中可能泄露了企业的机密技术文件，并借此排挤对手。王军的心里也想，如何能保持企业健康向前发展，又保证员工内部比较团结呢？

学习任务3 形成企业文化氛围

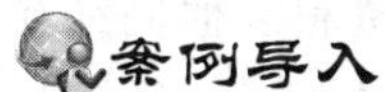

沃尔玛超市的企业文化

现在提起沃尔玛超市，在中国大城市的老百姓没有谁不知道的。沃尔玛公司是世界上最大的商业零售企业，1962 年开办了第一家连锁商店，1970 年建立起第一家配送中心，走上了快速发展之路。连续 3 年在美国《财富》杂志全球 500 强企业中居首，不愧为全球“零售业大王”的称号。冰冻三尺，非一日之寒。沃尔玛从一家不起眼的小店发展成为当今世界上最大的零售企业，必定有其独特的经营之道。在众多成功因素当中，沃尔玛企业文化起到了首屈一指的作用。

首先，沃尔玛重视企业文化建设，创造企业文化氛围。提出了十大法则，分别是：①忠诚你的事业；②与同仁建立合伙关系；③激励你的同仁；④凡事与同仁沟通；⑤感激同仁对公司的贡献；⑥成功要大力庆祝，失败亦保持乐观；⑦倾听同仁的意见；⑧超越顾客的期望；⑨控制成本使之低于竞争对手；⑩逆流而上，放弃传统观念。这十大法则中有 7 条是讲员工关系的，可见沃尔玛把员工关系放到何等重要的地位。

其次，规范企业文化制度，保障原则切实可行。并提出了 4 条原则：①日落原则；②“比满意更满意”原则。③“十步服务”原则。④“薄利多销”原则。

沃尔玛公司不仅获得了很高的企业文化力量分值，同时也有很高的企业长期经营业绩的分值。这无疑说明了强有力的企业文化能促进企业业绩的增长。很显然，沃尔玛公司强有力的企业文化“是强有力型企业文化最为典型的例子之一”。

在沃尔·马特公司的企业文化体系中,强有力型企业文化的主要特征得到了充分的体现,并被提高到一个更高的层次,那就是"将原则演绎到极致"。在沃尔·马特公司的企业文化中,许多原则并非是该公司首创,但很少有公司将它们运用得如此之好,如此有特色。这一文化体系无疑是我们建立和运用强有力企业文化的最好的实践证明。

资料来源:www.chinahrd.net

相关知识

企业文化理论的提出

20 世纪 80 年代初,美国哈佛大学教育研究院的教授特雷斯·迪尔和麦肯锡咨询公司顾问阿伦·肯尼迪在长期的企业管理研究中积累了丰富的资料。他们在 6 个月的时间里,集中对 80 家企业进行了详尽的调查,写成了《企业文化——企业生存的习俗和礼仪》一书。该书在 1981 年 7 月出版后,就成为最畅销的管理学著作。后又被评为 20 世纪 80 年代最有影响的 10 本管理学专著之一,成为论述企业文化的经典之作。它用丰富的例证指出:杰出而成功的企业都有强有力的企业文化,即为全体员工共同遵守,但往往是自然约定俗成的而非书面的行为规范;并有各种各样用来宣传、强化这些价值观念的仪式和习俗。正是企业文化这一非技术、非经济的因素,影响了企业中各项决策的产生、企业中的人事任免,甚至员工们的行为举止、衣着爱好、生活习惯。在两个其他条件都相差无几的企业中,由于其文化的强弱,对企业发展所产生的后果就完全不同。

9.3.1 企业文化的类型

1)按照企业的任务和经营方式

按企业的任务和经营方式的不同,迪尔和肯尼迪把企业文化分为 4 种类型:即硬汉型文化;努力工作尽情享受型文化;赌注型文化;过程型文化。

①硬汉型文化。这种文化鼓励内部竞争和创新,鼓励冒险。具有竞争性较强、产品更新快的企业文化特点。

②努力工作尽情享受型文化。这种文化把工作与娱乐并重,鼓励职工完成风险较小的工作。具有竞争性不强、产品比较稳定的企业文化特点。

③赌注型文化。它具有在周密分析基础上孤注一掷的特点。一般投资大、见效慢的企业具有这样的文化特点。

④过程型文化。这种文化着眼于如何做,基本没有工作的反馈,职工难以衡量他们所做的工作。具有机关性较强、按部就班就可以完成任务的企业文化特点。

2)按照企业的状态和作风的不同分为

①有活力的企业文化。特点是:重组织、追求革新,有明确的目标,面向外部,上下左右沟通良好,责任心强。

②停滞型企业文化。特点是:急功近利,无远大目标,带有利己倾向,自我保全、面向内部,行动迟缓,不负责任。

③官僚型企业文化。特点是:例行公事,官样文章。

3)按照企业的性质和规模的不同分为

①温室型。这是传统国有企业所特有的。对外部环境不感兴趣,缺乏冒险精神,缺乏激励和约束。

②拾穗者型。中小型企业所特有。战略随环境变动而转移,其组织结构缺乏秩序,职能比较分散。其价值体系的基础是尊重领导人。

③菜园型。力图维护在传统市场的统治地位,家长式经营,工作人员的激励处于较低水平。

④大型种植物型。大企业所特有。其特点是,不断适应环境变化,工作人员的主动性、积极性受到激励。

4)按照企业对各种因素重视的程度不同分

①科层型。垄断的市场中从事经营的公司所拥有。非个性化的管理作风,金字塔式组织结构,注重对标准、规范和刻板程序的遵循,组织内部缺乏竞争,员工暗地里勾心斗角。

②职业经理型。工作导向,有明确的标准,严格的奖惩制度,组织结构富于灵活性,内部竞争激烈。

③技术型。技术专家掌权,家长式作风,着重依赖技术秘诀,职能制组织结构。

5)按照企业的价值取向或行为标准的不同分

按企业的价值取向或行为标准不同划分不同类型的企业文化,见表9.1。

表 9.1 企业文化的不同类型

	民族文化型	市场文化型
个性与组织的关系	1. 亲情关系 2. 互有长期承诺 3. 对相互利害关系依赖紧密 4. 对本公司的认同感 5. 等级制的结构关系	1. 合同关系 2. 相互短期承诺 3. 对个人利益的依赖,功利主义 4. 按组织成员与组织的交换条件形成相互关系
组织成员之间的关系	1. 以具有本公司成员身份而自豪 2. 具有相互依存的意识 3. 广泛的同事关系网 4. 一致性压力较大 5. 强调集体而非个体的首创性	1. 对同事保持独立性 2. 有限的相互交往 3. 有限的一致性压力 4. 强调个体的首创性
对公司文化的适应性	1. 长期的适应性过程 2. 上级人员均为辅导、教育、榜样角色 3. 金字塔式组织	1、社会化程度低 2. 上下级关系疏远,但工作中却是磋商者和资源分配者 3. 扁平型组织

9.3.2 企业文化建设的原则及途径

1) 企业文化建设的一般原则

(1)必须坚持社会主义方向

企业是为提高人民的物资文化生活而存在,这是社会主义国家中企业存在的最基本的价值观。企业在从事商品生产和商品流通的过程中,必须促进生产发展,满足社会日益增长的物质和文化生活的需要。企业进行文化建设应把这作为它的经营思想和宗旨,使之具有明确的社会主义特征。

(2)强化以人为中心

文化以人群为载体,人是文化生成的第一要素。企业文化中的人不仅仅是指企业家、管理者,应该包括企业的全体职工。企业文化建设中要强调关心人、尊重人、理解人和信任人。企业团体意识的形成,首先是企业的全体成员有共同的价值观念,有一致的奋斗目标,才能形成向心力,才能成为一个具有战斗力的整体。

(3)表里一致,切忌形式主义

企业文化属于意识形态的范畴,但它又要通过企业或职工的行为和外部形态表现出来,这就容易形成表里不一致的现象。建设企业文化必须首先从职工的思想观念入手,树立正确的价值观念和哲学思想,在此基础上形成企业精神和企业形象,防止搞形式主义,言行不一。形式主义不仅不能建设好企业文化,而且是对企业文化概念的歪曲。

(4)注重个异性

个异性是企业文化的一个重要特征。文化本来就是在本身组织发展的历史过程中形成的。每个企业都有自己的历史传统和经营特点,企业文化建设要充分利用这一点,建设具有自己特色的文化。企业有了自己的特色,而且被顾客所公认,才能在企业之林中独树一帜,才有竞争的优势。

(5)不能忽视经济性

企业是一个经济组织,企业文化是一个微观经济组织文化,应具有经济性。所谓经济性,是指企业文化必须为企业的经济活动服务,要有利于提高企业生产力和经济效益,有利于企业的生存和发展。前面讨论的关于企业文化的各项内容中,虽然并不涉及“经济”二字,但建设和实施这些内容,最终目的都不会离开企业经济目标的实现和谋求企业的生存和发展。所以,企业文化建设实际是一个企业战略问题,称文化战略。

(6)继承传统文化的精华

中国企业文化建设应该是在传统文化的基础上进行增值开发,否则企业文化就会失去存在的基础,也就没有生命力。增值开发就是对传统文化进行借鉴,去其糟粕,取其精华。我国传统文化中的民本思想、平等思想、务实思想等都是值得增值开发的内容。中华民本思想自古以来就相当强烈,并在一定程度上制约着专制行为。社会主义企业中,劳动者是企业的主人,企业文化建设自然要以民本思想为重要的思想来源,并通过这一思想的开发利用,使职工群众产生强烈的主人翁意识,自觉地参与企业的民主管理。中华民族坚持人的平等性,认为“人皆为尧舜”,这正是过去中国革命的思想基础。这种思想的增值开发并用于现代企业的文化建设,将为企业职工提供平等竞争的机会,有利于倡导按劳分配,同工同酬的运行机制。务实精神要求人们实事求是、谦虚谨慎、戒骄戒躁、刻苦努力、奋发向上。对此如能发扬光大,必将形成艰苦创业、勇于创新的企业精神。大庆“三老四严”的“铁人精神”就是这种民族精神增值开发的结果。

2）培育共同价值的观念

作为企业文化核心的价值观念的培养，是企业文化建设的一项基础工作。企业组织中的每个成员都有自己的价值观念，但由于他们的资历不同、生活环境不一样、受教育的程度也不相同等原因，使得他们的价值观念千差万别。企业价值观念的培育是通过教育、倡导和模范人物的宣传感召等方式，使企业职工扬弃传统落后的价值观念，树立正确的、有利于企业生存发展的价值观念，并形成共识，成为全体职工思想和行为的准则。

企业价值观念的培育是一个由服从，经过认同，最后达到内化的过程。服从是在培育的初期，通过某种外部作用（如人生观教育）使企业中的成员被动地接受某种价值观念，并以此来约束自己的思想和行为；认同是受外界影响（如模范人物的感召）而自觉地接受某种价值观念，但对这一观念未能真正地理解和接受；内化不仅是自愿地接受某种价值观念，而且对它的正确性有真正的理解，并按照这一价值观念自觉地约束自己的思想和行为。

企业价值观念的培育是一个长期的过程。在这个过程中，企业组织中个体成员价值观念的转变还可能由于环境因素的影响而出现反复，这更增加了价值观念培育的复杂性。价值观念的培育，需要企业领导深入细致的思想工作，善于把高度抽象的思维逻辑变成员工可以接受的基本观点。这其中，思想政治工作十分重要，它能唤起职工对自己生活和工作意义的深思，对自己事业的信念和追求。

由于企业价值观念是由多个要素构成的价值体系，因此在培育中要注意多元要素的组合，既要考虑国家、企业价值目标的实现，又要照顾职工需求的满足。但首先考虑的还应是国家和民族的利益。

3）塑造企业精神

塑造企业精神是在企业领导者的倡导下，根据企业的特点、任务和发展走向，使建立在企业价值观念基础上的内在的信念和追求，通过企业群体行为和外部表象而外化，形成企业的精神状态。

企业精神与企业价值观是既有区别，又密切相关的两个概念，价值观是企业精神的前提，企业精神是价值观的集中体现。价值观具有分散性和内隐性，如存在的价值、工作价值、质量价值等，它是人们的信念和追求。但企业精神则不同，它比较外露，容易被人们所感觉。企业价值观和企业精神共同构成了企业文化的核心。

流通企业精神塑造，首先要根据商品流通的行业特点，确定和强化企业的个性与经营优势，通过这种确定和强化唤起职工的认同感，增强职工奋发向上的信心和决心,形成企业的向心力、凝聚力和发展动力;二是以营销服务为中心,引导和培育企业职工创名牌、争一流、上水平的意识和顾客第一、服务至上的经营风尚,使企业在市场竞争中立于不败之地;三是大力提倡团结协作精神,使企业形成一个精诚合作的群体,建立和谐的人际关系;四是发扬民主,贯彻以人为本,造就尊重人、关心人、理解人的文化氛围,激励职工参与意识,使他们把自己与企业视为一体,积极为企业的兴旺发达献计献策;五是提炼升华,将企业精神归纳为简练明确、富有感召力的文字表达,便于职工理解和铭记在心,对外形成特色加强印象。

企业精神的形成具有人为性,这就需要企业的领导者根据企业的厂情、任务、发展走向有意识地倡导,亲手培育。在塑造企业精神的过程中,特别应将个别的、分散的好人好事从整体上进行概括、提炼、推广和培育,使之形成具有代表性的企业精神。如北京王府井百货大楼的"一团火"精神就是以普通售货员张秉贵的事迹为代表概括提炼而成。

4)确立正确的经营哲学

作为企业经营管理方法论原则的企业经营哲学,是企业一切行为的逻辑起点。因此,确立正确的经营哲学,是企业文化建设的一项重要任务。

商品流通企业确立经营哲学,虽有某些共同的方法论要素,如"服务为本"、"用户第一"等,但各企业由于人、财、物的状况不同、所处的环境不同,每个企业选择具有本企业特色的经营哲学是可能的。确立企业哲学,需要经营者对本企业的经营状况和特点进行全面的调查,运用某些哲学观念分析研究企业的发展目标和实现途径,在此基础上形成自己的经营理念,并将其渗透到员工的思想深处,变成员工处理经营问题的共同思维方式。企业经营哲学通常应在代表企业精神的文字中体现,这不仅有利于内部渗透,而且也便于顾客识别。例如,北京王府井百货大楼"一团火"精神的表述,既反映了企业员工奉献服务的精神实质,也体现出企业强调通过内部员工之间、企业与顾客之间、本企业与其他企业之间建立平等互助、团结友爱的新型人际关系,坚持全心全意为人民服务的办店宗旨和经营方针,以此赢得顾客和市场,促进企业发展。

5)企业形象设计

商品流通企业进行形象设计,首先是提供货真价实的商品,在品种、档次、价格、款式、包装等方面应有自己的特色;其次是提供优质服务,要通过营业人员的营销行为文化给顾客留下深刻的印象;第三是设计优美舒适的购物环境,这一方面有利于优质服务水平能充分发挥,重要的是刺激顾客的购买欲望和产生强烈的好感;

第四是店铺门面设计,店面装饰应体现行业特点,招牌应做到新颖、醒目、反映经营特色,有利于引客进店和给顾客留下深刻印象,橱窗设计应与店铺建筑物协调,形成店面的整体美。

企业形象设计一般经过形象调查、形象定位和形象传播3个阶段。形象调查是了解公众对本企业的认识、态度与印象等方面的情况,为企业形象设计提供信息。形象定位是在形象调查的基础上,根据企业的实际状况,用知名度和美誉度的高低程度对企业形象进行定位。形象传播是以广告或公关方式,将企业形象的有关信息向社会传播,让更多的顾客认识和接受,从而提高企业形象。

课堂训练

玛丽·凯(Mary Kay Cosmetics)化妆品公司是一个具有强企业文化的非常成功的公司。文化的塑造者同该公司的创始人是同一个人——玛丽·凯·阿什(Mary Kay Ash)。

玛丽·凯的故事对每一个有创业抱负的人来说,都是一个鼓舞。在她50岁出头时,用5 000美元的积蓄,开始在达拉斯的一家小商店出售护肤产品。20年后,她的公司成为一家跨国企业,年销售额达3亿美元,并拥有一支20万人的销售队伍,今天,玛丽·凯化妆品公司的平均净产利润率达到40%以上,这是美国企业最高的净资产利润率。

玛丽·凯将她的成功归功于培育了一种鼓励和奖赏员工的公司文化——尤其是鼓励和奖赏那些推销公司化妆品的独立销售人员。正像她所说的:“我们公司只是同我们的员工一样出色。”尽管承诺提供可靠的最优质产品,但她并不打算垄断同类产品。玛丽·凯公司与其竞争者的区别在于公司对销售人员、教导员及管理者的责任。玛丽·凯挑选那些能够找到的最优秀的人员,并付给他们最高的报酬,她尽一切努力去鼓励公司的人员,以巩固所有积极的销售成果。她建立了一套报酬和奖励方案,以使公司成千位销售代表的年收入实实在在地超过5万美元。

如果说有哪一项活动最能代表玛丽·凯公司文化的话,那么它就是公司每一年都要举行的3天年度会议。这是一项壮观的,有如“竞技场般的盛大活动,融进了鼓舞、纵情欢乐、教育以及雇员之间的了解。盛会的主要目的之一是让尽可能多的公司销售人员抛头露面。销售成绩斐然的人员会获得金钱、珠宝及闻名的玛丽·凯“粉红色卡迪拉克车”的奖励。按照玛丽·凯的观点,重要的是在他们脱颖而出之前,他们就得到了大家的认同。结果,公司文化造就出一个具有无限热情及团队精神的销售组织。

分析：玛丽·凯公司组织文化如何造就出一个具有无限热情及团队精神的销售组织？该公司创始人玛丽·凯的工作作风、行为方式、思维倾向在组织文化形成过程中起到什么作用？

资料来源：http://www.tianya.cn/publicforum/Content/no100/1/3560.shtml

9.3.3　不同国家的企业文化模式与管理特点

文化是与民族分不开的，一定的文化总是一定民族的文化。企业文化是一个国家的微观组织文化，它是这个国家民族文化的组成部分，所以一个国家企业文化的特点实际就代表这个国家民族文化的特点。下面仅对能代表东西方民族文化特点的几个国家和地区的企业文化和管理特点作一些简要介绍。

1）美国的企业文化的模式与管理特点

美国是一个多民族的移民国家，这决定了美国民族文化的个人主义特点。

美国的企业文化以个人主义为核心，但这种个人主义不是一般概念上的自私，而是强调个人的独立性、能动性、个性和个人成就。在这种个人主义思想的支配下，美国的企业管理以个人的能动主义为基础，鼓励职工个人奋斗，实行个人负责、个人决策。因此，在美国企业中个人英雄主义比较突出，许多企业常常把企业的创业者或对企业做出巨大贡献的个人推崇为英雄。企业对职工的评价也是基于能力主义原则，加薪和提职也只看能力和工作业绩，不考虑年龄、资历和学历等因素。

以个人主义为特点的企业文化缺乏共同的价值观念，企业的价值目标和个人的价值目标是不一致的，企业以严密的组织结构、严格的规章制度来管理员工，以追求企业目标的实现。职工仅把企业看成是实现个人目标和自我价值的场所和手段。

2）欧洲国家的企业文化模式与管理特点

欧洲文化是受基督教影响的，基督教给欧洲提供了理想的道德楷模。基督教信仰上帝，认为上帝是仁慈的，上帝要求人与人之间应该互爱。受这一观念的影响，欧洲文化崇尚个人的价值观，强调个人高层次的需求。欧洲人还注重理性和科学，强调逻辑推理和理性的分析。

虽然欧洲企业文化的精神基础是相同的，但由于各个国家民族文化的不同，欧洲各个国家的企业文化也存在着差别。

英国人由于文化背景的原因，世袭观念强，一直把地主贵族视为社会的上层，企业经营者处于较低的社会等级。因此,英国企业家的价值观念比较讲究社会地位和等级差异,不是用优异的管理业绩来证明自己的社会价值,而是千方百计地使自己加入上层社会,因此在企业经营中墨守成规,冒险精神差。

法国最突出的特点是民族主义、傲慢、势利和优越感,因此法国人的企业管理表现出封闭守旧的观念。

意大利崇尚自由,以自我为中心,所以在企业管理上显得组织纪律差,企业组织的结构化程度低。但由于意大利和绝大多数的企业属于中小企业,组织松散对企业生机影响并不突出。

德国人的官僚意识比较浓,组织纪律性强,而且勤奋刻苦。因此,德国的企业管理中,决策机构庞大、决策集体化,为保证工人参加管理,往往要花较多的时间论证,但决策质量高。企业执行层划分严格,各部门负责只有一个主管,不设副职。职工参与企业管理广泛而正规,许多法律都保障了职工参与企业管理的权力。职工参与企业管理主要是通过参加企业监事会和董事会来实现。按照《职工参与管理法》规定,两万人以上的企业,监事会成员 20 名,劳资代表各占一半,劳方的 10 名代表中,企业内推举 7 人,企业外推举 3 人;10 000 ~ 20 000 人的企业中,监事会成员 16 人,劳方代表 8 人,其中企业内推举 6 人,企业外推举 2 人;10 000 人以下的企业,监事会成员中的劳资代表均各占一半。

3)日本的企业文化模式与管理特点

日本是一个单民族的国家,社会结构长期稳定统一,思想观念具有很强的共同性。同时,日本民族受中国儒家伦理思想的影响,侧重“和”、“信”、“诚”等伦理观念,使日本高度重视人际关系的处理。这些决定了日本企业文化以和亲一致的团队精神为其特点。“和”被日本企业作为运用到管理中的哲学观念,是企业行动的指南。

以团队精神为特点的日本企业文化,使企业上下一致地维护和谐,互相谦让,强调合作,反对个人主认和内部竞争。企业是一利益共同体,共同的价值观念使企业目标和个人目标具有一致性。企业像一个家庭一样,成员和睦相处,上级关心下级,权利和责任划分并不那么明确,集体决策,取得一致意见后才作出决定,一旦出了问题不归咎个人责任,而是各自多作自我批评。企业对职工实行终身雇用和年功序列工资制。

日本是一个单一民族的岛国,但它并不封闭守旧,革新精神强,大量吸收西方文化中重视科学技术和理性管理,并与传统文化结合起来,形成巨大的生产力。

4）中国企业文化的现状

新中国成立以前，受外国资本和封建官僚买办控制的企业中，劳动者处于被残酷剥削和压迫之下，他们没有自由，没有平等，有的只是愤怒和反抗。在旧中国，具有一定代理性的中国企业文化只有在民族资本主义企业中才存在，它是由老一代的民族企业家所倡导的。由民生轮船公司的创始人卢作孚先生于1925年所倡导的“民生精神”就是一例。

新中国成立以后，国有企业是中国经济的主体，企业文化也如同整个国家的经济建设一样，经历了一番曲折的道路。在传统计划经济体制下，高度集权的管理模式对企业文化建设既有积极的一面，也存在着严重的消极因素。所谓积极的一面是有利于体现企业的社会主义共性，形成注重国家利益的大集体观念和艰苦奋斗精神，如五六十年代出现的“两参一改三结合”的“鞍钢宪法”和“三老四严”的“大庆精神”，就是这种观念和精神的代表。所谓消极的一面，是这种集权管理模式强化了“官本位”观念，管理活动行政化，职工群众的积极性未能充分发挥出来，民主管理的监督约束机制显得无力。特别是在极“左”思潮的干预下，“以阶级斗争为纲”，把政治挂帅绝对化，严重阻碍了企业民主制度的建立和监督制度的形成。实行经济体制改革以后，传统计划经济体制逐步转换为社会主义市场经济体制，中国企业文化建设的环境开始转变，特别是现代企业制度的建立，为建立有中国民族特色的企业文化创造了有利的政治法律环境，企业文化建设也取得了明显成效，本章中所列举的例子说明了这一点。

中国是一个历史悠久的文明国家，中国的传统文化内涵丰富，其中既有积极的一面，也有消极的一面。关于如何利用传统文化中的积极因素建立有中国特色的企业文化，稍后再作讨论。

学习自测

一、选择题

1. 从基础角度说，强势企业文化首先必须是（　　）。

A. 有竞争力的企业文化　　B. 有责任感的企业文化

C. 本土企业文化　　D. 优质企业文化

2. 企业形象识别系统中的视觉识别系统具体包含的内容有（　　）。

A. 标志　　B. 标准字和标准色

C. 吉祥物　　D. 建筑物

E. 服装、名片

3. 就企业文化而言，比较容易形成赌注文化的行业有(　　)。

A. 石油开采　　B. 风险投资

C. 航空航天　　D. 投资银行

E. 计算机设计

4. 我国老一代企业家卢作孚(民生轮船公司创始人)倡导的“服务社会，便利人群，开发产业，富裕国家”这是在建设(　　)。

A. 企业精神　　B. 企业形象

C. 企业理念　　D. 企业价值观

5. 力图维护在传统市场的统治地位，家长式经营，工作人员的激励处于较低水平，属于什么类型文化(　　)。

A. 温室型　　B. 拾穗者型

C. 菜园型　　D. 大型种植物型

二、简答题

1. 企业类型按照企业对各种因素重视的程度不同分为哪些类型?

2. 企业文化建设的一般原则?

3. 企业文化建设的途径?

案例分析

独具魅力的 HP 公司文化

刚刚在美国获得 MBA 学位的 C 先生，第一次踏进 HP 公司总部大门时，便被该公司文化深深吸引，毅然抛弃几大摊子家族企业于不顾，投身到 HP 公司的怀抱。

C 先生第一次接触 HP 公司时，感到该公司很特别，“面试时我的经理非常和善，感觉未来与这些人很容易相处，当时我还感到该公司很尊重人，也很会照顾人。比如，跟我面谈的经理非常尊重我，在安排我去美国总部面试时，他把一切都安排得好好的，早上还有专人到我住的旅馆来接我去吃早餐，而后开车送我到公司。我从他们的行为举止中，感到他们非常想吸引我到该公司工作。”

当时 HP 公司的管理已举世闻名，但在世界 500 强中，该公司还仅排在第 150

位，员工只有5万人。当时该公司有一个理论，在新招来的员工中，5年后，大概只有50%的人留下；10年后，大概只有25%会留下。比如10年前HP公司招了4个人，5年以后就剩下2个人，10年后就剩下1个人。"可是留下来的这个人，肯定已对HP公司文化坚信不疑，行为举止也是本公司化的，这样的人肯定会对本公司做出很多贡献。"

在台湾地区HP公司的10年中，C先生历任销售代表、销售部经理、财务及管理总监和市场部总经理。在此期间，他创造了连年超额完成销售定额的佳绩，并荣获HP公司颁发的最佳经营管理奖。1992年调回美国总部升任业务发展部经理。1994年4月派往中国内地任中国HP公司财务及管理总监，1997年11月又升任为中国HP公司总裁。虽然辛劳奔波，但C先生认为选择在HP公司做事情很值得，他每一次在公司内部调动工作，都学到不少的东西，而现在HP公司的员工已从当初的5万发展到12万人，在世界500强企业中，该公司已从150位跃升到第13位。

HP公司文化常常被人称为"HPWay"(HP之道)。HPWay有5个核心价值观，它们像是5个连体的孪生兄弟，谁也离不开谁。C先生对5个核心价值观倒背如流：一是相信、尊重个人，尊重员工；二是追求最高的成就，追求最好；三是做事情一定要非常正直，不可以欺骗用户，也不可以欺骗员工，不能做不道德的事；四是公司的成功是靠大家的力量来完成，并不是靠某一个人的力量来完成；五是相信不断创新，做事情要有一定的灵活性。

HP公司文化不仅锁住了C先生一个人，还锁住了全公司12万员工的绝大多数。与HP公司打过交道的人都会感到HP公司的作风与别家公司不一样，它更加和蔼可亲、更加有大家风范。很多公司一旦发展壮大后，总裁就开始有很多的特殊待遇，比如说有私人飞机，但HP公司历任总裁却没有。

HP公司文化能抓住人心，让文化在不知不觉中成为HP公司管理的特色。HP公司的管理能以柔克刚、柔中有刚，人情味十足。C先生说："公司不同，文化也不同。但不管你这家企业文化是软性的还是硬性的，这都不是最重要的，重要的在于你的员工是否相信企业文化的价值观，你的企业文化能否成为凝聚员工的向心力。如果企业所有的人都相信你的企业文化，你的企业文化的力量就会很大，对人的约束力也会很大。你的企业文化使员工的凝聚力越强，你的公司将来的实力就越大。"

C先生说："如果某个文化能被很多人接受，这个文化能根深蒂固地延长很久，那么这个文化是比较有生命力的。有些文化在短期之内可以使企业获得成功，但它不能得到很多人的认同，也没有办法持之以恒地做下去，这个文化就会慢慢消失。HP是有60年历史的公司，其文化传播延续了60年，说明这个文化已经很有力量。”

资料来源:http://edu.sdchina.com/show/31596.html

问题:

1. HP 公司企业文化管理的特色是什么?

2. HP 公司实现企业文化管理的关键是什么?

3. 从 HP 公司企业文化管理的成功之道中可以得到哪些有益启示?

实训项目

实训名称 讲解企业文化。
实训目的 讲解企业文化。
实训条件 多媒体教室 PPT 讲解。
实训要求 要求学生分组,组长上台讲解某个企业的企业文化。
教师任务 分析确定并讲解企业文化给企业带来的影响。
实训评价 教师给整组打分。

参考文献

[1] 杨善林. 企业管理学[M]. 北京:高等教育出版社,2004.

[2] 黄津孚. 现代企业管理原理[M]. 3 版. 北京:北京经济学院出版社,1997.

[3] 朱新民,李永春,周吉. 现代管理科学词库[M]. 上海:上海交通大学出版社,1986.

[4] 郑文哲. 管理学原理[M]. 北京:科学出版社,2009.

[5] 达夫特,马西克. 管理学原理[M]. 高增安,马永红,改编. 机械工业出版社,2010.

[6] 斯蒂芬 P. 罗宾斯,玛丽·库尔特. Management, 9th Edition[M]. 孙健敏,黄卫伟,王凤彬,等,译,北京:中国人民大学出版社,2008 .

[7] 周三多. 管理学[M]. 北京:高等教育出版社,2008.

[8] 罗宾斯. 管理学[M]. 北京:中国人民大学出版社,2004.

[9] 孙焱林,陈雨良,李彤. 实用现代管理学[M]. 北京:北京大学出版社,2008.

[10] 黄雁芳,宋克勤. 管理学教程案例集[M]. 上海:上海财经大学出版社,2008.

[11] 邵强. 与官员谈沟通与协调的艺术[M]. 北京:国家行政学院出版社,2010.

[12] 程正方. 现代管理心理学[M]. 北京:北京师范大学出版社,2010.

[13] 张中华. 管理学通论[M]. 北京:北京大学出版社,2005.

[14] 拉姆·查兰. Know-How[M]. 北京:中信出版社,2007.

[15] 邵一明,马嫣. 现代企业管理[M]. 上海:立信会计出版社,2001.

[16] 刘小欢. 企业管理概论[M]. 北京:高等教育出版社,2005.

[17] 王玉. 企业战略管理教程[M]. 3 版. 上海:上海财经大学出版社,2009.

[18] 肖云林. 秘书与人力资源管理[M]. 北京:人民出版社,2007.

[19] 严成根,李储东. 现代企业管理[M]. 2 版. 北京:清华大学出版社,北京交通大学出版社,2009.

[20] 赵蕾. 管理学原理[M]. 北京:清华大学出版社,2009.
[21] 王宏宝,张美清. 管理学原理与实务[M]. 北京:清华大学出版社,2009.
[22] 周东云. 论现代企业人力资源开发与管理在实践中的应用[J]. 煤矿现代化,2007(3).
[23] 朱鸿林. 现代企业人力资源开发及管理创新[J]. 现代管理科学,2005(6).
[24] 胡君辰,郑绍濂. 人力资源开发与管理[M]. 厦门:复旦大学出版社,2004.
[25] 秦志华. 人力资源管理[M]. 北京:中国人民大学出版社,2002.
[26] 张佩云. 人力资源管理[M]. 北京:清华大学出版社,2004.
[27] 廖泉文. 人力资源管理[M]. 北京:高等教育出版社,2003.
[28] 季辉. 现代企业经营与管理[M]. 大连:东北财经大学出版社,2007.
[29] 盘和林. 哈佛:战略管理决策分析及经典案例[M]. 北京:人民出版社,2006.
[30] 黄速建,黄群慧. 现代企业管理[M]. 北京:经济管理出版社,2007.
[31] 肖刚. 现代经营管理与决策[M]. 北京:中国经济出版社,2001.
[32] 胡恒松. 中国儒式管理新模式[M] . 北京:中国纺织出版社,2006.